KB266543

나는 금 대신 보석을 산다

나는 금 대신 보석을 산다

1판 1쇄 인쇄 2026. 4. 1.
1판 1쇄 발행 2026. 4. 10.

지은이 윤성원

발행인 박강휘
편집 구혜진 | 디자인 정윤수 | 마케팅 김새로미 | 홍보 강원모
발행처 김영사
등록 1979년 5월 17일(제406-2003-036호)
주소 경기도 파주시 문발로 197(문발동) 우편번호 10881
전화 마케팅부 031)955-3100, 편집부 031)955-3200 | 팩스 031)955-3111

저작권자 © 윤성원, 2026
이 책은 저작권법에 의해 보호를 받는 저작물이므로 저자와 출판사의 허락 없이 내용의 일부
를 인용하거나 발췌하는 것을 금합니다.

ISBN 979-11-7332-583-0 03320

홈페이지 www.gimmyoung.com   블로그 blog.naver.com/gybook
인스타그램 instagram.com/gimmyoung   이메일 bestbook@gimmyoung.com

좋은 독자가 좋은 책을 만듭니다.
김영사는 독자 여러분의 의견에 항상 귀 기울이고 있습니다.

나는 금 대신 보석을 산다

취향과 안목이
부가 되는
희소성의
경제학

윤성원

지음

미호

일러두기

1. 이 책은 투자 안내서라기보다는 보석을 보는 방법과 보석이 지닌 자산적 가치를 살펴보며 새로운 실물 자산으로서의 가능성을 조망한 것이다.

2. 책에 등장하는 관세, 환율, 정책 등은 집필 당시를 기준으로 작성되었다. 관련 제도와 시장 상황의 변화에 따라 달라질 수 있으므로 실제 거래 시에는 최신 정보를 확인할 필요가 있다.

3. 책에서 '원석rough'은 채굴된 그대로의 가공 전 상태를 뜻한다. '보석gemstone'은 커팅된 젬스톤을 의미하며, 세팅 여부와 관계없이 사용하였다. 세팅되지 않은 상태를 강조할 때는 '나석loose stone'으로 표기했다. '주얼리jewellery'는 보석이 세팅된 장신구뿐 아니라 금속만으로 제작된 장식물까지 포함하는 넓은 개념으로 사용하였다.

무엇이 보석의
가격을 결정하는가

"보석은 왜 이렇게 비싼가요?"

강연이 끝나면 꼭 받는 질문이다. 다이아몬드 반지를 사기도 전에 나중에 되팔 수 있냐고 묻는 사람, 주얼리를 처분했더니 매입가가 구매가의 5분의 1도 안 됐다며 답답해하는 사람, 백화점과 종로에서 산 제품의 가격 차이가 왜 이렇게 크냐고 묻는 사람… 표현은 제각각이지만 결국 묻고 싶은 건 하나다. 솔직히 말하면, 대부분은 이 질문을 하고 싶은 것이다.

"이거 사면 호구 안 되죠?"

보석의 가격은 아름다움이나 스펙만으로 정해지지 않는다. 타고난 물성, 거쳐 온 서사, 그리고 거래의 경로가 겹치는 지점에서 만들어진다. 색과 투명도, 컷과 중량, 산지와 처리 여부가 바탕이

되고, 여기에 유명 컬렉터의 소장 이력이나 역사적 서사까지 더해지면 감정서만으로는 설명되지 않는 프리미엄이 붙기도 한다. 유통 경로와 브랜드에 따라서도 최종 가격은 달라진다. 감정서의 내용이 같아도 가격이 판이한 이유가 여기에 있다. 이 구조를 모르는 사람은 판매자의 논리에 끌려가기 쉽고, 아는 사람은 같은 예산으로 훨씬 나은 선택을 할 수 있다. 이 책은 그 과정을 처음부터 끝까지 풀어낸 기록이다.

요즘 자산을 어디에 투자해야 할지 막막하다는 말을 부쩍 듣는다. 암호화폐 급등과 급락을 겪은 세대일수록 화면 속 숫자에 대한 신뢰가 흔들렸고, 실체를 확인할 수 있는 자산을 다시 찾고 있다. 이러한 불안이 실물 자산에 대한 관심을 키웠고, 금값은 고공행진을 이어가고 있다. 금은 이미 제도와 시세가 갖춰진 자산이다. 보석은 그에 못지않은 매력을 지니고도, 편견과 정보의 벽에 가려 제대로 읽히지 못했다. 이 책은 그 벽을 허무는 데서 시작한다.

보석의 세계는 진입 장벽이 높고, 누구도 전체를 말해주지 않는다. 광산에서 경매장까지, 원석에서 완성품까지 수많은 단계를 거치지만 그 흐름을 처음부터 끝까지 좇는 사람은 드물다. 보석은 발로 뛰어야 보이는 세계다. 그런 의미에서 이 책은 업계의 속살을 드러내는 천기누설에 가깝다. 나는 보석을 팔지 않는다. 팔

것이 없으니 포장할 이유도 없다.

GIA 뉴욕에서 보석 감정을 배우던 시절, 크리스티 경매 견학 기회가 생겼다. 보석에 대해 아는 것이라곤 거의 없던 때였다. 경매장 좌석에 앉아 전광판 숫자가 뛰어오르는 모습을 바라보았다. 왜 저 가격인지 도무지 알 수 없건만 사람들은 번호판을 높이 쳐들며 호가를 불러댔다. 어떤 보석은 추정가의 몇 배로 팔리고, 어떤 보석은 유찰됐다. 그날 이후 질문 하나가 머릿속에 박혔다.

"무엇이 보석의 가격을 결정하는가?"

뉴욕으로 가기 전의 나는 보석에 무지한 소비자였다. 예쁘면 비싼 줄 알았고, 캐럿이 크면 좋은 줄 알았다. 그 질문의 답을 찾겠다고 20년 넘게 달려왔다.

스리랑카 광산에서 사파이어 원석이 땅 위로 올라오는 순간을 본 적이 있다. 진흙 묻은 자갈 사이에서 원석이 모습을 드러내면, 광부의 손에서 현지 딜러의 손으로 넘어가기까지 오랜 시간이 걸리지 않는다. 그 짧은 사이에 첫 번째 가격이 매겨진다. 방콕의 연마 공장에서는 원석이 빛을 얻는 과정에도 함께했다. 연마가 끝나면 컷의 정밀도, 투명도, 색의 깊이, 빛이 퍼지는 방향에 따라 가격이 새로 매겨진다. 파리, 뉴욕, 발렌차(이탈리아)의 하이 주얼리 공방에서는 그 원석이 작품으로 완성되는 장면을 지켜봤다. 장인이 세팅을 마치고 브랜드 로고가 찍힌 케이스에 들어가면, 보석 가격은 또 다른 층위로 올라선다. 섭씨 40도의 열기를 뿜는 광산에서 사르데냐 해변의 프라이빗 전시 현장까지, 나는 그 전 과정을 직접 밟았다.

뉴욕에서 돌아온 뒤 5년간 직접 브랜드를 운영하며 소매 현장을 겪었고, 미국과 유럽, 중동에서 홍콩과 인도까지 오가며 800편이 넘는 칼럼과 여섯 권의 책을 썼다. 몇 해 전부터는 글로벌 광산 회사와 협업할 기회가 생겼다. 채굴 과정, 연마 전 원석의 등급 체계, 커팅과 유통 경로, 윤리적 조달 정책까지 직접 들여다보자 시장의 전모가 완전히 눈에 들어왔다.

이 원고를 마무리하던 2026년 3월, 미국과 이스라엘의 이란 공습으로 걸프만 영공이 닫히면서 두바이에서 예정돼 있던 광산 회사와의 미팅이 연기됐다. 전쟁은 보석의 빛을 바꾸지 못한다. 대신 보석이 이동하는 경로와 거래의 타이밍, 사람들이 보석을 찾는 이유를 바꾼다. 이 구조를 알면, 불안한 시장이 오히려 기회가 된다.

경제의 언어를 택하겠다고 마음먹은 건 강연장에서였다. 어느 순간부터 보석의 생생한 빛과 디자인의 아름다움을 아무리 강조해봐야 청중의 표정은 좀처럼 바뀌지 않았다. 그런데 "이 루비가 10년 전 경매에서 얼마였고, 지금은 얼마입니다"라고 가격을 꺼내자 그들의 눈빛이 달라졌다. 아름다움은 주관의 영역이지만, 가격에는 가격의 논리가 있기 때문이다.

그 논리를 본격적으로 파고들자 예상 밖의 풍경이 드러났다. 100년 된 브로치가 신품보다 비싸지는 조건, 같은 등급의 에메랄드가 오일 처리 한 단계 차이로 몇 배씩 가격이 달라지는 구조, 광산이 고갈될수록 가치가 치솟는 흐름 등 감성의 언어만으로는 설명할 수 없던 세계가 경제의 틀 안에서 비로소 선명하게 읽히기 시작했다.

한 가지 예로, 2011년 크리스티 뉴욕 경매에 엘리자베스 테일러의 주얼리 컬렉션이 출품됐다. 20세기를 대표하는 배우이자 당대 최고의 보석 컬렉터였던 그녀의 유품 269점은 100퍼센트 낙찰되었고, 총매출액은 약 1억 3,700만 달러(2026년 3월 환율 기준 약 2,000억 원)에 달했다. 대부분 추정가의 몇 배, 많게는 수십 배에 거래됐다. 리처드 버튼Richard Burton이 건넨 33캐럿 크룹Krupp 다이아몬드가 대표적이다.

두 번 결혼하고 두 번 이혼한 버튼과 테일러, 버튼은 1968년 해리 윈스턴과의 경합 끝에 이 다이아몬드를 낙찰받아 테일러에게 건넸고, 테일러는 평생 그 반지를 가장 아꼈다. 추정가를 몇 배나 웃도는 낙찰가를 이끌어낸 건 감정서 어디에도 없는, 그들의 치열한 러브스토리였다.

서사는 유명인의 전유물이 아니다. 보석을 건넨 이와 그 이유, 함께 보낸 세월 등의 이력은 누구의 보석함에나 쌓인다.

보석은 시간과 안목이 만드는 자산이다. 금에는 공개된 시세표가 있고 주식에는 실시간 차트가 존재하지만, 보석은 거래소형 실시간 시세가 공개되는 구조가 없다. 대신 하나의 사파이어를 따라가다 보면 광산의 지정학, 연마 도시의 기술력, 브랜드의 전략, 경매장의 심리가 겹겹이 펼쳐진다. 가장 작은 부피에 가장 높은 가치가 압축되어 있는 것이다. 여기에 소장 이력과 서사가 더해지면서 감정서의 숫자가 무색해진다. 이 구조가 보이는 순간, 보석을 고르는 일은 전혀 다른 경험이 된다.

요즘은 AI에게 물어보면 많은 게 해결된다고들 한다. 시세 비교, 스펙 검색, 조건에 맞는 다이아몬드 추천까지 몇 초면 끝난다. 다만 AI가 다루는 건 공개된 정보와 정형화된 데이터다. 고가 보석 거래의 상당 부분은 브랜드의 비공개 가격, 딜러 사이의 비공개 채널과 경매 하우스의 프라이빗 거래에서 이루어진다. 실제 거래가, 되팔 때의 조건과 상대, 같은 감정서인데도 팔리는 보석과 안 팔리는 보석의 차이는 딜러의 네트워크와 거래 타이밍, 경쟁 매물의 수, 컬렉터 시장의 온도에 달려 있다. 스펙만으로는 알 수 없는 영역이다.

파는 쪽은 이 구조에 익숙하고, 사는 쪽은 배울 기회가 거의 없다. 같은 보석도 브랜드를 거치는 순간 가격대가 달라지고, '미얀마'라는 세 글자만으로 몇 배의 프리미엄이 따라오기도 한다. 판매자는 설명할 이유가 없고, 감정사는 숫자와 알파벳만 제시할 뿐이다. 그 사이에서 소비자는 제한된 정보와 '느낌'에 기대어 결정하고, "예쁘니까"라는 말로 스스로를 설득한다.

좋은 보석을 고른다는 건 결국 세 가지 기술의 균형이다. 가치를 알아보는 눈, 가격과 정보를 해석하는 감각, 그리고 후회 없는 선택을 하는 기준. 눈은 훈련으로 길러지고, 감각은 시장을 공부하면서 다듬어지지만, 기준은 내 취향과 라이프스타일을 제대로 이해하는 데서 온다. 이 책은 그 세 가지를 갖추는 과정이다.

이 책을 덮을 때쯤이면 보석을 바라보는 시선이 달라져 있을 것이다. 같은 스펙의 보석이 판매처에 따라 몇 배씩 가격이 달라지는 이유가 보인다. 감정서의 알파벳 뒤에 숨은 함정을 먼저 알아챌 수 있고, 되팔 때 제값을 받으려면 어떤 조건을 갖춰야 하는지 기준이 생긴다. 원산지와 처리, 유통과 브랜드, 경매와 서사까지, 이 책은 보석 가격을 흔드는 요소들을 하나씩 분해한 기록이다.

"무엇이 보석의 가격을 결정하는가?"
그 답을 찾는 데 22년이 걸렸다. 그 오랜 시간과 경험을 이 한 권에 담아 독자에게 건넨다.

차례

프롤로그   무엇이 보석의 가격을 결정하는가   *5*

1장   알면 알수록 매혹적인 보석의 세계
: 보석이 자산이 되는 이유

금 다음의 실물 자산은 무엇인가   *17*

국경을 넘나드는 권력의 상징   *25*

420만 달러 다이아몬드, 837만 달러가 되다   *30*

확대경 아래에서 시작되는 예술 작품   *35*

가격을 좌우하는 서사의 프리미엄   *41*

천연의 가치는 점점 더 올라간다   *51*

2장   광산의 원석이 반짝이는 주얼리가 되기까지
: 보석 시장의 구조

보석을 캐는 사람과 거래하는 사람   *63*

돌을 빛나게 만드는 연마와 감정의 세계   *74*

유대인 네트워크가 만든 다이아몬드 제국   *79*

욕망을 건드는 경매장의 가격 게임   *87*

살 때와 팔 때의 가격이 다른 이유   *98*

3장 세계를 움직인 가장 작고 오래된 자산
: 보석의 5,000년 역사

신들의 장식에서 인간의 미학으로 117
보석은 언제나 권력과 함께했다 128
부의 판도를 바꾼 대항해시대의 보석 전쟁 135
규칙을 깨는 모던 주얼리의 탄생 144
티파니의 '블루박스'가 의미하는 것 158

4장 가격을 움직이는 새로운 기준
: 앞으로의 보석 트렌드

지금 천연 다이아몬드를 사도 될까 169
랩그로운 다이아몬드가 불러온 것들 187
윤리와 출처를 묻는 소비자의 등장 201
전쟁과 제재가 바꾼 보석 지형도 212
루비, 사파이어, 에메랄드의 현재와 미래 221
하이 주얼리 시장이 달라지고 있다 241

5장 속지 않고 현명하게 소비하는 법
: 보석 구매 가이드

금과 보석 사이, 무엇을 선택할 것인가 249
보석은 어디서 어떻게 사야 할까 256
보석 입문자를 위한 첫 구매 상식 265
100년을 버티는 브랜드의 조건 278
100만 원부터 3억까지, 예산별 구매 전략 288
하이 주얼리 컬렉터를 위한 체크리스트 303
가치를 끝까지 유지하는 주얼리 보관법 314
상속과 증여, 보석이 폭탄이 되기 전에 320

에필로그 시간이 지나도 남는 보석을 고른다는 것 326
참고 문헌 330

The True Meaning and
Value of Gems

DIAMOND
Argyle pink diamond
Burmese Pigeon's Blood Ruby
Paraiba tourmaline
red spinel
Muzo Emerald
MANDARIN GARNET

The True Meaning and
Value of Gems

DIAMOND
Argyle pink diamond
Burmese Pigeon's Blood Ruby
Paraiba tourmaline
red spinel
Muzo Emerald
MANDARIN GARNET

알면 알수록 매혹적인
보석의 세계

보석이 자산이 되는 이유

금 다음의 실물 자산은 무엇인가

한국 보석 시장의 변화

나는 10년째 럭셔리 브랜드의 VIP 고객을 대상으로 여러 강연을 하고 있다. 브랜드는 달라도 청중의 모습은 늘 비슷했다. 40대 후반부터 60대까지의 여성, 고가의 주얼리를 이미 여러 점 소유한 사람이 대부분이었다.

코로나19 이후 풍경이 달라졌다. 앞자리에 앉아 열심히 메모하는 30대 초반 남성이 눈에 띄기 시작했다. 명함을 받아보니 스타트업 창업자다. 인플루언서와 유튜버도 섞여 있고, 하이 주얼리를 직접 착용한 30~40대 남성도 눈에 들어온다. 아내와 주얼리를 공유한다는 남편들도 있다. 하루는 강연이 끝난 뒤, 40대 여의사가 다가와 물었다.

"아가일 핑크 다이아몬드Argyle pink diamond와 미얀마 피전 블러드 루비Burmese pigeon's blood ruby 중에 어떤 쪽이 장기적으로 더 가치 있을까요?"

보석을 대하는 태도 자체가 달라졌다. 선물이나 장식의 영역에 머물던 주제가 각자 공부하고 선택하는 자산과 취향의 문제로 옮겨가고 있다.

백화점 매출도 이런 변화를 뒷받침한다. 2025년 주요 백화점의 럭셔리 주얼리 매출은 전년 대비 25~30퍼센트대로 뛰어올랐다. 백화점 전체 매출이 1~2퍼센트대에 머문 것과 비교하면 괄목할 만한 수치다. 얼마 전에는 모 은행의 요청으로 전국 주요 지점을 돌며 강의했는데, 은행에서 제안한 강연 제목이 '보석 테크'였다. 금융 투자를 장려해야 할 은행이 고객들에게 보석 투자를 이야기하는 시대다.

안전 자산이라고 하면 금이 먼저 떠오른다. 주식이 흔들릴 때 사람들은 금을 찾는다. 실시간 국제 시세에 ETF, 은행 창구의 골드바까지 제도권 인프라가 이미 갖춰져 있기 때문이다. 경제학이 정의하는 안전 자산의 조건도 금에 가장 잘 맞는다.

보석은 가격 움직임만 놓고 보면 그 기준을 온전히 충족하지는 못한다. 다만 금융 인프라가 흔들리는 국면에서 '휴대 가능한

　　나는 금 대신 보석을 산다

가치 저장'이라는 기능은 강해진다. 보석에는 표준 가격표도, 공모 펀드도 없다. 그럼에도 프라이빗 뱅킹에서는 보석을 대체 자산의 한 축으로 분류하고, 다이아몬드와 유색 보석을 포트폴리오에 직접 편입해 수익과 위험 구조를 분석하는 학술 연구들도 꾸준히 쌓이고 있다. 주식, 채권과 가격이 강하게 연동되지 않는다는 점, 그것이 분산 수단으로서 보석이 주목받는 이유다.

위기가 주가 폭락의 형태로만 오지는 않는다는 점도 보석에 유리하게 작용한다. 계좌가 동결되거나 국경을 넘어야 하는 상황에서 보석의 압축된 가치와 은밀한 휴대성은 오히려 강력한 장점이 된다. 게다가 국제 거래에서 달러로 가격이 형성되는 실물 자산이라 원화 약세 국면에는 환율 효과까지 따라온다.

그렇다면 수많은 대체 자산 중 왜 하필 보석일까? 부동산에는 세금이 따라오고, 미술품은 벽에 걸거나 수장고에 넣어야 한다. 불이라도 나면 캔버스는 섭씨 200도 안팎에서 재가 된다. 하지만 보석은 주머니에 넣고 국경을 넘을 수 있다. 금고에 넣어두든 착용하든 보유세가 없고, 화재에도 강하다. 루비와 사파이어는 2,000도까지 견디고, 산화알루미늄 결정이라 불에 타지도 않는다. 다이아몬드는 탄소라 극한의 고온에서는 탈 수 있지만, 캔버스가 200도에서 재가 되는 것과는 차원이 다르다.

1940년 합스부르크 왕가의 지타Zita 황후가 나치를 피해 대서양을 건널 때 작은 가방에 넣어 가져간 것도 다이아몬드와 루비,

에메랄드였다. 위기의 순간, 진짜 부자들이 무엇을 챙기는지는 역사가 보여준다.

국내에서 고가 주얼리는 오랫동안 사치품, 더 나아가 '어딘가 수상한 돈이 오가는 물건' 취급을 받았다. 출처가 불분명한 물건이 유통되던 시절의 인식이 남아 있었고, 투자 대상이라기보다는 장롱 속에 숨겨두거나 조용히 주고받는 물건쯤으로 여겼다.

풍경이 달라진 건 불과 몇 년 사이다. 백화점들이 글로벌 하이주얼리 브랜드를 적극적으로 유치하면서 소비자의 시야가 넓어졌고, 무엇이 '좋은 보석'인지 직접 보고 견줄 수 있는 장이 열렸다. 감정서를 꼼꼼히 따지고, 원산지와 처리 여부를 묻고, 세팅의 완성도를 비교하는 소비자가 눈에 띄게 늘었다. 예전처럼 숨기듯 구매하기보다 정보를 요구하고 선택하는 쪽으로 태도가 바뀌었다.

명품 소비의 무게중심도 가방과 의류에서 서서히 주얼리 쪽으로 옮겨가고 있다. 희소성을 좇던 욕망이 마침내 보석으로 수렴하고 있는 것이다. 한국이 막 눈뜨기 시작한 시장이라면, 유럽과 미국, 홍콩, 일본은 이미 그 단계를 한참 전에 지나왔다. 미국에서는 베이비붐 세대가 수십 년에 걸쳐 사들인 다이아몬드 주얼리들이 다음 세대로 넘어가는 중이다. 은퇴자가 몰려 사는 플로리다를 업계에서 농담 삼아 '세계 최대 다이아몬드 광산'이라고 부르는 것도 그 때문이다.

상속받은 주얼리를 현대적으로 리세팅하거나, 경매와 딜러를

 나는 금 대신 보석을 산다

통해 내놓으려는 수요도 꾸준히 늘고 있다. 새 광산에서 막 캐낸 원석이 아니라, 기존 소비자의 금고에서 보석이 쏟아져나오는 시대가 열렸다.

◇◇◇

경기 침체에도 식지 않는 열기

세계적인 경매회사 크리스티와 소더비는 매년 주요 도시에서 매그니피센트 주얼스Magnificent Jewels 경매를 연다. 낙찰 결과는 그 시기의 자금이 어디로 움직이는지, 즉 주얼리 시장의 체온을 가장 솔직하게 드러내는 지표 역할을 한다. 2008년 금융 위기 한복판에도 블루 다이아몬드 한 점이 경매 사상 최고가를 갈아치웠고, 2022년 인플레이션 국면과 2023년 실리콘밸리 은행 파산 직후에도 제네바와 홍콩의 주얼리 경매는 여전히 추정가를 가볍게 넘어섰다.

불안이 커질수록 인플레이션과 통화 가치 하락으로부터 현금을 보호해줄 '움직일 수 있는 실물 자산'을 찾는 자금이 늘어나고, 그 흐름이 고가 주얼리 품목으로 몰리면서 경매장의 열기를 후끈 끌어올린다. 겉으로는 모순처럼 보이지만, 경기가 흔들릴 때 오히려 하이 주얼리 경매가 강세를 보이는 건 이런 자금의 이동 때문이다.

글로벌 부동산 컨설팅 기업 나이트 프랭크Knight Frank에서 매년 발표하는 럭셔리 투자 지수를 보면, 2025년 기준 보석의 연간 수익률은 2.3퍼센트, 5년 누적 20.2퍼센트, 10년 누적 33.5퍼센트를 기록했다. 미술품이나 와인처럼 눈에 띄는 급등 곡선은 아니지만, 변동성이 상대적으로 낮고 완만하게 우상향하는 것이 특징이다. 희귀 보석의 가치는 시간이 지날수록 서서히 축적되므로, 같은 다이아몬드를 세 번이나 다시 사들인 그라프 다이아몬드Graff Diamonds의 창립자이자 회장인 로런스 그라프Laurence Graff의 선택도 '언젠가 다시 사야 할 만큼 믿을 만한 자산'이라는 확신을 상징적으로 보여준다. 이 이야기는 뒤에서 조금 더 구체적 사례와 함께 다룰 예정이다.

시장 규모도 작지 않다. 세계 주얼리 시장은 약 3,000억~3,500억 달러, 한화로는 400조 원 안팎 규모로, 주요 보고서들은 중기적으로 연 4~5퍼센트대 성장을 예상한다. 직접 보석을 사지 않아도 리치몬트Richemont나 LVMH처럼 럭셔리 주얼리 브랜드를 보유한 그룹의 주식, 글로벌 럭셔리 ETF를 통해 간접 투자도 가능하다. 리치몬트는 최근 회계연도에 사상 최고 수준의 매출을 올렸고, 그 성장을 이끈 축은 까르띠에와 반클리프 아펠 등을 포함한 주얼리 부문이었다.

문제는 공급이다. 전 세계 핑크 다이아몬드의 90퍼센트를 책임지던 호주 아가일 광산이 2020년 문을 닫았다. 2015년 캐나다

스냅 레이크Snap Lake 광산, 2019년 캐나다 빅터Victor 광산이 차
례로 폐쇄된 데 이어, 2028년 이후에는 캐나다와 러시아에서 추
가 폐광이 예정돼 있다. 천연 다이아몬드 원석 생산량은 2017년
약 1억 5,000만 캐럿에서 2023년 1억 2,000만 캐럿 수준으로 감
소했다. 지난 한 세기 동안 다이아몬드 시장을 지배해온 드비어
스De Beers 역시 공급이 이미 정점을 지난 것으로 보고 있다.

유색석 사정은 더 엄혹하다. 카슈미르 사파이어는 '역사 속 산
지産地'가 된 지 이미 오래고, 미얀마 루비는 2021년 쿠데타 이후
서방 제재와 내전 탓에 국제시장으로 나오는 물량 자체가 크게
위축됐다. 한편, 랩그로운 다이아몬드가 쏟아져나오고 있는데,
이쪽은 전혀 다른 차원의 이야기다. 공장에서 대량 생산하는 공
산품과 공급이 제한된 천연 보석의 투자 가치를 같은 궤도에 올
려둘 수는 없다. 이 간극과 리스크에 대해서는 4장에서 더 자세
히 짚어본다.

물론 보석 시장이 아무 준비 없이 뛰어들 만한 시장은 아니다.
주식처럼 클릭 한 번으로 사고팔 수 없고, 감정서를 읽지 못하면
손해를 보기 쉽다. 믿을 만한 딜러를 찾는 데만 몇 년이 걸리기도
한다. 경매에 내놓으면 각종 수수료가 빠져나가고, 제값을 받으
려면 수개월에서 수년을 기다려야 한다. 환금성만 놓고 보면 주
식이나 금에 비할 바가 아니어서, 단기 차익을 노리는 투자자에
게는 애초에 맞지 않는 무대다. 대신 시간을 두고 공부하며 안목

과 네트워크를 쌓을수록 의미가 커지는 자산이다. 그래서 아직 대중화되지는 않았지만, 시장 바깥에서 조용히 이어져온 자산 운용 방식이기도 하다.

코로나19 시기에 빠르게 팽창했던 미술 시장이 조정을 거치는 지금, 자산 관점에서 주얼리를 다시 보려는 움직임이 더 뚜렷해지고 있다. 아는 사람에게는 분명한 기회로 보이지만, 모르는 사람에게는 여전히 그저 예쁜 장신구일 뿐이다.

이제부터 보석이 왜 국경을 넘는 자산이 되는지, 그리고 그 가치를 만드는 요소와 이야기가 어떻게 가격을 바꾸는지를 본격적으로 살펴보자.

국경을 넘나드는
권력의 상징

2025년 11월 퀘벡의 한 은행 지하 금고, 합스부르크 왕가의 후손 세 명이 나란히 서 있다. 금고 직원이 잠시 숨을 고른 뒤 번호를 입력하자 묵직한 철문이 서서히 뒤로 밀려난다. 안쪽 벽면을 가득 채운 금속 박스들 중 하나를 조심스럽게 꺼내 테이블 위에 올려놓는 순간, 얇은 금속이 맞부딪치며 내는 낮은 울림이 방 안을 채운다.

뚜껑이 열리자 누렇게 바랜 문서와 함께 보석들이 모습을 드러낸다. 마리아 테레지아가 딸 마리 앙투아네트에게 선물했다는 에메랄드 시계, 황금 양모 기사단 훈장, 시시Sisi 황후의 루비 브로치가 있었고, 마지막 포장을 걷어내자 137캐럿 플로렌틴Florentine 다이아몬드가 빛을 발한다. 옅은 노란빛이 형광등 아래에서 미세하게 흔들리자, 세 사람의 시선이 동시에 그 위에서 멈춘다.

이 다이아몬드에 대해 아는 사람이라면 잠시 고개를 갸웃할 것이다. 메디치 가문에서 합스부르크 왕가로 이어진 이 보석은 1919년 이후 흔적을 감춘 것으로 알려져 있었다. 누군가 훔쳤다는 이야기, 몰래 재연마를 거쳤다는 소문, 남미로 도주한 하인의 일화가 뒤엉켜 떠돌았다. 소설가들은 저마다의 상상을 덧칠해 미스터리를 키웠다. 그런데 플로렌틴 다이아몬드는 소설 속이 아니라 퀘벡 은행의 금고에서 100년을 잠자고 있었다.

1940년 나치의 위협이 벨기에까지 닥치자 지타 황후는 여덟 명의 자녀와 함께 작은 가방 하나를 들고 대서양을 건넜다. 가방 안에는 플로렌틴 다이아몬드를 비롯한 왕가의 보석들이 신문지와 낡은 종이에 둘둘 말린 채 숨겨져 있었다. 미국 정부의 도움으로 퀘벡의 작은 집에 정착한 황후는 그 가방을 은행 금고에 맡겼고, 유럽으로 돌아간 뒤에도 다시 찾지 않고 두 아들에게만 위치를 알려주었다. 남편 사망 후 한 세기가 지나면 공개하라는 유언이 대를 이어 전해져, 약속된 시간이 지난 2025년에 후손들이 마침내 금고 앞에 선 것이다.

왕관도, 궁전도, 제국의 국경도 대서양을 건너지 못했다. 군대는 해산됐고 제국은 지도에서조차 사라졌다. 다만 바다를 건넌 작은 가방 속 보석들만이 한 세기 만에 다시 세상에 모습을 드러냈다.

　나는 금 대신 보석을 산다

◇◇◇

언제 어디서나 지닐 수 있는 보석

보석을 코르셋 안감에 꿰매 숨기는 게 과연 가능할까? 1917년 러시아혁명의 밤, 로마노프 왕가의 딸들은 실제로 그렇게 했다. 브로치와 헤어핀 사이, 옷감의 겹 사이에 루비를 숨긴 채 피란길에 올랐다. 어떤 대공비大公妃는 궁전을 떠나며 영국 외교관에게 남은 보석을 빼내달라고 부탁했는데, 목숨 걸고 궁전에 잠입한 외교관은 보석을 신문지에 싸서 런던으로 옮겼다.

합스부르크와 로마노프만의 이야기가 아니다. 1930~1940년대 유럽에서 난민과 망명자들은 목걸이와 반지, 브로치 형태의 보석을 몸에 걸친 채 검문소를 넘었다. 1979년 이란혁명 때 팔레비 왕조의 한 공주는 루비 목걸이 몇 점만 추려 들고 망명길에 올랐다. 왕실 보석 대부분은 테헤란 중앙은행에 남았고, 그녀가 몸소 지니고 나온 것들만 훗날 경매장에 모습을 드러냈다. 마지막 순간에도 몸에 지닐 수 있었던 것만이 국경을 건넌 셈이다.

왕족이 순식간에 망명자 신세로 전락하던 시대에 보석은 마지막 남은 재산이자 유일한 현금화 수단이었다. 무사히 국경을 넘은 이들은 금고에 넣어둔 보석을 하나씩 꺼내 팔았다. 권력의 상징이 생계 수단으로 변하는 순간이었다. 그 와중에 영국의 메리Mary 왕비는 망명 왕족들의 보석을 사들이며 컬렉션을 키웠다.

왕족에서 왕족으로, 주인은 바뀌어도 계급의 문법은 고스란히 유지되었다.

부동산은 국경을 넘지 못한다. 궁전은 침공군 앞에 무력하고, 주식과 계좌는 새 정부의 조치 한번에 동결된다. 하지만 보석은 주머니에도, 가방에도, 때로는 베개 속에도 숨길 수 있다. 1940년 지타 황후의 가방 안에 있던 보석, 2022년 전쟁으로 모스크바를 떠난 이들의 목과 손목에 있던 보석은 국경을 넘어 낯선 땅에서 새로운 여정을 시작했다.

지금도 마찬가지다. 제네바 보석 박람회에서 한 딜러가 5캐럿짜리 미얀마 루비 한 점을 확보했다. 거래가 끝나자 그는 그걸 작은 봉투에 넣어 재킷 안주머니에 꽂고, 이튿날 아무렇지 않은 얼굴로 밀라노행 기차에 올랐다. 수억 원짜리 자산이 주머니 안에서 조용히 국경을 넘은 것이다.

보석의 이동성을 증명하는 어두운 사례도 있다. 2019년 여름, 아동 성범죄 혐의로 체포돼 기소됐던 미국 억만장자 제프리 엡스타인의 맨해튼 자택이 압수수색을 받았다. 금고 안에서는 현금 뭉치, 가명이 적힌 외국 여권과 함께 1~2캐럿 안팎의 다이아몬드 나석 48개가 발견되었다. 대형 보석은 시장이 한정돼 빠른 처분이 어렵지만, 1~2캐럿대는 전 세계 어느 도시에서든 감정서와 거래망이 갖춰져 있다면 그 자리에서 현금이 된다. 검찰은 이를 도주를 위한 비상 자금으로 판단했고, 법원은 그의 보석保釋 신청을 기각했다.

금괴도 충분히 작게 만들 수 있고, 현금 다발 역시 가방 하나면 해결된다. 하지만 '이동성'이라는 특징에 주목해보자. 금괴를 목에 걸고 오페라하우스에 갈 수 있을까? 현금 다발을 손목에 감고 파티에 갈 수 있을까? 하지만 보석은 그저 '착용'하는 순간 일상의 일부가 된다.

보석은 늘 그렇게 국경을 넘나들었다. 망명길의 지타 황후도, 법망을 피하려던 엡스타인도 최종적으로 택한 것은 보석이었다.

420만 달러 다이아몬드, 837만 달러가 되다

같은 다이아몬드를 세 번 산 사람이 있다면 믿을 수 있겠는가? 앞서 잠깐 언급한, 하이 주얼리 브랜드 그라프를 이끄는 로런스 그라프 회장의 이야기다.

2015년 12월 뉴욕 크리스티 경매장, 객석을 가득 메운 컬렉터들 앞 스크린에 거대한 다이아몬드 한 점이 떠올랐다. 50캐럿, D 컬러, 에메랄드 컷. 그라프는 이 보석과 오래전부터 인연이 있었다. 10년 전 같은 자리에서 420만 달러에 낙찰받았고, 그보다 앞서 그의 손을 거쳐간 적도 있었다.

호가가 빠르게 뛰어올랐다. 500만 달러, 700만 달러, 800만 달러…. 그라프는 결국 837만 달러에 이 다이아몬드를 다시 품에 안았다. 이번 경매뿐만이 아니다. 그는 8.62캐럿 미안마 루비 역

 나는 금 대신 보석을 산다

그라프의 다이아몬드 컬렉션. 컬러 다이아몬드와 대형 무색 다이아몬드를 한자리에 모았다. ⓒGraff

시 2006년 360만 달러에 구입했다가 한 차례 시장에 내놓은 뒤, 2014년 860만 달러에 다시 매입한 전례가 있다.

10년 동안 세팅도, 소유주도 여러 번 바뀌었지만, 다이아몬드의 색과 광채만은 처음과 다름이 없었다. 그렇게 세 번째로 그라프 손에 돌아온 50캐럿 다이아몬드는 이후 중동의 한 컬렉터에게로 건너갔다. 최초 420만 달러에서 837만 달러까지, 연평균 약 7퍼센트의 상승률이다. 이는 같은 기간 S&P500과 크게 다르지 않은 수준이었다.

보석은 결코 사라지지 않는다

경매장을 드나든 지 20년쯤 지나자, 반복해서 확인하게 되는 장면이 있다. 빈티지 주얼리를 확대경으로 들여다보면 금속 세팅에는 시간의 마모가 고스란히 남아 있는데, 보석만은 거의 변한 기색이 없다. 1950년대 반지의 컨디션 리포트를 펼치면 금속 항목에는 사용 흔적이 빼곡하다. 그렇다면 같은 반지에 박힌 보석은 어떨까? 70년 전 처음 커팅한 시점과 비교해도 상태 차이가 거의 없다.

2018년 제네바 소더비 경매에 마리 앙투아네트의 주얼리 컬렉션이 나왔다. 프랑스혁명을 지나 유럽 왕실을 오가며 200년 넘게 여러 손을 거친 보석들이다. 금속에는 세월의 자국이 뚜렷했지만, 다이아몬드와 루비는 물론, 천연 진주조차 광채와 색을 거의 잃지 않았다. 2016년 같은 경매장에는 16세기 에스파냐 난파선에서 건져 올린 에메랄드 목걸이가 등장했다. 400년 동안 바닷속에 잠겨 있었는데도 에메랄드는 여전히 짙은 녹색을 머금고 있었다. 바닷물도, 시간도 보석의 본질을 크게 바꾸지는 못했다.

물론 예외도 있다. 충격을 받으면 흠집이 생길 수 있다. 엘리자베스 테일러의 천연 진주 목걸이가 그런 경우로, 반려견이 진주를 무는 바람에 이빨 자국이 남았다. 다행히 전문가가 표층을 아주 얇게 벗겨내어 폴리싱polishing(소재 표면의 흠집·스크래치·오염 등을 제거해 매끄럽고 광택 있게 만드는 작업)을 하자 진주는 다시 제 빛을 찾았다. 유기물인 진주도 이 정도인데, 다이아몬드나 루비 같은 광물은 말할 필요가 없다. 심한 파손이 아니라면 대부분의 보석은 재연마를 통해 복원이 가능하다.

공급이 끊기면 영원함의 가치는 더 올라간다. 2020년, 전 세계 핑크 다이아몬드의 90퍼센트 이상을 공급하던 호주 아가일 광산이 문을 닫았다. 캐나다와 러시아의 주요 광산들도 향후 10년 안에 폐광을 앞두고 있으며, 미얀마 모곡에서는 더 이상 새로운 루비가 나오지 않는다. 여러 분석에 따르면 천연 다이아몬드 생산은 정체 상태에 머물 가능성이 크다. 새 광산이 발견될 확률은 낮고, 주요 광산들은 채산성이 떨어지고 있다.

한편 시장에 남은 보석들은 끝없이 주인을 바꿔가며 순환한다. 한번 떠나보낸 보석을 다시 만나는 일은 쉽지 않다. 새로 채굴되는 물량이 갈수록 귀해지니 가격이 오를 수밖에 없는 구조다. 그라프는 보석을 되찾을 때마다 더 높은 가격을 지불했고, 다시 프리미엄을 얹어 다른 컬렉터에게 넘겼다.

20년 뒤를 떠올려보자. 당신이 지금 타는 자동차는 폐차장에 있을 가능성이 크고, 최신 스마트폰은 서랍 구석에서 잠들어 있을 것이다. 집값이 오를지 내릴지는 누구도 단정할 수 없다. 하지만 루비는 20년 뒤에도 여전히 루비다.

경매장에서 200년 된 보석에 응찰하는 사람들을 지켜본 적이 있다. 그들은 아름다움에 끌린 것일까, 아니면 200년이라는 시간에 끌린 것일까? 아마 둘 다일 것이다. 그리고 한 가지 더, 앞으로도 변하지 않을 거라는 확신에 끌렸을 것이다.

1920년대 유화는 지금도 복원실을 오간다. 물감은 변색되고, 캔버스는 약해진다. 재료의 한계 때문이다. 같은 시기에 제작된 아르데코 브로치는 다르다. 100년이 지나도 다이아몬드의 광채는 그대로고, 플래티넘도 처음 세공했을 때의 백색을 유지한다. 금과 플래티넘은 산화하지 않고, 다이아몬드와 루비, 사파이어는 그보다 더 안정적이다.

아마 내가 50캐럿 다이아몬드를 살 일은 없고, 이 글을 읽는 대부분의 사람도 마찬가지일 것이다. 그러나 어머니에게서 물려받은 산호 반지, 결혼 20주년에 장만한 루비 목걸이, 첫 월급으로 산 작은 다이아몬드 귀걸이라면 이야기가 다르다. 50캐럿이든 0.5캐럿이든 보석의 본성은 같다. 사람은 떠나도 보석은 남는다.

 나는 금 대신 보석을 산다

확대경 아래에서
시작되는 예술 작품

2013년 겨울, 뉴욕 메트로폴리탄 미술관 특별 전시실에 그림도 조각도 아닌 주얼리가 들어섰다. 자르JAR, 조엘 아서 로젠탈Joel Arthur Rosenthal의 회고전이었다. 이 미술관이 생존해 있는 주얼리 디자이너에게 대형 회고전을 열어준 것은 이때가 처음이었다. 400여 점의 작품 앞에서 관람객은 '보석'이나 '주얼리' 같은 단어를 까맣게 잊어버렸다. 티타늄 위에 루비를 촘촘히 박아 넣은 브로치 앞에서 누군가가 중얼거렸다.

"와, 이건 예술인데!"

5,000만 년 전 땅속에서 형성된 루비는 그저 광물 결정체에 불과하다. 누군가 캐내도 원석은 여전히 가공 이전의 물질일 뿐이고, 그 자체로는 반짝이는 돌과 본질적으로 다르지 않다. 경매장

에서 수십억 원에 낙찰되는 브로치와 원석 사이의 까마득한 간극을 메우는 것은 대체 무엇일까?

나는 22년 동안 주얼리를 보면서 나름의 답을 찾았다. 먼저 기술이 기본이다. 높은 기술력 없이는 출발선에도 서지 못한다. 작품으로서 빈틈이 없어야 하고, 희소성도 갖춰야 한다. 이 작품이 이 시대에 존재하는 이유를 설명하는 서사, 기존 방식에 안주하지 않은 실험 정신, 그리고 다른 사람은 포착하지 못한 것을 형태로 옮기는 작가 고유의 시각. 이 모든 것이 한 작품 안에 갖춰질 때 주얼리는 장식에서 예술로 승화한다.

2024년 6월, 소더비 뉴욕 프리뷰 룸에서 사진으로만 보던 자르의 루비 브로치를 실물로 마주했다. 경매 프리뷰에 참여할 때면 늘 확대경부터 목에 건다. 육안으로 매끈해 보이는 것들도 렌즈 아래서는 전혀 다른 얼굴을 드러내기 때문이다. 붉은 루비들이 꽃잎처럼 겹겹이 놓여 있고, 짙은 중심부는 가장자리로 갈수록 서서히 옅어졌다.

손끝으로 만지면 표면은 놀라울 만큼 매끄럽다. 그러나 확대경 너머에서는 전혀 다른 풍경이 펼쳐졌다. 루비 사이사이로 미세한 금속 알갱이가 드러나고, 작은 돌기 하나하나가 보석을 단단히 붙잡고 있었다. 18세기부터 이어져온 파베 세팅_pavé setting_이다. 작은 보석을 빽빽하게 깔아 금속보다 보석이 먼저 보이게 하는 기법인데, 주로 작은 다이아몬드를 빈틈없이 배열하는 데 쓰인다.

     나는 금 대신 보석을 산다

자르의 귀걸이들. 정교한 파베 세팅으로 색의 농담을 촘촘히 쌓아, 강렬한 컬러 그러데이션을 구현했다. ©FD Gallery

자르는 여기에 컬러 그러데이션을 더해 이 기법을 완전히 다른 차원으로 끌어올렸다.

총 173캐럿의 루비와 핑크 사파이어를 자연스러운 컬러 그러데이션으로 배치하려면 무엇이 필요할까? 생각만 해도 아득하다. 먼저 수천 개를 색깔별로 분류해야 한다. 가장 깊은 붉은색부터 거의 구분되지 않는 연한 핑크까지, 육안의 한계에 가까운 미세한 차이를 가려낸 뒤 하나씩 자리를 정한다. 모네가 팔레트 위에서 물감을 고르듯, 장인이 보석을 고른다. 작은 브로치 하나에 1만 개 이상의 스톤을 박아 넣은 작품도 있으니 제작하는 데 수개월은 족히 걸렸을 것이다.

자르는 경매에서 6캐럿 핑크 다이아몬드를 사들여 20년을 묵히기도 했다. 어떻게 세팅해야 할지 답이 나오지 않았기 때문이라는데, 20년이라니 웬만한 주얼러라면 진작 팔아치웠을 긴 시간이다.

루비 위로 확대경을 바짝 가져갔다. 그제야 붉은 꽃송이가 숨을 틔운다. 빛의 각도를 살짝 바꾸니 색이 출렁였다. 보석은 물감처럼 섞을 수가 없다. 오로지 배치로만 색을 만들어야 한다. 조르주 쇠라Georges Seurat가 점을 찍어 그림을 완성했듯, 자르는 보석을 놓아 이미지를 만든다. 금속의 존재감을 극도로 지운 파베 세팅을 극한까지 밀어붙인 결과다.

이 모든 것은 확대경 없이는 보이지 않는다. 촘촘한 간격도, 미묘한 색 차이도, 수천 번 손이 오간 흔적도 육안으로는 그저 붉은 꽃일 뿐이니까. 그런데 낙찰자는 분명 렌즈 아래에서 무언가를 읽어냈을 것이다. 보이지 않는 완성도. 그 지점에서 예술은 시작된다.

◇◇◇

주얼리 공식을 흔든 자르의 원칙

자르는 1년에 70~80점의 주얼리만 만든다. 같은 디자인을 두 번 반복하는 법이 없다. 고객이 보석을 맡기고 비용을 지불해도 마음에 들지 않으면 완성을 거부한다. 언론 인터뷰도 하지 않고, 웹사이트는 물론 쇼윈도도 없다. 고객에게 "이 보석은 당신과 어

　　　나는 금 대신 보석을 산다

울리지 않습니다"라며 판매를 거절하기 일쑤다. 러시아와 중동의 억만장자들이 현금을 싸 들고 와도 소용없다. 고객이 뿌린 향수가 마음에 안 들면 그걸로 끝이다. 향수 때문에 수억 원짜리 거래가 날아가다니!

홍콩인 친구에게서 들은 이야기가 있다. 지인 소개로 겨우 파리 아틀리에에 들어갔는데, 자르는 자리에 없었다. 대신 직원이 "자기소개를 해주시겠습니까?"라는 질문을 던졌다. 친구는 잠시 망설이다 그대로 나와버렸다. 자르의 아틀리에는 작품을 주문하기 전에 먼저 자신이 누구인지 증명해야 하는 곳이었다.

1980년대에 하이 주얼리는 과시의 정점에 있었다. 큰 다이아몬드, 묵직한 금, 브랜드 로고가 곧 부를 증명하던 시절이다. 같은 시기 미술계에서는 개념 미술이 '재료보다 아이디어'를 내세웠고, 패션계에서는 야마모토 요지山本耀司와 가와쿠보 레이川久保玲가 검정black과 해체deconstruction로 파리를 뒤흔들고 있었다. 귀한 재료가 곧 귀한 작품이라는 공식에 균열이 가기 시작한 때였다.

자르가 티타늄을 하이 주얼리에 도입했을 때 업계는 고개를 갸웃거렸다. 항공기 동체나 인공 관절에 쓰는 금속이 아닌가? 그런데 그는 이미 알루미늄, 스틸, 심지어 나무까지 주얼리에 끌어들이고 있었다. 플래티넘과 금만이 하이 주얼리의 재료라는 불문율이 흔들리기 시작했다.

티타늄은 금의 4분의 1 무게에 불과하다. 금으로 만들었다면 착용조차 힘들 볼륨도 티타늄이라면 귓불에 걸 수 있고, 수천 개의 보석을 파베 세팅한 입체적 구조물도 부담 없이 구현할 수 있다.

가벼움만이 아니었다. 티타늄은 산화 처리를 거치면 보라색, 파란색, 회색 등으로 변한다. 회색 티타늄 옆에 루비를 놓으면 붉은색이 더 선명해지고, 검게 산화시킨 티타늄 위에 사파이어를 올리면 파란색이 한층 짙어진다. 화이트골드나 플래티넘 같은 밝은 금속은 보석을 돋보이게도 하지만, 색의 미묘한 결을 씻어내기도 한다. 자르는 그 반대로 갔다. 배경을 어둡게 낮추어 색에 깊이를 더했고, 검게 처리된 티타늄은 곧 그의 시그니처가 되었다. 어두운 캔버스 위에서 보석은 비로소 제 색을 온전히 드러냈다.

2025년 5월, 크리스티 제네바 경매에 자르의 살구꽃 뱅글Apricot Flower Bangle이 출품되었다. 추정가는 28만~55만 스위스프랑, 한화로 약 4억 후반~9억 원대였다. 나는 경매 전 프리뷰에서 이 팔찌를 직접 손목에 올려봤는데, 부피가 커서 장식장에 놓일 오브제처럼 보였지만 티타늄 덕분에 놀라울 만큼 가벼웠다.

며칠 뒤 경매장, 응찰자가 세 명으로 압축되자 장내가 일순 조용해졌다. 그리고 마침내 237만 4,250 스위스프랑에서 낙찰봉이 내려왔다. 여기저기서 박수가 터져나왔다. 한화로 약 40억 원, 상단 추정가의 네 배를 훌쩍 넘는 금액이었다. 자르의 작품이 경매에 나오면 늘 이런 식이다. 추정가가 무슨 소용이란 말인가!

 　　　　　　나는 금 대신 보석을 산다

가격을 좌우하는
서사의 프리미엄

똑같은 등급의 다이아몬드 두 개가 있다. 캐럿도 같고 색깔도 같고 투명도도 같은데, 하나는 50만 달러에, 다른 하나는 150만 달러에 팔린다. 세 배의 차이를 만드는 건 무엇일까?

보석 시장엔 두 가지 가격이 공존한다. 알고리즘이 계산하는 '시장가'와 사람들이 기꺼이 지불하는 '체감가'다. 4C(무게Carat, 광채를 좌우하는 연마 비율Cut, 색Color, 투명도Clarity) 데이터나 과거 거래 기록은 기준선을 보여줄 뿐, 왜 어떤 보석이 세 배 더 비싼지까지 설명해주지 않는다.

이 차이가 가장 분명하게 드러나는 무대가 경매다. 경매에서는 보석의 스펙뿐 아니라 브랜드, 소장 내력, 역사적 사건과 인물의 연결 같은 설명이 함께 제시된다. 이 맥락이 탄탄할수록 경쟁은 치열해진다. 반대로 등급이 아무리 높아도 설명이 빈약한 보석은 대개 추정가 하단에서 거래된다.

그 설명의 중심에는 언제나 '서사'가 있다. 소유자의 내력과 얽힌 사건, 담긴 약속과 욕망 등이 숫자로 환산되지는 않지만 가격을 움직이는 힘으로 작용한다. 1936년 영국을 뒤흔든 왕의 퇴위가 1987년에는 왕실 로맨스로, 2010년에는 20세기 최고의 러브 스토리로 해석됐다. 세대가 바뀌면서 의미가 달라졌고, 보석의 가격도 함께 움직였다.

◇◇◇

세기의 경매, 세기의 다이아몬드

'3.05캐럿, VS1(투명도), F컬러', 외울 수 있겠는가? 하지만 "피를 보더라도 이 다이아몬드는 내 것"이라고 외친 남자의 이야기는 좀처럼 잊히지 않는다.

1969년 10월, 뉴욕 파크-버넷 갤러리Parke-Bernet Galleries(소더비의 전신)는 이례적인 긴장감으로 들끓었다. 무대에 오른 것은 69.42캐럿 페어 컷 다이아몬드. 1966년 남아프리카 프리미어Premier 광산에서 발견된 241캐럿 원석을 해리 윈스턴Harry Winston이 연마한 것이다.

경매장에는 반클리프 아펠, 까르띠에 등 내로라하는 주얼러들이 자리를 채웠다. 가장 큰 관심은 리처드 버튼에게 쏠렸다. 당시 할리우드에서 가장 비싼 몸값을 받던 배우이자, 세계에서 가장 유명한 여배우 엘리자베스 테일러의 남편이었다. 두 사람의 결혼은 전 세계 언론의 집중 조명을 받았고, 버튼이 테일러에게 선물하는 보석은 그 자체로 대형 뉴스거리였다. 버튼은 대리인을 보내 100만 달러 한도로 응찰하게 했다. 당시 다이아몬드 최고가가 30만 5,000달러였으니 충분할 거라고 믿었다.

응찰이 시작되었다. 50만 달러를 넘어서자, 호가 속도가 느려졌다. 반클리프 아펠의 클로드 아펠은 50만~60만 달러대에서 경합에서 물러났다. 85만 달러, 이제 버튼의 대리인과 까르띠에 뉴욕의 로버트 켄모어Robert Kenmore만 남았다. 90만, 95만… 가격이 100만 달러를 넘어서는 순간, 버튼의 대리인이 고개를 저었다. 켄모어가 105만 달러를 부르자, 낙찰봉이 내려왔다. 다이아몬드 경매 사상 최고가였다.

소식을 들은 버튼은 일기장에 이렇게 썼다.

"피를 보더라도 이 다이아몬드는 내 거다."

문제는 그다음이었다. 낙찰받은 보석을 누구에게 팔든 까르띠에 마음이다. 다른 사람이 더 높은 가격을 부르면 다이아몬드는 그쪽으로 간다. 버튼 측은 서둘러 까르띠에와 협상에 나섰고, 110만 달러에 합의했다. 낙찰가보다 겨우 5만 달러를 얹은 금액이었다.

까르띠에는 조건을 걸었다. 이 다이아몬드를 '테일러-버튼 다이아몬드'로 명명하고 두 사람의 이름으로 홍보한다는 내용이었다. 5만 달러로 세계적 스타 커플의 명성을 마케팅에 활용할 권리를 얻은 셈이다. 다음 날, 〈뉴욕 데일리 뉴스〉는 "리즈, 복숭아씨만 한 다이아몬드를 차지하다"라는 제목의 기사를 1면에 실었다.

다이아몬드를 뉴욕 까르띠에 5번가 매장에 일주일간 전시하는 동안 하루 6,000~1만 명이 유리 케이스 앞에 몰렸다. 전시가 끝나자 까르띠에는 보안을 위해 똑같은 가방 세 개를 준비했다. 진품이 든 가방은 모나코 항구에 정박한 버튼과 테일러의 요트로 조용히 배송되었다. 두 사람은 모나코에 머물며 그레이스 켈리의 40세 생일 파티에 참석했는데, 그날 밤 가장 눈부신 건 테일러의 다이아몬드였다.

까르띠에는 5만 달러로 세기의 홍보를 이끌어냈고, 사람들은 이 다이아몬드를 볼 때마다 버튼의 절박함을 떠올렸다. "피를 보더라도"라는 짧은 문장과 함께.

◇◇◇

왕위를 버린 사랑 이야기

1936년 12월 11일, 영국 전역에 국왕 에드워드 8세의 퇴위 연설이 라디오를 통해 울려 퍼졌다. 그는 왕위를 내려놓으며 이렇게 말했다.

"나는 내가 사랑하는 여인의 도움 없이는 왕의 의무를 수행할 수 없다."

그가 선택한 여인은 미국 출신의 이혼녀 월리스 심프슨Wallis Simpson, 당대 최고의 패션 아이콘이자 관습을 거리낌 없이 거부하던 여성이었다. 이 순간부터 에드워드 8세는 더 이상 국왕이 아니었다. 그는 왕위를 버리고 '윈저 공작'이라는 작위를 받았고, 가족과 친구들은 그를 본래 이름인 데이비드라고 불렀다. 왕이 아닌 평범한 남자로 돌아간 것이다.

월리스의 주얼리 취향은 영국 왕실의 전통과 정반대였다. 다이아몬드 티아라나 꽃 브로치 대신 야생의 맹수를 택했다. 1952년 12월, 까르띠에는 그녀를 위해 팔찌 하나를 제작했다. 표범이 손목을 감싸며 먹잇감을 노리는 자세였다. 귀를 뒤로 젖히고 몸을 낮춘 표범의 눈에는 에메랄드가 박혀 있었다. 장식이 아니라, 마치 살아 있는 존재처럼 보이는 디자인이었다.

그날 밤 월리스는 일기에 "이 팔찌를 볼 때마다 데이비드의 사랑이 떠오른다"라고 적었다. 표범 팔찌는 곧 두 사람의 관계를 상징하는 오브제가 됐다. 왕관 대신 사랑이라는 메시지를 담은 물건이었다.

1986년 세상을 떠난 월리스 심프슨의 주얼리 214점이 이듬해 소더비 경매에 나왔다. 낙찰 총액은 추정가를 훌쩍 넘긴 5,350만 달러, 개인 주얼리 컬렉션 경매 사상 최고액이었다. 냉전이 막바지로 접어들던 그해, 1936년의 퇴위 사건을 직접 기억하는 세대는 이미 노년이었고 경매장을 채운 건 그 자녀 세대였다. 그들에게 반세기 전 스캔들은 왕실의 로맨스로 읽혔다. 왕위를 버린 남자와 사랑을 택한 여인이라는 서사가 반세기를 건너 다시 불붙은 것이다. 1952년의 표범 팔찌는 약 150만 달러에 낙찰됐다.

2010년, 같은 팔찌가 다시 경매에 나왔다. 에드워드 8세를 둘러싼 논란은 거의 잊혔고, 대신 '왕관보다 사랑을 택한 남자'라는 서사만 남아 있었다. 낙찰가는 약 700만 달러(452만 파운드), 추정가를 크게 웃도는 금액이었다.

◇◇◇

윤리가 가격을 묻다

서사가 가격을 올리기만 하는 것은 아니다. 2023년 5월, 크리스티 제네바에 하이디 호르텐Heidi Horten 컬렉션이 나왔다. 오스트리아의 억만장자 컬렉터가 반세기 동안 모은 보석 700점, 살아 있는 박물관이라 일컫던 컬렉션이었다. 그중에서도 가장 주목받은 건 25.59캐럿 선라이즈 루비였다. 2015년 소더비에서 3,000만 달러에 낙찰되며 당시 세계 최고가를 기록했던 루비다. 루비 시장의 기준점 같은 존재가 8년 만에 다시 시장에 나오자 딜러들

 나는 금 대신 보석을 산다

사이에 긴장감이 감돌았다.

프리뷰에서 나는 그 반지를 직접 껴봤다. 25캐럿의 무게가 손가락에 고스란히 전해졌다. 창가로 들어오는 자연광 아래에서 루비는 비둘기 피처럼 붉게 빛났고, 표면을 자세히 들여다보니 미세한 스크래치가 여럿 눈에 들어왔다. 루비는 경도 9로, 다이아몬드(경도 10) 바로 아래에 해당한다. 웬만한 보석으로는 흠집이 나지 않는다. 하이디 호르텐이 이 반지를 금고에 넣어두지 않고 다이아몬드 반지와 함께 자주 꼈다는 증거다. 아낀 게 아니라 애용한 흔적이다.

경매 한 달 전, 〈뉴욕 타임스〉가 폭탄을 터뜨렸다. 작고한 호르텐의 남편 헬무트Helmut가 나치 정권하에 유대인 상점을 강제 인수했다는 기사였다. 나치가 유대인 재산을 몰수해 독일인에게 넘기던 '아리아화' 정책의 일환이었고, 그중에는 알프레트 야코비Alfred Jacobi 가문의 백화점도 있었다. 야코비 가족은 1943년 아우슈비츠로 끌려가 끝내 돌아오지 못했다. 전후 배상을 요구했지만, 헬무트는 끝까지 거부했다. 그 자산 위에 하이디의 컬렉션이 쌓인 것이다.

〈뉴욕 타임스〉의 보도 후, 분위기가 확 달라졌다. 유대계 딜러들이 응찰을 보이콧했고, 일부에서는 경매 중단을 요구했다. 보석 시장에서 유대계 딜러들이 빠지면 판이 흔들리기 마련이다. 결국 낙찰가는 1,470만 달러에 그쳤다. 8년 전 3,000만 달러에 팔린 루비는 그렇게 반 토막이 났다.

하이디는 생전에 유대인 예술가의 작품을 적극 수집했고, 이스라엘 문화 기관에도 기부를 이어갔다. 속죄였을까, 진심이었을까? 하지만 시장은 답하지 않았다. 남편의 과거에서 비롯된 그림자가 그녀의 가장 빛나는 보석마저 덮어버렸다.

◇◇◇

주방 찬장에 방치된 3,300만 달러

2004년 미국 중서부의 한 고물상이 벼룩시장에서 작은 달걀 장식을 발견했다. 금빛 달걀 안에 시계가 들어 있었는데, 무게를 재보니 녹이면 금값으로 500달러쯤 건질 것 같았다. 그런데 가격표에는 1만 4,000달러가 찍혀 있었다. 금값의 거의 30배였다. 순간 망설였지만 어딘가 예사롭지 않아 보여 지갑을 열었다.

집으로 돌아와 골동품 딜러 몇 곳에 연락해봤지만 반응이 시원치 않았다. 1만 4,000달러를 부르는 사람은 없었다. 손해 보고 팔기엔 금액이 너무 컸고, 녹여버리기엔 왠지 아까웠다. 달걀은 그렇게 주방 찬장 속 깊숙이 처박혔다.

8년이 흐른 2012년 어느 날, 그는 문득 달걀 안 시계에 새겨진 제조사 이름을 구글에 검색해봤다. 바쉐론 콘스탄틴Vacheron Constantin, 2011년 영국 신문의 기사가 떴다.

"사라진 파베르제 황실 달걀을 찾아서."

사진을 보는 순간, 커피잔을 놓칠 뻔했다. 선반 안쪽에 밀어둔 바로 그 달걀이었다.

다음 날 아침, 그는 런던의 러시아 황실 보석 전문가에게 연락을 취했고, 전문가는 곧바로 미국행 비행기에 올랐다. 그 달걀은 1887년 알렉산드르 3세가 부활절에 황후에게 선물한 달걀이었기 때문이다. 파베르제 황실 달걀은 수집가들 사이에서 성배로 통한다. 1917년 혁명이 터지자 볼세비키는 황실 예술품을 압수했고, 외화가 급했던 소비에트 정부는 1922년부터 처분에 나섰다. 이때 황실 달걀 여러 점이 제국을 떠나 정체를 잃은 채 흩어졌는데, 이 달걀이 그중 하나였다.

1964년 이 장식이 뉴욕 경매장에 나왔을 때는 "달걀 모양의 금 케이스에 들어 있는 금시계" 정도로만 기록되었고, 낙찰가는 2,450달러에 그쳤다. 당시에는 파베르제 황실 달걀에 대한 연구가 이뤄지기 전이라, 경매사도 낙찰자도 이것이 황실의 부활절 달걀이라는 사실을 몰랐다. 금으로 만든 골동 시계 장식품으로만 여겼을 뿐이다.

달걀은 40년 동안 주인을 바꿔가며 미국 중서부까지 흘러들었다. 벼룩시장을 거쳐 고물상의 손에 들어온 뒤, 8년을 주방 찬장에서 보냈다. 2014년 정체가 밝혀지면서 익명의 컬렉터에게 넘어갔고, 거래가는 약 3,300만 달러로 추정된다. 2004년에 녹였다면 금값이 전부였을 것이다. 고물상에게는 녹여 팔 금덩어리에 불과했지만, 전문가의 눈에는 러시아 황실의 유산이었다.

보석에 이야기가 쌓이는 건 왕실이나 유명인만의 일이 아니다. 누구의 보석이든 소유한 시간만큼 사연이 깃들기 마련이다. 개인의 보석은 훨씬 조용하다. 카메라 앞에 설 일도 없고, 신문 기사에 실릴 이유도 없다. 그래도 할 수 있는 일이 있다. 감정서는 잃어버리지 않게 잘 보관하고, 언제 무슨 이유로 구입했는지 따위를 메모해두면 좋다. 세팅은 웬만하면 바꾸지 않는 편이 낫다. 그 정도면 딜러가 "내력이 분명한 물건"이라고 부를 조건은 갖춘다.

물론 모든 보석이 경매장으로 향하는 것은 아니다. 다만 사연이 담긴 보석과 그렇지 않은 보석은 시간이 갈수록 차이가 벌어진다. 같은 스펙이라 해도 자녀에게 건넬 때, 보석상 테이블 위에 올라갈 때, 혹은 훗날 다시 시장에 나올 때 출발선이 달라진다. 데이터와 알고리즘이 계산해내는 시장가와 사람들이 기꺼이 지불하고자 하는 체감가 사이의 간극은 결국 그 보석에 얽힌 '이야기'가 결정한다.

     나는 금 대신 보석을 산다

천연의 가치는
점점 더 올라간다

2024년 2월, 카타르 도하Doha의 전시장. 윤기 흐르는 토브thobe(중동의 전통 남성 의상)를 입은 남자들 사이로 검은 아바야abaya(중동의 전통 여성 의상)를 입은 여성들이 스쳐 지나간다. 아바야 차림이 아닌 건 나뿐이었다. 걸음을 옮길 때마다 손목의 다이아몬드가 저마다 다른 각도로 빛을 쏘아 올리고, 아바야 사이로 언뜻 드러나는 주얼리들이 애를 태웠다. 홀 안에는 불가리와 까르띠에, 티파니를 비롯한 500여 브랜드의 하이 주얼리가 끝없이 늘어서 있었다. 소더비와 크리스티 경매를 수도 없이 다녔는데, 이런 풍경은 처음이다. 수백억 원짜리 보석들이 공기처럼 흘러 다니고 있었다.

티파니 부스 앞에서 걸음을 멈췄다. '진주 위의 새Bird on a Pearl' 시리즈였다. 자수정이나 아콰마린aquamarine, 시트린citrine 위에 새

티파니 진주 위의 새 브로치. 자연이 빚은 천연 진주와 화려한 다이아몬드 장식이 돋보이는 주얼리다. ©Tiffany & Co

를 앉힌 '바위 위의 새 Bird on a Rock'는 익숙했지만, 천연 진주 버전은 처음이다. 직원이 유리 케이스를 열어 브로치를 내 손 위에 올려놓자, 작은 크기와 달리 제법 묵직한 감촉이 전해졌다. 플래티넘과 골드로 형상화한 새의 날개 아래에서 진주의 광택이 유난히 깊게 살아났다.

"페르시아만산 천연 진주입니다. 알파르단 Alfardan 컬렉션에서 가져온 거예요."

직원은 이 정도 크기와 광택, 형태까지 갖춘 천연 진주를 모아 목걸이 한 줄을 완성하려면 20년은 걸린다고 덧붙였다. 천연 진주는 한 알을 구하기도 어려운데, 목걸이 한 줄을 맞춘다는 건 상상하기 힘든 작업이다.

20년이라는 시간이 계속 귓가에 맴돌았다. 양식 진주와 천연 진주는 화학적으로 같다. 둘 다 탄산칼슘 결정이고, 빛의 간섭으로 특유의 광택을 낸다. 화학자에게 물으면 같은 물질이라고 답할 것이다. 그런데 양식은 수십·수백만 원이고, 천연은 수억·수십억 원을 호가한다. 이 격차는 어디서 오는 걸까?

◇◇◇

'진주 제국'의 붕괴

1917년 까르띠에가 뉴욕 5번가 맨션을 인수했다. 놀랍게도 대금은 현금이 아니라 진주 목걸이 두 줄이었다. 크기와 색이 완벽하게 맞는 진주 128개를 수년에 걸쳐 모은 것으로, 당시 가치가 100만 달러에 달했다. 맨션 가격이 92만 5,000달러였으니 진주가 건물보다 비쌌던 셈이다. 그런데 40년 뒤 같은 목걸이가 유품 경매에 나왔을 때 낙찰가는 고작 16만~18만 달러에 그친 걸로 전해진다. 그 변화의 중심에는 한 사람이 있었다.

1893년 봄날 아침, 미키모토 고키치御木本幸吉가 떨리는 손으로 조개를 벌리자, 햇살이 스며들며 속에서 무언가 은은하게 빛났다. 반원형의 진주였다. 완벽한 구형은 아니었지만, 인간이 만들어낸 최초의 양식 진주가 세상에 나온 순간이었다. 천연 진주는 수천 개의 조개 중 하나에서, 그것도 우연으로만 태어난다. 미키모토는 이 우연을 통제하기로 마음먹었다. 그는 조개 속에 핵과 외투막 조직을 함께 이식하면 그 주위로 진주층이 자란다는 사실을 알아냈고, 1905년에는 완벽한 구형을 생산하는 데 성공했다. 1920년대에 들어서자 양식장에서 진주가 쏟아져나오기 시작했다.

이 소식에 유럽 보석 업계가 발칵 뒤집혔다. 1921년 10월, 런던의 한 신문은 일본 상인들이 파는 양식 진주가 천연 진주의 모조품에 불과하며, 이를 판매하는 행위는 사기나 다름없다고 맹공을 퍼부었다. 유럽 진주 상인들이 법정으로 달려가 양식 진주는 진주라 부를 수 없다고 주장했다. 하지만 1924년 파리 법원은 양식 진주가 천연 진주와 과학적으로 동일하다고 판결했다. 천연 진주가 누려온 독점이 법적으로 끝장난 순간이었다.

결정타는 1929년 대공황이었다. 뉴욕 증시가 폭락하면서 사치품 시장이 통째로 얼어붙자 경매장마다 진주 목걸이가 쏟아져나왔는데, 살 사람이 없었다. 1930년대 중반엔 일본 양식 진주 산업마저 과잉 공급에 시달렸다. 너도나도 양식에 뛰어드는 바람에 가격이 바닥을 모르고 떨어졌다. 저품질 진주까지 시장에 넘쳐났다.

1932년 10월, 새로 설립된 일본양식진주수산조합 회장에 취임한 미키모토가 고베 상공회의소 앞에서 저품질 진주 135킬로그램을 쌓아놓고 불을 붙였다. 도쿄 저택 수십 채를 살 수 있는 진주가 연기로 사라졌다. 미친 짓일까, 천재적 판단일까? 그날 이후 '미키모토'라는 이름은 품질보증서가 됐다. 물량보다 품질을 택한 결정이 브랜드를 살렸다.

반세기가 흘렀다. 양식 진주는 전 세계 여성을 아름답게 장식했고, 천연 진주는 박물관이나 왕실 금고 속으로 들어갔다. 그런데 1980년대부터 흐름이 뒤집히기 시작했다. 빈티지 천연 진주를 찾는 컬렉터가 하나둘 늘어나더니, 2000년대엔 페르시아만 왕족들이 조상 대대로 내려온 천연 진주를 다시 꺼내 들었다. 양식이 넘칠수록 천연의 가치는 오히려 더 솟아올랐다.

맨션과 바꿨던 까르띠에의 그 목걸이가 지금 경매에 나온다면 어떨까? 업계에선 수백억 원도 거뜬하리라고 본다. 화학 성분은 그때나 지금이나 똑같은 탄산칼슘 결정인데, 가치만 건물 한 채에서 그 5분의 1로 추락했다가, 다시 건물 몇 채 값을 넘보는 수준까지 올라왔다.

◇◇◇

"다이아몬드는 영원히"

1888년 킴벌리에서 드비어스를 이끌던 세실 로즈Cecil Rhodes는 광산 지도를 펼쳐놓고 붉은 펜으로 동그라미를 그려나갔다. 남아프리카 곳곳에 흩어진 다이아몬드 광산을 하나씩 흡수해 경쟁자를 제거하려는 전략이었다. 가격 전쟁을 치르기보다 판 자체를 장악하겠다는 계산이었고, 현실은 그의 구상대로 흘러갔다. 1902년 그가 세상을 떠날 무렵, 드비어스가 통제하는 다이아몬드는 전 세계 생산량의 90퍼센트에 달했다. 요즘이라면 공정거래당국이 기겁할 일이지만, 당시엔 가능한 구조였다.

드비어스는 런던에 중앙 판매 기구를 세우고, 해마다 열 차례 '사이트Sight'라 부르는 판매회를 열었다. 초대장을 받은 딜러만 들어갈 수 있는 폐쇄된 자리였다. 선택 방식은 극도로 제한되었다. 상자를 열어 개별 원석을 골라 담거나 구성을 바꾸는 일은 허용되지 않았다. 정해진 시간 안에 상자를 훑어본 뒤 통째로 받거나 그대로 포기해야 했다. 다만 포기를 택하면 다음 초대장을 받지 못할 수도 있다. 겉으로는 거래지만, 선택의 자유는 구조적으로 막힌 시장이었다.

하지만 드비어스의 야심은 광산과 유통으로 끝나지 않았다. 1938년 광고대행사 N. W. 에이어 & 선N. W. Ayer & Son을 고용하면서 목표를 분명히 했다. 사람들의 머릿속에서 다이아몬드의 의미를 다시 쓰는 것. 그렇게 해서 1947년에 탄생한 카피가 "다이아몬드는 영원히A Diamond is Forever"였다.

이 한 문장이 다이아몬드를 사랑의 증표이자 결혼의 필수품으로 각인시켰다. 약혼반지는 다이아몬드여야 한다는 생각이 영화와 광고, 노래를 타고 퍼져나갔다. 나 역시 어릴 적 TV 속 그 장면들을 보며 자연스럽게 그렇게 믿고 자랐다. 문화였지만, 동시에 세뇌였다. 1939년 드비어스의 미국 판매액은 2,300만 달러였는데, 약 40년 뒤에는 21억 달러에 달했다. 같은 기간 미국 경제가 대략 20배 성장하는 동안 다이아몬드 시장은 100배 가까이 팽창한 셈이다.

1990년대에 접어들면서 러시아, 캐나다, 호주에서 새 광산이 잇따라 문을 열었다. 이들은 더 이상 드비어스를 통하지 않고 독자적 유통망으로 시장에 진입했다. 독점 구조는 서서히 균열을 보였고, 드비어스의 점유율은 60퍼센트대로 내려앉았다. 그럼에

    나는 금 대신 보석을 산다

도 가격은 쉽게 무너지지 않았다. 한 세기에 걸쳐 쌓아온 문화가 버티고 있었기 때문이다. 다이아몬드는 영원하다는 믿음이 부모 세대에서 자녀 세대로 이어졌다.

오늘날 합성 다이아몬드는 육안으로는 천연과 거의 구분되지 않는 수준에 이르렀다. 그러나 전문 감별 장비 아래에서는 둘의 성장 흔적이 다르다. 천연에는 수억 년에 걸쳐 형성된 내포물과 미묘한 색 편차, 불규칙한 결정 구조가 남아 있다. 이 '결함'이 각 보석의 지문을 이룬다.

◇◇◇

지명 하나가 만든 수만 달러의 격차

1980년대 후반 브라질 파라이바주의 한 언덕, 에이토르 지마스 바르보자Heitor Dimas Barbosa라는 남자가 몇 해째 같은 자리를 파헤치고 있었다. 주변에서는 미쳤다고 했지만, 그는 곡괭이를 놓지 않았다. 어느 날, 곡괭이 끝에 단단한 것이 걸렸다. 햇빛에 비추자 네온처럼 형광빛을 내뿜는 청록색 원석이 모습을 드러냈다. 몰디브 바다를 그대로 옮겨놓은 듯한 색으로, 구리와 망간이 빚어낸 일렉트릭 블루electric blue 투르말린이었다. 바르보자는 이 원석에 자기가 사는 마을 이름을 붙였다. 파라이바Paraiba 투르말린. 나 역시 십수 년 전 그 빛깔에 반해 드림 스톤으로 마음에 점찍어둔 보석이다.

광산은 크지 않았다. 10년쯤 지나자 바닥을 보이기 시작했다. 광산이 바닥을 드러내고 가격이 캐럿당 2만 달러까지 치솟던 그때, 나이지리아에서 브라질산과 비슷한 색의 구리 함유 투르말린이 발견됐다는 소식이 들려왔다. 2001년의 일이었다. 브라질 딜러들은 믿으려 하지 않았다. 아니, 믿고 싶지 않았을 것이다. 하지만 몇 년 뒤 모잠비크에서도 비슷한 색과 화학 성분을 가진 원석이 발견되었다.

브라질 딜러들은 즉각 반발했다. 파라이바는 지명이니, 브라질산만 파라이바 투르말린이라고 불러야 한다고 주장했다. 하지만 GIA, 귀벨린Gübelin(스위스 감정 기관), SSEF(스위스 감정 기관) 등이 구성한 LMHC는 구리와 망간에 의해 특유의 네온빛 청록색이 나타나는 투르말린이라면 산지를 따지지 않고 '파라이바 투르말린'으로 표기할 수 있다는 기준을 내놓았다. 2000년대 중반부터 주요 감정 기관들이 이 기준을 공통으로 받아들이면서 명칭 논쟁의 큰 줄기는 정리됐다.

화학 성분으로만 보면 모두 같은 보석이다. 그러나 시장은 성분 표만으로 설명되지 않는다. 브라질산과 아프리카산은 모두 구리 함유 투르말린이지만, 산지에 따라 미묘한 차이가 있다. 지질학적 조건이 달라 브라질산은 구리 농도가 상대적으로 높고, 그만큼 네온기가 더 강렬하다는 평가를 받는다. 다만 내포물이나 보석학적 특성만으로는 산지를 가리기 어려워, 정확한 원산지 감별에는 LA-ICP-MS(레이저 절제 유도결합 플라즈마 질량분석법) 같은 정밀 화학 분

 　　　　　　나는 금 대신 보석을 산다

석이 필요하다. 이런 차이가 어
느 정도 가격에 반영되는 건 자
연스럽다. 다만 실제 시장에서는
이 차이가 두세 배까지 프리미엄
으로 벌어지는 경우도 있다.

모잠비크산도 캐럿당 수천수
만 달러를 호가하는 고가의 원석

파라이바 투르말린 반지. 일반 보석에서 볼
수 없는 네온빛을 내뿜는다. ©Jacob & Co

이다. 그럼에도 브라질산 앞에서
는 종종 절반 수준에 머무른다. 감별서에는 둘 다 똑같이 '파라이바
투르말린'이라고 적혀 있는데도 말이다. 퀄리티 차이만으로는 이
격차를 다 설명하기 어렵다. 지명이든 서사든, 보석의 가격에는 스
펙 바깥의 무게가 늘 따라온다.

도하 공항으로 가는 자동차 안, 창밖으로 사막이 펼쳐진다.
수백억 원짜리 보석들이 오가던 전시장에서 불과 30분 거리인
데, 이곳엔 모래뿐이다. 오늘 내 손 위에 잠시 올려놓았던 진주
는 100년 뒤 어디에 있을까? 지금 누군가 고른 보석도 30년 뒤
엔 어떻게 될지 알 수 없다. 다만 남길 수 있는 건 있다. 작은 노
트 한 권, 영수증 한 장, 사진 한 장. 보석이 어디서 왔고 누구 손
을 거쳤는지를 보여주는 기록이다. 업계에서는 이를 '프로버넌
스provenance'라고 부른다. 30년 후 다음 세대가 그 기록을 열어보
는 날, 보석은 한 사람의 시간과 선택이 담긴 유산이 된다.

The True Meaning and
Value of Gems

DIAMOND
Argyle pink diamond
Burmese Pigeon's Blood Ruby
Paraiba tourmaline
red spinel
Muzo Emerald
mandarin garnet

광산의 원석이 반짝이는 주얼리가 되기까지

보석 시장의 구조

보석을 캐는 사람과
거래하는 사람

스리랑카 라트나푸라Ratnapura에 도착한 날 오후였다. 햇빛이 비스듬히 기울어가는 시간, 광부 수닐Sunil은 체 앞에 쪼그리고 앉아 진흙투성이 자갈을 담은 바구니를 흔들고 있었다. 물에 씻겨 내려가는 흙 사이로 뭔가 반짝이자, 그는 바구니 바닥에 남은 자갈을 손으로 펼쳐 보였다. 23년째 이 자리에서 사파이어를 찾아온 사람이니 눈썰미가 남다를 수밖에 없다. 작은 자갈 하나를 집어 드는 손놀림이 평소와 달랐다. 내 눈엔 그냥 자갈이었지만, 수십 년을 땅속만 들여다본 사람은 뭔가 다른 게 보이는 법이다. 수닐이 자갈을 햇빛에 비추자 안쪽에서 푸른빛이 살아 움직였다.

"빛의 무게가 다릅니다."

처음엔 무슨 소린가 싶었다. 뉴욕 GIA에서 보석 감정을 배울 때도 '빛의 무게' 같은 표현은 교재 어디에도 없었다. 4C, 굴절률, 비중 측정을 비롯해 모든 걸 숫자로 환산하는 법만 배웠지, 빛의 무게라니. 그런데 수닐을 보고 있자니 알 것 같기도 했다. 20년 넘게 흙을 뒤지고, 원석을 만지고, 헐값에 팔았다가 후회하고, 다시 찾아 나서기를 반복하면서 손끝에 새겨진 감각이 있는 것이다. 기계로는 측정할 수 없지만 분명히 존재하는 무언가가 말이다. 수닐에게는 그게 전부였다.

그 감각은 대체 어디서 오는 걸까?

광산과 시장 사이의 비밀

라트나푸라 시내를 처음 걷던 날, 길 한복판에서 남자 둘이 다가왔다. 관광객으로 보였는지, 주머니에서 하얀 종이에 싼 원석을 풀어 보여주었다. 처음 내민 것들은 품질이 영 시원치 않았다. 더 좋은 건 없냐고 묻자 또 다른 종이가 나왔고, 다시 묻자 그보다 나은 원석이 등장했다. 질문을 거듭할수록 품질은 한 단계씩 올라갔다. 관광객에게는 가장 낮은 등급부터, 조금이라도 안다는 기색이 보이면 그다음 단계를 내미는 식이었다. 결국 강의용으로 쓸 만한 원석 몇 개를 골라 샀다. 그들을 탓할 생각은 없었다. 이곳에서는 정보의 격차가 곧 생존과 직결되기 때문이다.

숙련된 광부는 원석의 크기, 색상, 투명도, 균열 상태 등을 순식간에 파악한다. 이 판단이 틀리면 값비싼 원석도 헐값에 넘어가고, 정확한 눈이 있으면 남들이 놓친 원석을 건질 수 있다. 좋은 사파이어는 햇빛에 비추면 안에서 파란 불꽃이 일렁인다. 나도 GIA에서 배웠고, 감정서도 수없이 확인해봤지만, 수닐이 보는 건 차원이 달랐다. 기계가 아니라 손끝으로 읽는 감각이었다.

그다음이 문제였다. 아무리 좋은 눈을 가졌어도, 수닐 같은 소규모 광부는 당장 현금이 필요하다. 그때 브로커가 나타난다. 광산을 직접 찾아다니며 원석을 사들이는 사람들인데, 시장 정보도 자본도 광부보다 많다. 일부는 해외에서 온 브로커인데, 좋은 원석이 나오면 자기한테 먼저 보여달라면서 광부들에게 쌀이나 현금을 선지급하면서 관계를 만들고 유지한다. 네트워크가 굳어지면 새로운 브로커가 낄 틈이 없다. 소규모 광부는 국제 시세를 알 길이 없으니 브로커가 부르는 값을 받을 수밖에 없다.

다만 스리랑카는 유통 구조가 다르다. 정부가 오랫동안 원석 수출을 강하게 제한하고, 커팅과 연마를 거친 보석만 내보내도록 유도해왔기 때문이다. 수닐이 캐낸 사파이어도 라트나푸라의 작업장에서 가공을 마친 뒤 완제품에 가까운 형태로 수출된다. 부가가치의 상당 부분이 나라 안에 남는 구조다. 세계 시장에 풀리는 실론 사파이어 상당수는 이렇게 스리랑카에서 가공한다. 문제는 이런 시스템을 갖추지 못한 다른 산지들이다.

마다가스카르, 탄자니아, 미얀마에서는 브로커가 구매한 가격의 몇 배의 마진을 붙여 상위 바이어에게 넘긴다. 거래를 거듭할수록 가격이 오르고, 최종 소비자한테 닿을 때쯤이면 열 배 안팎까지, 경우에 따라 그 이상으로 오르기도 한다.

브로커를 거친 원석은 딜러에게 간다. 여러 광산에서 모인 원석을 품질별로 나누고 선별하는 단계다. 다만 대형 업체는 이 과정을 건너뛰고, 브로커를 거치지 않은 채 광산 기업이 주최하는 경매에 직접 참여한다. 단계를 거듭할수록 출처는 점점 흐릿해지고, 보석의 여정은 어느 순간부터 추적하기 어려워진다. 불투명함은 바로 그 지점에서 시작된다.

방콕 젬스 타워 16층, 두바이 광산 회사 푸라 젬스Fura Gems의 경매가 열리는 날이었다. 초청장 없이는 들어갈 수 없는 공간이다. 인도 자이푸르의 상인들, 유럽 바이어들, 태국 딜러들이 테이블마다 앉아 확대경을 손에 쥔 채 고개를 숙이고 있었다. 품목 번호가 붙은 원석 샘플을 꼼꼼히 검토하고, 밀봉 입찰로 가격을 정하는 방식이다. 라트나푸라 길거리에서 주머니 속 원석을 흥정하던 장면과는 애초에 차원이 다른 세계였다.

푸라 젬스는 콜롬비아 에메랄드, 모잠비크 루비, 호주 사파이어를 직접 채굴하는 기업으로, 세 대륙에 광산을 소유하고 있다. 원석은 보고타와 방콕에서 열리는 B2B 경매를 통해 거래된다. 가공되지 않은 상태 그대로 내놓고, 초청받은 업계 바이어들이

     나는 금 대신 보석을 산다

밀봉 입찰로 가격을 써낸다.

경쟁사 젬필즈Gemfields는 규모가 더 크다. 잠비아 에메랄드와 모잠비크 루비를 채굴하며, 원석을 세밀하게 등급별로 나눠 방콕이나 자이푸르, 싱가포르 같은 허브 도시에서 경매와 뷰잉viewing을 연다. 두 기업 모두 중간 브로커를 거치지 않는다. 광산에서 곧바로 경매장으로, 그곳에서 승인된 바이어에게로 원석이 흘러가는 구조다. 이 경매에는 고정된 가격표가 없다. 바이어는 원석 묶음을 살핀 뒤 연마 후의 예상 수율과 시장 수요를 계산해 밀봉 입찰가를 써낸다. 젬필즈가 설정한 기준 가격에 도달하지 못하면 거래는 유찰된다. 이 치열한 수 싸움이 반복되면서, 품질과 크기별로 시장 가격의 기준선이 형성된다.

그런데 유색 보석의 상당 부분은 여전히 수닐 같은 소규모 광부들의 손에서 나온다. 마다가스카르, 미얀마, 탄자니아, 스리랑카 등 이름만 들어도 알 만한 산지들이 대부분 그렇다. 대기업이 들어가기엔 매장량이 불확실하거나, 광맥이 너무 흩어져 있거나, 정치적으로 복잡한 곳들이다. 그래서 소규모 채굴은 없어질 수가 없다.

예를 들어 마다가스카르에서 캐낸 원석이 매장에 진열되기까지의 과정을 생각해보자. 브로커한테 팔리고, 지역 딜러한테 넘어가고, 국제 딜러를 거쳐 스리랑카와 태국(방콕, 찬타부리) 같은 커팅·거래 허브에 도착한다. 거기서 연마된 보석은 도매상을 거쳐 소매상에 진열되기까지 대여섯 번 주인이 바뀐다. 그사이 마진은 쌓이고, 원석이 어디서 왔는지 출처는 점점 흐릿해진다. 반면 대형 기업이 직접 관여하는 원석은 중간 단계가 상대적으로 적고, 경우에 따라 광산 정보가 적힌 산지 증명서가 함께 따라온다. 수닐의 원석은 그 과정에서 이름이 지워진다. 결국 투명성은 자본의 문제인지도 모른다.

나도 처음엔 '중간 마진을 건너뛰면 더 싸게 살 수 있지 않을까'라는 의문을 품었다. 하지만 현지 시장은 정보 비대칭이 가장 심한 곳이기도 하다. '광산 옆이니 싸겠지'라는 생각은 산지 시장에서 가장 잘 통하는 미끼다. 태국이나 마다가스카르의 노천 시장에선 정교한 합성석을 천연석 무더기에 교묘히 섞어 파는 일이 흔하다. 산지에서 샀을 땐 분명 진한 청색이었는데, 몇 달 후에 보니 색이 허옇게 빠져버리는 황당한 경우도 있다.

물리적인 시비에 휘말릴 위험도 크다. 노점에서 구경하던 보석을 실수로 떨어뜨리기라도 하면, 기다렸다는 듯 주변 상인들이 몰려와 말도 안 되는 보상금을 요구하며 위협한다. 심지어 파란 염료를 먹인 싸구려 원석을 사파이어로 알고 샀는데, 집에 돌아와 세척하다가 손이 파랗게 물들고 나서야 사기당한 걸 알게 된 웃지 못할 사례도 있다.

산지 시장은 낭만적인 직구 현장이 아니라, 프로들이 칼을 품고 마주하는 판에 가깝다. 숙련된 눈과 현지 법리에 밝은 인맥이 없다면, 검증된 매장의 쇼케이스가 오히려 가장 저렴하고 안전한

     나는 금 대신 보석을 산다

선택지다.

◇◇◇

종이 한 장의 무게

스리랑카에서 사파이어를 여러 개 구매한 적이 있다. 그중 유난히 눈에 띄는 핫핑크 사파이어가 있었다. 구매를 결정하자 딜러는 반나절 만에 감별서를 발급받아 왔다. 그런데 서류를 펼치는 순간, 두 눈을 의심했다. '피전 블러드 루비'라고 적혀 있었기 때문이다. 루비와 핑크 사파이어는 사실상 같은 광물이다. 둘 다 커런덤Corundum이라는 종種에 속하는데, 색의 농도로 이름이 갈린다. 진한 빨강은 루비, 옅으면 핑크 사파이어다. 당연히 루비가 훨씬 비싸다.

내가 산 보석은 어떻게 봐도 짙은 핑크색이었는데, 감별서엔 최고급 컬러인 '피전 블러드 루비'라고 적혀 있었다. 한국에 돌아와 제대로 된 기관에서 다시 감별을 받았더니, 결과는 핑크 사파이어였다.

감정서와 감별서 하나로 가격이 몇 배씩 달라진다. 소더비나 크리스티 같은 경매에서 인정하는 기관은 한정되어 있다. SSEF, 귀벨린, AGL(미국 감정 기관), GRS(스위스 감정 기관), GIA 정도인데, 특히 비가열 표기 하나가 가격을 좌우한다. 산지 증명도 마찬가지다. 미얀마산 루비, 카슈미르산 사파이어처럼 특정 산지에 프리미엄이 붙는 경우엔 이 문서 하나가 가격을 결정한다. 하지만 안타깝게도 내가 겪은 것처럼 모든 서류가 믿을 만한 것은 아니다.

요즘은 블록체인 추적 시스템이나 원석에 미세 표지를 심는 나노 입자 태깅 같은 첨단 기술도 등장했다. 대형 기업은 이런 기술뿐 아니라 생산 환경과 유통 구조까지 관리할 수 있다. 푸라 젬스와 협업하면서 본 콜롬비아 에메랄드 광산에는 여성들이 주도하는 작업장이 있었고, 젬필즈의 모잠비크 광산에는 회사가 지은 초등학교와 교육 프로그램이 있었다. 이는 자본이 있으니까 가능한 일이다. 수닐이 작업하는 소규모 광산에는 블록체인도, 나노 입자 태깅도, 윤리 프로그램도 없다. 그렇다면 다른 길은 없는 걸까?

◇◇◇

원산지에 부를 남기는 새로운 도전

마다가스카르 일라카카Ilakaka. 이름은 익히 들어왔지만, 직접 가본 적은 없다. 여러 보석학자와 딜러들에게서 들은 이야기를 종합하면 풍경은 대체로 비슷하다. 일라카카는 붉은 대지 위로 흙먼지가 날리고, 사방에 임시 구조물이 들어선 작은 마을이다. 세계 굴지의 사파이어 산지 중 하나인데, 일라카카가 속한 마다

     나는 금 대신 보석을 산다

가스카르는 인구의 약75퍼센트가 빈곤선 아래에 놓여 있다.

산지이면서 가공 허브를 겸하는 스리랑카와 달리 대부분의 사파이어 산지는 같은 흐름을 따른다. 마다가스카르에서 캐낸 사파이어는 대개 스리랑카나 태국 같은 해외 커팅 허브로 이동해 연마와 열처리를 거친 뒤, 각국의 공방에서 반지로 세팅되어 매장에 진열된다. 원산지에는 저임금 노동과 환경 부담만 쌓이고, 커팅과 유통에서 생기는 부가가치는 스리랑카나 태국 등 가공 허브와 최종 소비국에 축적되는 경우가 많다. 오랫동안 반복해온 구조다.

그런데 최근 일라카카 일부 지역에서 흥미로운 시도가 있었다. 몇몇 보석학자가 현지에 정착해 광산에서 매장까지 이어지는 짧은 공급망을 실험한 것이다. 원석을 외부로 보내지 않고, 마을 안에서 연마하고 세팅해 판매하는 방식이다.

브로커도, 중간 딜러도 끼지 않는다. 광산에서 캐낸 원석은 마을 작업장으로 옮겨지고, 그 자리에서 커팅과 세팅을 거쳐 완성된다. 판매 역시 마을 안 상점에서 이뤄진다. 원석을 누가 캤는지, 얼마를 받았는지까지 공개된다. 한 프로젝트에서는 1,000달러짜리 반지가 팔릴 때 절반 가까운 금액이 채굴자에게 돌아가도록 설계했다.

처음에는 광부들도 외국인 보석학자들을 경계했다. 그동안 너무나 많은 사람이 원석을 헐값에 사고 떠났기 때문이다. 하지만 정당한 값을 받았다는 경험이 쌓이자 분위기가 바뀌었다. 이제는 좋은 원석이 나오면 광부 쪽에서 먼저 연락을 한다. 예전에는 원석을 팔면 그걸로 끝이었다. 지금은 젊은이들이 연마를 배운다. 야외에 천막을 치고 연마 기계 몇 대를 놓은 작업장에서 학교를 갓 졸업한 청년도, 숙련된 여성 세공사도 함께 일한다. 하루 종일 숙련공의 손놀림을 지켜보고, 원석이 깎이는 소리를 들으며 기술을 익힌다. 이 기술은 몇 년 뒤에도, 십수 년 뒤에도 마을에 남는다. 다음 세대로 이어질 수 있는 자산이다.

이곳에는 블록체인도, DNA 나노 입자 태깅도 없다. 대신 매일 얼굴을 마주하고 밥을 먹으며 쌓은 신뢰가 있다. 물론 이런 방식이 모든 지역에서 가능하다고 말할 수는 없다. 외국 상인들이 여전히 시세보다 훨씬 낮은 가격에 원석을 사서 떠나는 현실도 변하지 않았다. 이 작은 실험이 국가 전체의 구조를 바꾸지는 못할 것이다. 다만 이 마을에서 대형 광산 기업처럼 거대하지도 않고, 수닐의 현실처럼 막막하지도 않은, 그 중간 어딘가의 길이 보였다.

이 글을 쓰는 지금도 수닐은 어딘가에서 체를 흔들고 있을 것이다. 논 사이 채굴 현장에서, 흙먼지가 자욱한 작업장에서 오늘도 작은 원석을 햇빛에 비춰보며 스물세 해째 같은 희망을 품고 있을 것이다. 그가 찾은 보석 하나는 언젠가 누군가의 소중한 반지가 된다. 뉴욕의 백화점에서, 파리의 부티크에서 소비자는 완

     나는 금 대신 보석을 산다

성된 주얼리만 보겠지만, 그 안에는 수닐의 하루와 손끝의 감각
이 고스란히 담겨 있다.

라트나푸라를 떠나던 날, 이 일을 왜 계속하냐고 수닐에게 물
었다. 그는 잠시 웃더니 이렇게 대답했다.

"언젠가는 가족의 인생을 바꿀 보석을 찾을 겁니다."

돌을 빛나게 만드는
연마와 감정의 세계

2023년 초, 유색 보석의 연마 현장을 직접 보고 싶어서 방콕으로 날아갔다. 방콕 젬스 타워 47층, 가로드Garaude 작업장 앞에서 신발을 벗으라는 말에 멈칫했다. 맨발로 나무 바닥을 밟으며 안으로 들어서자 휠 돌아가는 소리가 먼저 들려왔다.

작업장은 방이 여러 개 이어진 구조였다. 맨 안쪽 대표 사무실에는 통유리 발코니가 딸려 있고, 그 너머로 방콕 시내가 한눈에 내려다보였다. 발코니의 난간을 따라 빼곡히 늘어선 꽃들. 빨간색, 노란색, 보라색… 색이 하도 강렬해서 작업실에 늘어놓은 보석들이 절로 떠올랐다. 보석과 꽃이 같은 팔레트를 나눠 쓰는 것 같았다.

가치의 출발점, 연마

그날 찾은 가로드 작업장의 한 연마대 위에는 모잠비크에서 온 101.75캐럿 루비 원석이 놓여 있었다. 좀처럼 보기 힘든 기록적인 크기였지만, 현장은 고요했다. 서둘러 손댈 원석이 아니었고, 감으로 밀어붙일 순간도 아니었다.

연마에 들어가기 전, 원석은 정밀 분석부터 거쳤다. 고해상도 3D 스캔, 라만 분광법Raman spectroscopy, 자외선–가시광선–근적외선 분석까지, 그리고 내포물 하나와 성장 흔적 하나까지 전부 디지털로 기록됐다. 보석감정사, 과학자, 엔지니어, 연마 장인이 한자리에 모여 이 루비의 안팎을 '읽어내는' 시간이었다. 그 이해가 충분히 쌓인 뒤에야 비로소 커팅 논의를 시작했다.

가로드는 까르띠에, 불가리, 반클리프 아펠에 최상급 루비를 연마해 납품해온 하이엔드 커팅 하우스다. 이 루비를 두고도 55캐럿이니, 60캐럿이니 숫자를 저울질할 일은 없었다. 색과 광채, 투명도를 어디까지 살려낼 수 있는지가 유일한 기준이었다. 여러 시나리오를 시뮬레이션하며 빛이 결정 내부를 어떻게 통과하는지, 방향과 깊이, 그리고 패싯facet 구조에 따라 어떻게 달라지는지를 검토했다. 루비는 크기보다 색으로 평가받는 보석이다. 무게는 목표가 아니라 결과였다.

1 연마 전 에스트렐라 드 푸라 루비 원석. 거친 표면과 불규칙한 결정면 사이로도 선명한 붉은색과 뛰어난 투명도가 드러난다. ©Fura Gems

2 연마 후 55.22캐럿으로 완성된 에스트렐라 드 푸라. 원석이 지닌 색조와 투명도를 살려 쿠션 컷으로 다듬은 모양이다. ©Sotheby's

연마는 몇 주에 걸쳐 진행됐다. 면을 하나씩 만들 때마다 휠을 멈추고, 눈과 장비로 다시 확인했다. 루비는 다이아몬드 다음으로 단단한 광물이라 속도를 높일 수 없었다. 휠을 돌리는 시간보다 멈춰서 원석을 들여다보는 시간이 더 길었다.

57.6캐럿에 이르렀을 때 마지막 결정의 순간이 왔다. 테이블 바로 아래, 0.5밀리미터도 안 되는 반사형 내포물이 눈에 들어왔다. 그대로 두면 중량은 지킬 수 있지만, 정면에서 볼 때 시선에 걸릴 가능성이 있었다. 제거하려면 테이블 면을 다시 연마하고 크라운 패싯을 조정해야 했다. 그러면 추가로 약 3캐럿을 더 잃게 된다. 하지만 연마팀은 결국 제거를 선택했다. 최종적인 시각

적 완성도에서만큼은 어떤 타협도 받아들이지 않겠다는 뜻이다.

에스트렐라 드 푸라Estrela de FURA는 쿠션 컷cushion cut 55.22캐럿으로 완성됐다. 원석의 절반 가까이를 덜어냈지만, 그만큼 색과 광채의 밀도가 높아졌다. 창가를 향해 들어 올리자 응축된 붉은빛이 안쪽에서부터 피어올랐다.

◇◇◇

감별, 그리고 경매

연마가 끝나면 시장의 판단이 시작된다. 에스트렐라 드 푸라는 스위스와 프랑스에 본부를 둔 여러 감별 기관으로 보내졌다. 나중에 들은 이야기지만, 각 기관의 감별사들이 몇 주씩 걸려 무게를 재고 색을 확인했다고 한다. 현미경 아래에서 내포물의 패턴을 읽어내는 작업이 이어졌다.

요즘은 AI가 무게와 색을 측정하는 도구로 쓰이기도 하지만, 내포물의 패턴이 천연의 증거인지 가열 처리의 흔적인지는 수십 년간 수만 개의 보석을 봐온 눈이 아니면 구분하기 어렵다. 기계는 숫자를 제시할 수 있어도, 그 숫자의 의미까지 해석하지는 못한다.

소더비 경매에 출품하려면 세계 최고 수준의 감별서가 필수다. 역사상 최대 루비라면 한 기관의 판정만으로는 부족하다. 감별서 없는 보석은 시장에서 제값을 받지 못한다. 보석이 아무리 뛰어나도, 이런 문서 없이 수십억 원을 선뜻 내는 사람은 없다.

마침내 다섯 곳의 감정원(AGL, GRS, SSEF, 귀벨린, 벨레로폰) 모두 에스트렐라 드 푸라를 55.22캐럿, 비가열로 확인했고, GRS는 여기에 '피전 블러드'라는 최고의 컬러 등급을 부여했다.

2023년 6월, 에스트렐라 드 푸라는 맨해튼 소더비 경매장에 모습을 드러냈다. 나도 그 자리에 함께했다. 모잠비크에서 시작된 여정이 방콕 작업대를 거쳐 감별 기관들을 지나 뉴욕에까지 도달한 순간이었다. 도록에는 다섯 개의 감정 기관 이름이 나란히 적혀 있었다.

호가가 3,000만 달러를 넘어서자 홀 안이 숨죽인 듯 조용해졌다. 경매사의 시선이 전화 응찰 데스크를 천천히 오갔다. 짧은 정적 끝에 마침내 낙찰봉이 내려왔고, 전광판에 낙찰가가 발표됐다. 수수료를 포함한 최종 금액은 3,480만 달러, 약 450억 원. 유색 보석 경매 사상 최고가였다.

    나는 금 대신 보석을 산다

유대인 네트워크가
만든 다이아몬드 제국

2004년의 일이다. GIA 수업이 끝나면 나는 곧장 뉴욕 맨해튼 47번가의 다이아몬드 디스트릭트로 향했다. 팬시 컷fancy cut(둥근 기본형을 제외한 특수 형태의 컷) 다이아몬드를 구경한다는 핑계였지만, 사실은 이 거리의 거래 방식이 궁금했다.

어느 날 2층 상점에 올라갔는데, 한 상인이 벨벳 천 위에 다이아몬드를 펼쳐놓고 있었다. 확대경으로 들여다보던 맞은편 상대가 고개를 끄덕이더니 악수를 건넸고, 히브리어가 짧게 오갔다.

"마젤 우 브라하Mazal u'Bracha."

행운과 축복을 빈다는 뜻이다. 계약서도 영수증도 없이 25만 달러짜리 거래가 그렇게 끝났다.

손등에 주름이 깊게 파인 상인이 키파kippah(유대인 남성이 착용하는 작은 모자)를 고쳐 쓰며 말했다. 이 거리에서는 악수가 계약이나 다름없다고. 이곳에서 거래되는 건 보석보다 신뢰였다. 공동체가 공유한 규범과 평판이 계약서보다 빨랐고, 분쟁은 법정까지 가기 전에 끝나는 구조였다. 악수는 느슨해 보여도 실제로는 더 단단한 법이다. 배신하면 소송 한 건으로 끝나지 않는다. 공동체 전체에서 쫓겨나기 때문이다.

그 신뢰를 쌓아 올린 사람들의 이야기는 500년 전부터 시작되었다. 그때는 내가 목격한 악수 하나가 그 긴 역사의 한 장면이었다는 것을 몰랐다.

◇◇◇

다이아몬드 제국의 탄생

유대인은 영국에서 1290년, 프랑스에서 1306년과 1394년, 에스파냐에서 1492년에 각각 쫓겨났다. 추방령이 반복될 때마다 그들은 같은 것을 챙겼다. 토지는 빼앗기고 가구는 버려졌지만, 주머니에 들어가는 금화와 보석만큼은 가져갈 수 있었다. 한 가족의 자산이 작은 가죽 주머니 하나에 달렸던 셈이다.

1516년 베네치아에는 세계 최초의 유대인 강제 거주 구역 게토ghetto가 만들어졌다. 유대인은 일몰 후 게토 밖 출입이 금지됐지만, 낮에는 전당포와 고물상, 보석상의 영업이 허용됐다. 베네치아 귀족조차 금융과 보석 거래에서 이들의 능력을 인정했다. 도구가 변변치 않던 시절, 유대인 보석상은 세대를 거쳐 전수받은 육안 감정으로 다이아몬드의 가치를 판단했다. 아버지는 아들의 손을 잡고 돋보기에 다이아몬드를 갖다 대며 자연스럽게 기술을 전수했다. 4C 개념이 정립되기 수백 년 전의 일이다. 빛이 들어가는 각도, 내포물을 읽는 법… 다음 추방령이 언제 내려질지 몰랐지만, 이 기술만 있으면 어디서든 먹고살 수 있었다.

1867년 남아프리카 오렌지강 유역에서 다이아몬드가 발견됐다. 그리고 몇 년 뒤 킴벌리의 대형 광맥이 터지면서 진짜 러시가 일어났다. 소식을 들은 런던의 유대인 상인들이 너도나도 배에 오르기 시작했다. 이스트엔드 출신의 젊은 상인 바니 버나토Barney Barnato도 그중 한 명이었다. 킴벌리에 도착했을 때 그가 가진 건 주머니 속 몇 푼이 전부였다.

버나토는 작은 다이아몬드를 사서 되팔기 시작했다. 광부들이 막 캔 원석을 현장에서 즉시 감정했고, 다른 상인들이 망설이는 사이 가격을 불렀다. 광부는 흙을 털고 악수했다. 그걸로 거래는 끝이었다. 한번 속이면 공동체에서 추방되고, 다시는 거래할 수 없다는 걸 모두가 알고 있었기 때문이다. 몇 년 뒤, 광부들은 그를 '다이아몬드 킹'이라고 불렀다.

버나토의 이야기는 전 세계 다이아몬드 시장을 지배해온 드비어스 설립과도 관련이 있다. 1888년 광산 지배력을 넓혀가던 사업가 세실 로즈가 버나토의 회사를 합병했고, 독일계 유대인 금융업자 알프레트 바이트Alfred Beit의 자금이 더해지면서 드비어스의 기반이 완성됐다.

1920년대 말에는 드비어스 회장 자리에 독일계 유대인 에른스트 오펜하이머Ernest Oppenheimer가 올랐다. 킴벌리에서 원석을 캐고, 암스테르담에서 연마하고, 런던에서 자금을 대고, 뉴욕과 안트베르펜Antwerpen에서 거래하는 구조가 이때 틀을 잡았다. 전 세계 디아스포라의 실시간 정보망이 이 모든 것을 연결했고, 다이아몬드는 어느새 글로벌 산업이 되어 있었다.

광산과 자본이 한 축이었다면, 기술은 또 다른 축이었다. 암스테르담의 아셔Asscher 가문은 1854년부터 커팅 기술을 이어왔다. 1908년 이 가문은 영국의 에드워드 7세로부터 세계 최대 다이아몬드인 3,106캐럿짜리 컬리넌 원석을 여러 개의 보석으로 쪼개달라는 의뢰를 받았다. 다이아몬드 역사에서 가장 유명한 연마사 중 한 명인 조제프 아셔Joseph Asscher는 몇 달간 어디를 쳐야 할지 고민하고 또 고민했다. 연구 끝에 결심한 그가 망치를 들어 올리자 작업장 안이 적막에 휩싸였고, 첫 시도에서 칼날이 부러졌다. 일주일 뒤, 보강한 도구로 다시 시도했다. 탁! 원석은 정확히 두 조각으로 갈라졌다.

 나는 금 대신 보석을 산다

인도의 부상, 구도의 변화

안트베르펜에서는 금요일 오후 세 시가 되면 상인들이 갑자기 분주해진다. '프라이데이 러시'라 일컫는 안식일이 시작되기 때문에 일몰 전에 모든 거래를 끝내야 한다. 정통파 유대인에게 안식일은 절대적 시간으로, 일을 할 수 없다. 그래서 금요일 오후는 한 주 중 가장 바쁜 시간이다. 신앙이 시장의 시간표를 만들었고, 매주 금요일마다 거래가 몰렸다.

정보의 속도는 더 놀라웠다. 제1차 세계대전 당시, 안트베르펜의 다이아몬드 상인들은 독일군 침공 소식을 듣자마자 재고를 런던으로 옮겼다. 국제 통신이 지금처럼 빠르지 않던 시절이었다. 시나고그synagogue와 공동체 네트워크가 정보의 전용선 역할을 했고, 그것이 있었기에 위험을 미리 읽고 재고를 분산시킬 수 있었다.

20세기 말까지 안트베르펜 다이아몬드 거래소 회원의 상당수가 유대계였고, 뉴욕 47번가 역시 정통파 유대인 상인이 주류를 이뤘다. 전 세계 다이아몬드 중개와 도매의 큰 흐름이 이 네트워크를 거쳤다. 하지만 그 구도가 영원할 수는 없었다.

2010년대 뉴욕 47번가, 히브리어 사이로 힌디어와 구자라트어가 들리기 시작했다. 간판에는 여전히 'Diamond & Sons'

‘Goldstein Bros’ 같은 유대계 이름이 걸려 있었지만, 거래의 중심에는 인도계 상인이 있었다.

안트베르펜은 변화가 더 극적이었다. 한때 유대교 전통을 중시하는 하시딤Hasidim의 공간이던 이곳에서 지금은 힌디어도 함께 들린다. 거래소 복도 곳곳에 ‘Shree Diamonds’ ‘Jain Brothers’ ‘Patel & Associates’ 같은 인도계 간판이 눈에 띈다.

인도계의 부상은 1960년대부터 시작됐다. 인도 상인들은 안트베르펜에 직접 진출하면서 유대인 상인들이 기피하던 소형 저급 원석 시장을 노렸다. 수익성은 낮아 보였지만, 인도에는 저렴한 인건비와 숙련된 기술이 있었다.

지금 인도는 세계 다이아몬드 연마에서 압도적 비중을 차지한다. 구자라트의 수라트Surat는 ‘다이아몬드 시티’라 부를 만큼 거대한 연마 클러스터로 성장했다. 낮은 인건비와 숙련된 기술이 가공 비용을 낮췄고, 최종 정산은 달러로 이뤄진다. 루피rupee로 만들고 달러로 파는 구조는 비용 우위에 환차익까지 더했다.

몇 년 전, 뭄바이의 한 다이아몬드 오피스를 방문한 적이 있다. 가족이 운영하는 업체였는데, 형제들이 돌아가며 손님을 응대했다. 한쪽에선 확대경으로 다이아몬드를 들여다보며 버니어 캘리퍼스vernier calipers로 크기를 측정하고 있었다. 큰형이 나를 맞으며 차이chai를 권했다. 인도식 밀크티 향이 퍼지는 동안 둘째는 고객과 가격을 협상하고, 셋째는 수라트 공장에 전화를 걸어 납기를

    나는 금 대신 보석을 산다

확인했다. 막내는 한쪽 구석에서 장부를 정리했다. 소싱, 파이낸싱, 고객 응대, 회계를 네 형제가 나눠 맡는 구조였다. 3대째 이어온 일이라고 했다. 그게 집안의 신용이었다. 뉴욕 47번가의 히브리어가 뭄바이에서는 구자라트어로 바뀌었을 뿐 구조는 같았다.

◇◇◇

신뢰의 번역, 그리고 보이지 않는 축

인도가 양적으로 시장을 장악하는 동안에도 고가 원석의 최종 거래는 여전히 유대인 네트워크를 거쳤다. 소형 원석에서 시작한 인도의 공세가 시장 중심까지 확장됐지만, 수백 년에 걸쳐 쌓인 신뢰의 인프라는 하루아침에 무너지지 않았다.

이스라엘 텔아비브 근교의 라마트간Ramat Gan은 다이아몬드 거래소로 유명한 도시다. 보안이 삼엄해 출입하기가 쉽지 않다. 30년 넘게 그곳에서 일한 딜러에게 이런 말을 들었다.

"물량은 줄었죠. 하지만 품질은 아직 우리 쪽입니다."

수천 개의 업체가 이 작은 도시에 밀집해 있다. 가내수공업과 가족 경영 전통은 여전하다. 인도와 중국이 소형 저가 시장을 장악해가는 동안에도 10캐럿 이상 대형 최상급 천연 다이아몬드는 여전히 이스라엘 딜러들이 강점을 보유한 영역이다. 티파니, 까르띠에, 해리 윈스턴, 그라프 같은 럭셔리 브랜드가 초대형 다이아몬드를 찾을 때는 라마트간을 비롯한 몇몇 허브의 딜러들에게 전화를 건다.

2020년대 들어 다이아몬드 산업은 또 한번 흔들렸다. 디지털 추적과 ESG, 윤리적 소싱 규제가 등장하면서 '신뢰'의 개념 자체가 달라지고 있다. 돋보기 하나로 모든 걸 판단하던 시절을 지나 GIA 감정서가 기준이 됐고, 이제는 디지털 이력까지 거슬러 올라가는 시대다. 2022년 러시아의 우크라이나 침공 이후 서방은 러시아산 다이아몬드를 제재했고, 안트베르펜은 원산지 추적 강화라는 병목에 직면했다. 유대인 네트워크도 '눈빛과 악수' 대신 '데이터와 인증서'로 무기를 교체해야 했다.

하지만 경매장의 풍경은 다르다. 뉴욕, 홍콩, 제네바 경매에서 10캐럿 이상의 대형 컬러 다이아몬드가 나오면 한쪽 구석에 조용히 앉아 있던 딜러가 전화를 받는다. 고개를 끄덕이며 패들을 드는 사람은 라마트간이나 안트베르펜에서 온 딜러들이다. 중국 컬렉터와 중동 왕족이 초반 응찰을 주도하지만, 최종 경쟁에는 그들이 남아 있는 경우가 적지 않다.

2025년 여름, 22년 전 뉴욕 47번가의 그 자리에 다시 들렀다. 젊은 상인이 벨벳 천 위에 다이아몬드를 펼쳤다. 맞은편 남자가 확대경으로 들여다보는 동안 나이 든 남자가 팔짱을 끼고 서 있었다. 거래가 끝나자 악수가 오갔다.

"마젤 우 브라하."

욕망을 건드는
경매장의 가격 게임

GIA 뉴욕에 입학하고 몇 달이 지났을 때, 선생님이 크리스티 경매장 견학 소식을 전했다. 그때까지 내 세계는 현미경 렌즈 안에 갇혀 있었다. 세팅에서 분리한 나석을 현미경 아래 놓은 다음 내포물을 찾고, 굴절률을 측정하고, 빛의 스펙트럼으로 색의 원인을 확인하고, 정밀 저울로 무게를 재는 일의 연속이었다. 내게 보석이란 그저 탄소 결정이거나 산화알루미늄이었고, 굴절률과 비중으로 정의되는 물질에 불과했다.

하지만 맨해튼 록펠러센터의 크리스티 경매장에 발을 디딘 순간, 현미경 너머의 세계가 펼쳐졌다. 1층 전시실 유리 케이스 안에서 1920년대 아르데코 팔찌가 계산된 조명 아래 빛을 흡수했다가 다시 반사했다. 빛이 각도를 바꿀 때마다 기하학적 선들이 번갈아 살아났다. 불가리의 에메랄드 목걸이는 로마의 문법을 현대적으로 풀어낸 모습이었고, 해리 윈스턴의 다이아몬드 반지는 할리우드 황금기를 품고 있었다. 추정가는 수백만 달러, 소재의 물리적 가치만으로는 설명되지 않는 숫자였다.

며칠 뒤 실제 경매 날, 나는 뒤편 관람석 구석에 자리를 잡았다. 패들을 쥔 사람들은 포커페이스를 유지했지만, 손끝의 미세한 떨림까지 숨길 수는 없었다. 경매사가 다이아몬드 반지를 호명하자 비딩bidding이 시작됐고, 패들이 하나둘 올라갔다. 전광판의 숫자가 뛰는 동안 합리적 계산보다 집단적 열망이 가격을 밀어 올렸다. 다른 사람이 원한다는 사실이 내 갈망을 증폭시키고, 내 응찰은 다시 다른 사람의 갈망을 자극한다.

그때 이후 경매장이 다르게 보이기 시작했다. 지금 놓치면 다시는 손에 넣을 수 없을지도 모른다는 두려움, 소유를 통한 과시, 경쟁에서 이기고 싶은 본능… 이것들이 진짜 가격이었다. 18세기에 시작한 크리스티와 소더비가 280년 넘게 살아남은 비결도 여기 있었다. 이들은 욕망이 움직이는 방식을 설계한다.

◇◇◇

경매 추정가가 지나치게 낮다면

그로부터 14년이 지난 2018년 가을, 인스타그램 피드에 소더

　　　　　　　나는 금 대신 보석을 산다

비 광고가 떴다. 서양배 모양의 천연 진주 하나가 다이아몬드 리본 장식에 매달린 사진이었다. 마리 앙투아네트가 소장했던 진주 펜던트라는 설명이 붙어 있었다. 프랑스혁명 이후 200년 넘게 사라졌던 보석이 다시 나타났다는 내용이었다.

그날 밤, 바로 비행기표를 끊었다. 경매는 제네바에서 열리지만, 소더비는 홍콩·두바이·뉴욕·런던 등 주요 도시를 순회하며 프리뷰를 연다. 나는 홍콩과 런던 프리뷰를 예약했다. 역사책에서만 보던 물건이 실제로 존재한다는 사실이 믿기지 않았다. 그리고 무엇보다 추정가가 이상했다. 마리 앙투아네트의 이름이 붙은 진주가 100만~200만 달러라니, 비슷한 크기의 천연 진주도 시장에서 그 정도는 받는다. 역사적인 왕비의 이름이 붙은 보석치고는 지나치게 얌전한 숫자였다.

홍콩 프리뷰에 도착했을 때 마리 앙투아네트 컬렉션 코너에 사람들이 모여들었다. 그 진주를 처음 본 순간, 광택의 깊이가 먼저 눈에 들어왔다. 약간 찌그러진 배 모양이었지만 표면에 흠집 하나 없고, 200년이 넘은 진주가 이 정도 상태를 유지하고 있다는 사실만으로도 이미 충분했다. 리본 장식은 18세기 로코코 양식(곡선과 비대칭, 자연 모티프를 특징으로 하는 장식 예술) 그대로였다. 직원이 장갑을 끼고 진열장을 열어 진주를 내 손바닥에 올려주었다. 200년 전 마리 앙투아네트의 목에 걸렸던 진주가 지금 내 손 위에 있었다.

1　마리 앙투아네트 주얼리 컬렉션. 2018년 소더비 경매에 출품되었다.

2　마리 앙투아네트가 소유했던 천연 진주 펜던트. 양식 진주가 없던 시대, 바다에서 건져 올린 그대로다.

　옆에 있던 앤티크 딜러가 도록에 인쇄된 가격을 가리키며 말을 걸었다. 30년 넘게 이 업계에서 일한 베테랑이었다. 그는 소더비가 이 진주의 가치를 그 가격보다 훨씬 높게 보고 있다고 했다. 추정가를 의도적으로 낮게 책정해 '어쩌면 내가 살 수도 있지 않을까' 하는 기대감을 심어두고, 막상 비딩이 시작되면 경쟁을 붙여 열기를 끌어올리는 전략이라는 것이다. 그는 '마리 앙투아네트'라는 이름이 붙은 보석들이 수십 년 동안 시장에서 어떻게 거래됐는지 지켜본 사람이었다. 이번 컬렉션이 얼마나 완벽한 프로버넌스를 갖추고 있는지 역시 누구보다 잘 알고 있었다. 1,000만 달러는 가볍게 넘길 거라며, 도록에 적힌 추정가는 말 그대로 출발선에 지나지 않는다는 그의 이야기가 이상하리만큼 담담하게

　　　　　　　나는 금 대신 보석을 산다

들렸다.

행동경제학에서 말하는 앵커링 효과anchoring effect(처음 정보가 이후 판단과 결정의 기준점이 되어 생각을 비트는 현상)가 여기에 해당한다. 시장 구조를 알고 있는 사람이라면 낮게 잡힌 추정가에 숨어 있는 의도를 금세 눈치챈다. 하지만 경매장에 처음 오는 이들은 다르게 받아들인다. 100만 달러라는 숫자가 머릿속에 박힌 뒤, 호가가 500만 달러를 넘어가면 '원래 100만 달러짜리가 다섯 배나 뛰었네'라고 생각한다. 처음부터 추정가가 1,000만 달러였다면 같은 500만 달러에도 '아직 절반'이라고 느낄 것이다. 이런 심리를 가격 전략에 녹여 쓰는 것은 소더비 같은 대형 경매사들이 오래전부터 활용해온 방식이다.

전시실을 한 바퀴 돌았다. 마리 앙투아네트 컬렉션에는 진주 펜던트 외에도 다이아몬드 귀걸이, 브로치, 반지들이 있었다. 추정가는 모두 비슷한 패턴으로, 시장가보다 상당히 낮게 잡혀 있었다.

그날 저녁, 호텔 방 책상에 도록을 펼쳐놓고 천천히 페이지를 넘겼다. 첫 페이지에는 마리 앙투아네트의 진주 펜던트 사진이 전체를 차지하고 있었다. 그 아래에는 1791년 프랑스혁명 당시 보석을 빼돌려 브뤼셀을 거쳐 빈으로 옮겼고, 오스트리아 황제가 보관했다가 부르봉–파르마Bourbon-Parma 가문으로 이어졌다는 설명이 길게 적혀 있었다.

나는 도록을 뒤에서부터 읽는 습관이 있다. 마지막 페이지에는 작은 글씨로 면책조항이 빼곡하다. 소더비가 무엇을 보증하고 무엇을 보증하지 않는지, 그 경계가 드러나는 부분이다. 화려한 사진보다 이 작은 글씨들이 훨씬 많은 정보를 담고 있다. 소더비는 도록에서 굵은 글씨나 대문자로 표기된 헤드라인 정보에 대해서만 보증하며, 보석류는 낙찰일로부터 21일 이내, 최초 낙찰자에게만 유효하다고 적혀 있었다. 결국 보증되는 건 '마리 앙투아네트가 소장했다'는 사실, 즉 이야기의 축이었다.

규모가 작은 로컬 경매 도록은 더 조심해서 읽어야 한다. 'in the style of Cartier'는 까르띠에 스타일일 뿐 까르띠에 제품이 아니다. 'bearing Tiffany marks'는 티파니 각인이 있긴 하지만, 원래부터 있던 것인지 나중에 추가된 것인지 확실하지 않다는 뜻이다. 화려한 사진 뒤에 숨은 문장들이 진짜 정보다.

감정서나 감별서도 마찬가지다. 크리스티 홍콩의 경매사 니콜라 챈Nicola Chan에게 유색 보석을 볼 때 뭘 먼저 확인하느냐고 물은 적이 있다.

"색이요. 그다음이 광채, 산지, 투명도 순이에요. 감정 기관 리포트는 맨 마지막에 확인하는데, SSEF나 귀벨린, AGL처럼 엄격한 기관 것만 인정해요."

권위 있는 감정서가 붙으면 가격이 20~30퍼센트 이상 뛰기도 한다. 그래서 이런 기관의 감별서는 주요 경매장에 들어가는 일

종의 입장권 역할을 한다.

조용한 전쟁의 시작

경매 당일, 소더비 제네바 경매장은 평소보다 분주했다. 경매사가 첫 번째 품목인 다이아몬드 브로치를 호명하자 호가가 천천히 올라갔다. 1만 스위스프랑에서 시작해 1만 5,000과 2만을 거쳐 2만 5,000에서 낙찰봉이 내려왔다. 마리 앙투아네트 컬렉션은 한참 뒤, 후반부에 모습을 드러냈다. 루비 팔찌와 다이아몬드 브로치가 먼저 낙찰됐고, 모두 추정가의 세네 배 수준이었다. 마침내 진주 펜던트 차례가 왔다.

경매사가 진주를 호명하자 경매장이 조용해졌다. 시작가는 곧장 속도를 냈고, 100만 스위스프랑에서 시작한 비딩은 순식간에 200만, 300만을 넘었다. 전화를 든 직원들이 차례로 손을 들었고, 500만, 800만… 숫자가 빠르게 올라갔다.

1,000만을 넘기자, 객석에서 직접 패들을 들던 손은 모두 내려갔다. 이제 남은 건 전화로 응찰하는 몇 명의 고객뿐이었다. 런던과 뉴욕, 홍콩에서 동시에 들어오는 호가를 경매사가 받아내며 1,500만, 2,000만, 2,500만을 연달아 찍었다. 어느새 15분이 흘렀다. 최종 경쟁은 두 전화선 사이에서 벌어졌다. 한쪽에서 3,000만

을 부른 뒤 잠시 정적이 흘렀고, 다른 쪽 전화 직원이 고객과 통화를 마치고 천천히 손을 들었다. 3,200만, 경매사가 다시 첫 번째 직원을 향해 고개를 돌렸지만, 그는 조용히 고개를 저었다.

경매사가 낙찰봉을 들어 올렸다. 3,200만 스위스프랑, 그리고 한 번, 두 번, 쾅! 박수가 터져나왔다. 프랑스혁명 연구자들은 마리 앙투아네트를 악의 화신으로 재단하기도 하고, 시대의 희생양으로 보기도 한다. 그러나 경매장에서 그녀는 시대를 초월한 이야기의 주인공이었다. 혁명의 불길 속에서 가장 먼저 빼돌린 진주 하나에는 어머니를 잃은 딸이 오스트리아로 건너가 되찾은 기억이 담겨 있었다. 이 서사 앞에서 구매자들은 가격표를 지웠다.

낙찰자는 익명으로 처리됐지만, 이듬해 오스트리아의 억만장자 하이디 호르텐이 공식 행사에 이 펜던트를 착용하고 나타나면서 신원이 알려졌다.

같은 왕실 출처라도 시대를 잘못 만나면 가격이 달라진다. 1795년, 크리스티 경매에 루이 15세의 마지막 총애를 받은 여인, 뒤 바리 백작부인의 보석이 나왔다. 혁명의 열기가 가시지 않은 시절 왕의 정부가 지녔던 보석을 사려는 사람은 많지 않았다. 낙찰가는 추정가를 훨씬 밑돌았다. 230년 뒤 경매장에 나왔다면 어땠을까. 단두대에서 생을 마감한 비극, 혁명이 지우려 했던 이름의 서사라면 추정가는 무색해졌을 테다.

　　　　　나는 금 대신 보석을 산다

낙찰가의 함정

경매장을 처음 찾는 사람들이 흔히 놓치는 게 있다. 낙찰가가 최종 금액은 아니라는 사실이다. 낙찰 수수료, 세금, 보험과 운송비, 수입 관세와 부가세까지 더해지면 실제 지출은 훌쩍 늘어난다.

2019년 제네바의 다른 경매에서 있었던 일이다. 지인이 다이아몬드 반지를 노렸는데, 추정가는 4만~5만 스위스프랑 선으로 잡혀 있었다. 프리뷰에도 함께 갔는데, 지인은 그 반지를 한번 끼어 본 뒤부터 표정이 달라졌다. 이미 마음을 정한 얼굴이었다. 예산을 묻자 5만 스위스프랑까지라고 했다. 계산기를 꺼냈다. 낙찰가 5만 스위스프랑에 낙찰 수수료 25퍼센트를 더하면 1만 2,500 스위스프랑이 붙는다. 여기에 스위스 부가세와 보험료, 운송비, 한국 입국 시 관세와 부가세, 개별소비세까지 차례로 얹으면 최종 금액은 어느새 8만 스위스프랑을 넘어선다.

그녀의 얼굴이 굳었다. 낙찰가에 25퍼센트만 더하면 끝이라고 생각했다는 표정이었다. 2026년 기준 크리스티의 낙찰 수수료는 차등 구조를 갖고 있다. 100만 달러 이하는 26퍼센트, 100만 ~600만 달러 구간은 21퍼센트, 그 이상은 15퍼센트가 붙는다. 판매자도 위탁 수수료로 대개 10퍼센트 안팎을 낸다. 낙찰 순간에는 흥분에 휩쓸려 있다가, 청구서를 받고 나서야 비로소 현실의 숫자가 보이곤 한다.

그날 저녁, 호텔 라운지에 마주 앉아 노트에 선 세 개를 그었다. 첫 번째는 목표선, 여기까지는 합리적 가격이다. 두 번째는 감정선, 경쟁이 달아오르면 이 지점까지는 허용한다. 세 번째는 한계선, 어떤 일이 있어도 넘지 말아야 할 금액이다. 경매장에 들어가기 전, 나는 늘 이 세 개 선을 먼저 그어둔다. 비딩이 시작되면 머릿속이 하얘지는 순간이 반드시 오기 때문이다.

추정가와 낙찰가 사이에는 언제나 예측하기 어려운 간극이 있다. 그 차이는 어디서 생길까? 그날 경매장에 누가 앉아 있는지, 전화선 너머에 어떤 고객이 대기하고 있는지, 화면 앞에서 몇 명이 지켜보고 있는지, 그리고 그 시즌 시장의 공기가 어떤지에 따라 가격은 전혀 다른 궤적을 그린다. 같은 시간에 같은 물건을 원하는 사람들이 겹치면 가격은 올라간다. 평소라면 2,000만 달러에 끝날 물건도 경쟁자가 나타나면 3,500만 달러까지 치솟는다. 경매장은 이런 우연이 일어날 확률을 극대화하도록 짜인 무대다.

"지금이 아니면 영원히 없다"는 메시지를 경매장은 끊임없이 뿌려댄다. 긴박감이 합리적 계산을 무력화하고, 이기고 싶은 본능이 숫자를 압도한다. 행동경제학에서는 '경쟁적 각성'이라 부르지만, 경매장에서는 그냥 집착일 뿐이다.

전문가라고 해서 이 시장을 온전히 읽어내는 것은 아니다. 세심하게 큐레이션한 보석이라도 그 시즌의 취향과 어긋나면 기대와는 전혀 다른 반응이 돌아온다. 경매는 표면적으로는 가장 투명한 시장처럼 보이지만, 실제로는 타이밍과 경쟁자, 그날의 분위기 같은 변수들이 가격을 좌우한다.

마리 앙투아네트의 진주가 추정가의 18배에 팔린 것도 진주 자체의 완성도 때문만은 아니다. 그 안에는 200년의 시간이 응축되어 있었다. 왕비의 목에 걸렸던 순간, 혁명의 혼란 속에서 브뤼셀을 거쳐 오스트리아로 이동한 여정, 부르봉-파르마 가문의 금고 속에서 보낸 침묵까지 물리적 가치를 뛰어넘는 것은 언제나 이야기다.

22년 전, 크리스티 경매장 뒤편 관람석에서 패들이 오르내리는 장면을 지켜보던 나는 보석 감정을 배우는 학생이었다. 그런데 그곳에서 배운 것은 보석보다 사람이었다. 얼마나 간절한지, 어느 순간 패들을 내려놓는지. 도록과 감정서 어디에도 적히지 않은 것들이 진짜 가격을 만들고 있었다. 크리스티와 소더비는 그 사실을 280년 가까이 상품으로 바꿔온 집단이다.

살 때와 팔 때의
가격이 다른 이유

어느 한 브랜드에서 VIP 고객 보석함 컨설팅 의뢰가 들어온 건 2020년 가을이었다. "어머니가 평생 아끼던 것들"이라며 의뢰인이 펼쳐 보인 보석함 안에서 루비 하나가 눈에 들어왔다. 3캐럿쯤 될까? 선명한 붉은색에 매끈한 광이 도는 표면에 확대경을 대자 실크(가느다란 바늘처럼 퍼진 내포물)가 엷게 번져 있었다. 미얀마 모곡 루비에서 자주 볼 수 있는 패턴이다. 정말 모곡일까? 모곡 루비라 해도 가열 처리 여부에 따라 가격이 몇 배까지 벌어진다. 경험만으로 단정할 수는 없었다. 전문 감정 기관에 보내고 며칠을 기다렸다. 결과는 미얀마산, 비가열. 시장에서 최고 등급으로 분류되는 루비였다.

감정서에는 원래 가격이 적혀 있지 않다. 보석을 경매에 출품하려면 감정서가 필수지만, 그 문서 어디에도 '얼마'라는 숫자는 없다. 다이아몬드 감정서에는 4C, 유색 보석 감별서에는 보석 종류, 무게, 치수, 컷 형태, 색 설명, 처리 여부가 담긴다. 산지는 판정 가능할 때만 별도로 기재한다. 가격은 그 지점에서부터 시장이 정한다.

기준점은 원석 가격과 가공·유통 비용이다. 원석은 산지와 품질에 따라 출발선이 다르고, 선별과 연마를 거쳐 '상품'이 되면서 값이 매겨진다. 커팅 수율(원석 대비 완성품 비율), 처리 여부, 컬러의 희소성, 사이즈별 공급량이 기본 단가를 좌우한다. 여기에 감정 비용, 운송비, 도매와 소매 마진까지 더해지면 최종 가격이 나온다. 같은 3캐럿 루비라도 산지와 처리 여부에 따라 가격대가 크게 달라진다. 앞서 내가 본 모곡 루비가 최고 등급으로 분류된 이유도 그런 지점에 있다.

◇◇◇

기관마다 다른 판정 결과

몇 년 전 런던의 한 딜러가 사파이어를 보여줬다. 깊은 청색이 훌륭한 보석이었는데, 감별서가 두 장이었다. 한 기관은 스리랑카산, 다른 기관은 산지 판정 불가로, 같은 보석인데 결론이 엇갈렸다. 그 사파이어는 몇 달 동안 주인을 찾지 못했다.

처음 방콕에 갔을 때 유색 보석 감정원이 수십 곳이어서 놀란 기억이 있다. 알고 보니 거래 규모와 가격대에 따라 선호하는 기관이 달랐다. 고가 유색석은 스위스의 SSEF·귀벨린, 미국의 AGL이 가장 권위 있고, 아시아, 특히 태국과 홍콩에서는 GRS를 많이 이용한다. 파리의 하이 주얼리 하우스들은 자국의 LFG나 방돔Vendôme 광장의 벨레로폰Bellerophon을 선호하고, 이탈리아에서는 CISGEM도 자주 볼 수 있다. 같은 보석을 보냈는데 기관마다 산지 판정이 엇갈리고, 어느 기관의 감별서냐에 따라 가격이 달라지기도 한다.

한국은 우신이나 한미 같은 곳이 빠르고 저렴하게 감정서를 발급해준다. 국내 거래나 참고용으로는 충분하지만, 해외 경매나 수억 원대 거래라면 얘기가 달라진다. 유색석은 SSEF, 귀벨린, AGL, GRS 같은 국제기관 감별서, 다이아몬드는 GIA 감정서가 사실상 기준으로 쓰인다. 문제는 시간이다. 일반 서비스는 몇 주에서 몇 달이 걸리고, 급하면 익스프레스를 써야 하는데 감정료가 보석값에 버금갈 때도 있다.

◇◇◇

가격이 정해지는 순간

2023년 봄, 주요 경매사들의 미얀마 루비 낙찰 기록을 분석한

적이 있다. 비가열에 귀벨린 감별서까지 받은 루비들이었는데, 조건은 비슷해도 결과는 제각각이었다. 차이를 만든 건 '모곡' 표기 유무였다. 같은 미얀마산이라도 모곡이 명시되면 낙찰가가 크게 뛰었다. 물론 경매는 변수가 많다. 어떤 작품들과 함께 나오는지, 그 시즌 시장의 관심이 어디에 쏠려 있는지에 따라 결과가 달라진다.

경매 프리뷰에서 비슷해 보이는 루비 두 개를 나란히 본 적이 있다. 둘 다 비가열이었고, 하나는 미얀마 모곡, 다른 하나는 모잠비크산이었다. 모곡은 붉은색이 더 선명했고, 모잠비크산은 자색이 살짝 감돌았다. 미묘한 차이였지만 가격은 두 배 이상 차이가 났다. 모곡 지역 대리암의 지질 환경이 이 차이를 만드는데, 크롬 함량은 높고 철 함량은 낮아 선명한 붉은색만 남기기 때문이다. '피전 블러드'라고 부르는 강렬한 붉은색은 이런 지질학적 조건에서 나온다.

하지만 미얀마 광산의 생산량은 급격히 줄었다. 2020년 이후 공식 채굴 허가가 만료됐고, 정치적 불안까지 겹쳐 예전 같은 물량은 기대하기 어렵다. 태국도 사정이 비슷하다. 지금 시장에 나오는 루비 상당수는 모잠비크, 마다가스카르, 케냐 같은 아프리카산이다. 미얀마산이나 태국산이 가끔 모습을 드러내긴 해도 예전에 채굴된 것들이 다시 흘러나온 경우가 많다. 요즘은 특히 모잠비크 북부 몬테푸에즈Montepuez 광산에서 품질 좋은 루비가 꾸준히 생산되고 있다.

경매 추정가는 어떻게 정해질까? 크리스티의 경매사 니콜라 찬에게 물었다. 먼저 최근 3년 동안의 경매 결과를 뒤진다. 비슷한 크기와 품질의 보석이 얼마에 낙찰됐는지 확인한 뒤, 뉴욕·홍콩·제네바 주요 딜러들에게 비공식으로 전화를 돌린다. 이 정도 물건을 원하는 바이어가 있는지, 얼마까지 낼 의향이 있는지 타진하는 것이다. 중국 바이어들이 루비에 적극적인 시즌인지, 관심이 다이아몬드로 옮겨갔는지도 확인한다. 이렇게 모은 정보를 종합해서 추정가 범위를 정한다. 추정가는 대개 보수적이다. 낮게 시작해야 응찰자가 몰리고, '추정가 2배 낙찰'이라는 헤드라인을 다음 경매의 홍보로 활용할 수 있기 때문이다.

◇◇◇

감별서가 말해주는 것

GIA에서 처음 사파이어를 현미경으로 들여다봤을 때가 떠오른다. 겉으로는 평온해 보이는 푸른 보석이었는데, 렌즈 너머로 자연의 흔적이 고스란히 남아 있었다. 천연 사파이어 내부에는 대개 불규칙한 성장선이 있다. 수백만 년에 걸쳐 자라며 남긴 흔적이다. 하지만 가열 처리된 사파이어의 내부 모습은 조금 다르다. 고온에서 내포물과 성장 구조 일부가 녹았다가 다시 굳으면

피아제 하이 주얼리 사파이어 드롭 이어링.
깊고 선명한 블루 컬러의 비가열 사파이어와
마퀴즈 컷 다이아몬드 장식이 대비를 이룬다.
©Piaget

서 성장선 경계가 흐려지거나, 내포물 주변에 응력으로 생긴 균열이 남는 경우가 많다. 감정사는 이런 차이를 바탕으로 감별서에 가열 처리 여부를 한 줄로 정리해 넣는다.

두 개의 사파이어를 번갈아 살펴본 적도 있다. 육안으로는 거의 비슷했고, 오히려 가열 처리된 쪽이 더 깨끗해 보였는데도 가격은 몇 배씩 벌어졌다. 시장이 가장 높게 평가하는 것은 '손대지 않은 상태', 다시 말해 비가열석이다.

가열 처리는 수백 년 전부터 내려온 합법적이고 전통적인 기술이다. 스리랑카 라트나푸라의 한 가열 공방을 찾았을 때, 한 노인이 진흙 도가니에 사파이어를 넣어 숯불 위에 올려놓고 풀무로 바람을 넣어 온도를 올리고 있었다. 몇 걸음 떨어져 있어도 열기가 후끈했다. 며칠 뒤 도가니를 열었더니 탁하던 사파이어가 선명한 청색으로 바뀌어 있었다.

열처리한 보석이 나쁘다는 뜻은 아니다. 소비자가 처리 여부를 알고 선택한다면 그 자체로 문제는 없다. 다만 가격을 매길 때 시장은 비가열석과 가열석을 냉정하게 구분한다. 해외 경매에서 비가열 루비와 사파이어만 대하다가 국내시장을 보면 가열석이 대부분이라 낯설게 느껴지기도 한다. 전통적인 고온 가열은 오늘날에도 널리 통용되지만, '납 유리 충전'이나 '디퓨전diffusion(고온에서 특정 원소를 보석 내부로 침투시키는 처리)'은 시장에서 크게 저평가받는다.

비슷한 일을 직접 겪은 적도 있다. 어머니에게서 물려받은 사파이어 반지를 리세팅하려고 분해했더니, 네 개 중 두 개가 디퓨전 처리한 것이었다. 2000년대 초반 강남의 한 보석상에서 구입한 반지인데, 판매자가 알면서 그랬는지, 당시 기준으로는 구분이 어려웠는지는 이제 확인할 길이 없다. 그때만 해도 디퓨전 감별 기술이 지금만큼 정교하지 않았다는 사실을 떠올리면 그 시대의 한계였을 가능성도 있다.

처리 여부를 가려낼 때 감정사들이 가장 먼저 찾는 도구는 현미경이다. 고온 처리를 거친 사파이어는 내부 구조에 흔적을 남기기 때문이다. 문제는 '저온' 처리다. 대략 섭씨 700도에서 1,100도 사이, 내포물이 녹지 않을 정도의 온도로 가열하면 지르콘zircon이나 루틸rutile 같은 내포물이 그대로 남아 있어 현미경만으로는 처리 여부를 가늠하기 어렵다. 이 경우에는 적외선 분광기 같은 정밀 장비가 필요하므로, 시장은 자연스럽게 감별서에 기대게 된다. "가열 처리의 흔적이 보이지 않는다No Indication of Heat Treatment"라는 한 줄의 문장이 지닌 무게가 여기에서 나온다.

감별서에는 처리 여부 외에도 색, 투명도, 산지가 함께 기록된다. 시장은 이 네 가지 축을 함께 놓고 가격을 정한다. 다이아몬드는 탄소 단일 원소 결정이라 산지가 달라도 색 차이가 거의 없지만 루비, 사파이어, 에메랄드, 파라이바 투르말린, 레드 스피넬red spinel, 비취, 오팔opal 같은 고가 유색석은 산지와 미량원소 조합에 따라 색과 인상이 달라진다. 색과 투명도가 비슷하다면 미얀마 루비가 모잠비크산보다, 콜롬비아 에메랄드가 잠비아산보다 비싸게 평가받는 경향이 있다. 다만 품질이 압도적인 보석 앞에서는 산지 프리미엄이 뒤로 밀리기도 한다. 산지 표기는 과학적 데이터에 기대지만, 결국엔 해석이 개입된 판단이기 때문에 감정 기관들은 보고서에 '의견opinion'이라는 단어를 함께 적어 넣는다.

◇◇◇

자연의 실수가 만드는 프리미엄

컬렉터들은 때때로 완벽함보다 '자연의 실수'를 더 신뢰한다. 비가열이 순수함의 프리미엄이라면, 자연이 만든 실수는 유일함의 프리미엄에 가깝다. 보석은 대개 깨끗할수록 비싸지만, 어떤 내포물은 오히려 값을 몇 배 끌어올리기도 한다.

오래전 뉴욕 하이 주얼리 제작사 오스카 헤이먼Oscar Heyman에서 완벽한 스타 사파이어를 본 적이 있다. 스태프가 조명을 비추자 둥근 표면에 선명한 여섯 줄기 별이 떠올랐다. 손에 들고 천천히 각도를 바꾸자 별이 둥근 표면을 따라 미끄러지듯 움직였다. 보석 내부의 미세한 섬유들이 세 방향으로 정확히 교차하면서 생기는 현상이다. 수백만 년 동안 온도와 압력과 시간이 완벽하게 맞아떨어져야 가능한 일이라, 확률로 따지면 기적에 가깝다. 가격은 별의 선명도와 위치로 결정된다. 강하고 또렷한 여섯 줄기의 별이 정중앙에 떠 있고, 색의 채도까지 뛰어나다면 같은 크기의 '투명 패싯 사파이어transparent faceted sapphire'에 버금가는 평가를 받기도 한다.

크리소베릴 캐츠아이chrysoberyl cat's eye도 마찬가지다. 제네바 경매에서 본 한 보석에 조명을 비추자, 표면을 가로질러 고양이 눈동자처럼 날카로운 한 줄기 빛이 생겼다. 보석을 살짝 흔들 때마다 그 선이 열렸다 닫히기를 반복했다. 내부에 평행하게 늘어선 섬유상 내포물이 만들어낸 효과다. 이 빛의 선이 얼마나 곧고 예리한지에 따라 가치가 달라진다는 점에서 스타 사파이어와 비슷하다.

알렉산드라이트alexandrite는 자연의 실수가 어떻게 반복적인 프리미엄이 되는지를 잘 보여주는 보석이다. 자연광 아래에서는 녹

 나는 금 대신 보석을 산다

왼쪽부터 스타 사파이어 반지, 크리소베릴 캐츠아이 반지, 알렉산드라이트 귀걸이.
©Oscar Heyman

색을 띠다가 백열등 아래에서는 붉은색으로 바뀌는데, 19세기 우랄산맥에서 나온 러시아산이 색 변화가 가장 뚜렷해 지금도 최고로 꼽힌다. 하지만 우랄은 고갈됐고, 브라질 생산량도 많이 줄어, 지금은 탄자니아나 마다가스카르 같은 아프리카 산지가 주요 공급원이다. 스타 사파이어의 별, 캐츠아이의 선, 알렉산드라이트의 색 변화 모두 지질학적 우연이 만들어낸 현상이다. 시장은 그 우연에 기꺼이 프리미엄을 지불한다.

가격이 정해지는 방식

보석 도매시장에서는 '캐럿당 가격'이 기본단위다. 같은 에메랄드라도 품질에 따라 캐럿당 100달러 또는 1만 달러일 수 있다. 여기에 중량을 곱하면 도매가가 나온다.

다이아몬드는 국제 기준가가 있다. 1978년 뉴욕의 다이아몬드 딜러 마틴 라파포트Martin Rapaport가 만든 '라파포트 가격표'다. 안트베르펜에서 다이아몬드 연마공으로 일을 시작한 그는 당시 업계의 불투명한 가격 구조에 문제를 느꼈고, 4C에 따른 캐럿당 달러 기준가를 공개하기 시작했다. 매주 업데이트하는 이 가격표는 이제 전 세계 도매상의 협상 출발점이 되었다. 실제 거래에서는 이 기준가에서 일정 할인율(혹은 프리미엄)을 적용해 최종 가격을 정한다.

유색 보석에는 라파포트 같은 국제 기준가가 없다. 같은 3캐럿 비가열 사파이어라도 뉴욕과 방콕과 제네바에서 부르는 가격이 각기 다르고, 딜러마다 몇 배씩 벌어지기도 한다. 감별서에 적힌 산지와 처리 여부, 딜러가 직접 확인한 색과 광택, 그 시점의 시장 분위기까지 종합해서 협상을 통해 가격이 정해진다.

참고할 자료가 아예 없는 건 아니다. 1982년부터 발행된《젬가이드GemGuide》는 40개국 이상의 감정사와 딜러들이 쓰는 도매가격 참고서다. 경매 낙찰 기록도 도움을 주지만, 발표하는 가격에는 20퍼센트 안팎의 수수료가 포함돼 있고 고가 보석에 한정된다. 결국 이것들도 참고치일 뿐 최종 가격은 보석을 직접 마주한 사람들 사이의 협상으로 결정된다.

주얼리 구매가와 매각가의 격차가 큰 이유는, 두 거래가 전혀 다른 시장에서 이뤄지기 때문이다. 구매는 디자인과 브랜드 가치가 포함된 소매 시장에서 발생하지만, 매각은 보석의 물리적 등급만 따지는 도매 시장의 논리를 따른다. 소매 가격에 녹아 있는 마케팅 비용과 매장 운영비를 도매 시장은 가치로 인정하지 않는다.

경매 시장은 다르다. 이곳에서는 브랜드 가치가 여전히 유효하다. 다만 소매 시장의 거품은 걷어내고, 역사적 희소성과 작품성만 선별적으로 가격에 투영된다. 브랜드의 정체성이 각인된 시그니처 디자인이나 전성기 시절의 피스는 경매에서도 강한 프리미엄을 유지하고, 유명 컬렉터의 소장 이력까지 더해지면 자산으로서의 가치가 한층 더 견고해진다.

반면 대량 생산된 기성품은 매각 단계에서 브랜드의 보호를 받기 어렵다. 수만 개씩 풀린 상품은 희소성이 없고, 소비자 가격에 포함되었던 유통 비용은 매장 문을 나서는 순간 증발한다. 남는 건 나석의 등급과 귀금속 소재뿐이다.

일반 매입 단계에서는 스펙과 유동성이 절대적이지만, 하이엔드 경매 시장으로 갈수록 희소성과 작품성, 소장 이력이 복합적으로 가격을 결정한다. 어느 지점의 가격을 기준으로 삼느냐에 따라 보석은 거품 낀 사치품이 되기도, 납득할 만한 자산이 되기도 한다.

보석 시장에는 가격을 보여주는 지표가 여럿 있다. 라파포트 지수는 도매 기준가다. 시장 전체의 방향을 가늠하는 나침반이지, 내가 사는 다이아몬드의 가격표가 아니다. 경매 낙찰가는 그 날의 응찰 경쟁이 정한 가격이다. 희소성이 뚜렷한 최상급 보석이 주로 오르는 무대라 일반 소매 시장과 직접 견주기 어렵다. 나이트 프랭크 럭셔리 투자 지수는 미술품, 와인, 시계, 보석을 묶어 평균을 낸 수치다. 보석 시장의 온도를 가늠하는 참고치일 뿐, 내가 가진 보석 한 점의 가치와는 별개다. 이 책에서 지표를 인용할 때는 시장의 방향과 온도를 읽기 위해서다.

◇◇◇

보석의 두 가지 가격

강연이 끝나면 꼭 이런 질문이 나온다.

"보석은 살 때와 팔 때의 가격이 왜 이렇게 차이가 나나요?"

보석에는 언제나 두 개의 가격이 있다. 사는 가격과 파는 가격이다. 소매점에서 산 보석을 되팔려고 하면 대부분 예상보다 훨씬 낮은 금액을 제시받는다. 이 지점에서 많은 이가 당황하거나 심하면 배신감을 느낀다. 매입상이 바라보는 것은 오직 보석 자체와 다시 시장에서 팔 수 있는지 여부뿐이다. 가방이나 시계도 구조는 비슷하지만, 보석은 '자산'일 것이라는 기대가 덧씌워져 그 차이가 더 크게 느껴진다.

또한 모든 보석이 매입 시장의 문턱을 넘는 것도 아니다. 특히 국제 경매에 오르려면 일정 기준을 확실하게 통과해야 한다. 크기와 품질, 희소성, 감정서와 감별서의 신뢰도 중 하나라도 부족하면 하이엔드 경매에서는 취급하기 어렵다. 어느 감정 기관의 리포트가 있느냐는 권위의 문제만으로 끝나지 않는다. 그 보석이 다시 시장에 나왔을 때 거래 가능한 무대의 범위를 결정하기 때문이다. 출처 기록과 구입 서류는 유동성의 최소 조건이다. 실제 매각은 딜러 네트워크와 거래 타이밍이 좌우한다.

보석의 매입가는 '미학적 가치'라기보다 되팔 때 매입상이 떠안아야 하는 '리스크'를 반영한 가격에 가깝다. 매입상은 아름다움보다 재판매 가능성과 속도를 먼저 계산한다. 거래가 성사되기까지 시간이 길어질수록, 살 수 있는 사람의 범위가 좁을수록 가격은 더 낮아진다. 매입가가 구조적으로 보수적일 수밖에 없는 이유다.

물론 예외도 있다. 까르띠에, 티파니, 부쉐론, 쇼메, 불가리처럼 오랜 시간 경매와 딜러 시장을 오가며 꾸준히 가격 데이터를 쌓아온 하우스들이 여기 해당한다. 다만 조건이 따른다. 디자인이 해당 브랜드의 정체성을 분명하게 드러낼 것, 제작 시기가 어느 정도 명확할 것, 보석 품질 자체가 2차 시장 기준을 충족할 것. 이 조건이 맞아떨어질 때에만 브랜드 이름은 되팔 때 가격을 구성하는 요소로 다시 힘을 발휘한다.

최근에는 루이비통, 샤넬, 디올의 하이 주얼리도 서서히 2차 시장에 등장하기 시작했다. 아직 거래량은 제한적이지만, 경매와 빈티지 딜러들이 이를 받아들이기 시작했다는 점에서 의미가 크다. 지금 축적되는 낙찰가와 유찰 이력이 향후 이 브랜드들의 '보석 시세표' 역할을 할 것이다.

되팔 가능성을 염두에 둔다면 처음부터 재거래 시장에서 통하는 보석이나 주얼리를 골라야 한다. 나석이라면 감정서와 감별서의 신뢰도, 해당 등급이 실제 시장에서 어느 정도 가격에 거래됐는지에 대한 이력이 핵심이다. 이 조건이 갖춰지지 않으면 "언젠가 되팔 수 있다"라는 말은 사실상 성립하지 않는다.

결국 보석을 살 때 가장 먼저 정해야 할 것은 가격보다 목적이다. 착용이 목적이라면 그 보석이 주는 기쁨과 잘 어울리는지가 우선이다. 하지만 언젠가 되팔 생각이 단 1퍼센트라도 있다면, 이 보석을 내가 아니라 시장이 다시 사줄까 하는 물음에 "예"라고 답할 수 있는 보석이어야 한다.

작년 봄 지인의 어머니가 에메랄드 브로치를 들고 나를 찾아왔다. 남편이 40여 년 전 생일 선물로 준 것이라며, 손수건에 곱게 싸 조심스럽게 내밀었다. 확대경을 갖다 대자 합성 에메랄드일 거라는 생각이 스치긴 했지만, 확신할 수 없어서 전문 감정 기관에 의뢰했다. 며칠을 기다린 끝에 돌아온 결과는 예상한 대로 '합성'이었다.

그분께 "천연은 아니지만 화학 성분은 같고, 실험실에서 만든

 나는 금 대신 보석을 산다

보석”이라고 설명했다. 잠시 침묵이 흐른 뒤, 그분은 브로치를 한 참 들여다보다가 입가에 미소를 지으며 말했다.

“그래도 정말 예쁘네. 우리 남편이 고민 많이 했을 거야. 그때 우리 형편에 천연 에메랄드를 어떻게 샀겠어.”

감별서에는 분명히 합성이라고 적혀 있었다. 하지만 그 한 줄로 40년의 시간과 마음까지 바뀌지는 않았다.

The True Meaning and
Value of Gems

DIAMOND
Argyle pink diamond
Burmese Pigeon's Blood Ruby
Paraiba tourmaline
red spinel
Muzo Emerald
Mandarin Garnet

3장

세계를 움직인 가장 작고 오래된 자산

보석의 5,000년 역사

신들의 장식에서
인간의 미학으로

주얼리 업계에서 일하다 보면 가끔 믿기 어려운 전화를 받는다. 2024년 여름이 그랬다. 롯데뮤지엄에서 아리카와 가즈미有川一三 컬렉션 전시 자문을 맡아달라는 연락이 온 것이다. 아리카와 컬렉션이라니! 당장 일정을 비웠다. 40여 년에 걸쳐 역사적인 보석만 800점 넘게 수집해온 세계 최고 주얼리 컬렉터의 소장품 중 209점이 서울로 온다고 했다. 메소포타미아의 대리석 부적부터 1950년대 다이아몬드 브로치까지, 5,000년 인류 역사가 한자리에 모이는 셈이었다.

도록을 만들려면 작품 배치 순서를 확정해야 했다. 작품 목록을 넘기다가 전시 도입부 세 점에서 시선이 멈췄다. 수메르 신전에 봉헌되었던 대리석 부적과 인장, 이집트 파라오의 사문석serpentine

심장 스카라베Heart Scarab 부적, 기원전 330~300년경 그리스의 올리브잎 화관이다. 하나씩 보면 특별할 것 없는 작품들이다. 그런데 세 점을 나란히 놓으니 컬렉터의 의도가 드러났다. 신전 제단, 왕의 무덤, 살아 있는 인간의 머리. 이 순서 자체가 5,000년의 궤적이다. 이 세 점은 보석의 가치가 어디에서 시작되는지 말해주고 있었다.

올림피아 제전의 승자는 올리브 화관을 머리에 썼고, 델포이Delphoe의 피티아Pythia 경기 승자는 월계수를 받았다. 노트북을 덮고 이 화관의 가치를 계산해봤다. 금 무게로만 따지면 수천만 원대쯤 될까? 그런데 올림피아 승자의 머리에 올려졌던 그 순간까지 값을 매긴다면 이야기가 달라진다. 누군가는 수십억 원을 부를 테고, 누군가는 아예 가격을 매길 수 없다고 할 것이다.

전시가 끝나고 도쿄에서 아리카와를 다시 만났다. 한쪽 벽이 통째로 책장인 응접실이었다. 비서가 뒷방에서 박스 몇 개를 조심스레 들고 나왔다. 벨벳 안감에 금속 테두리, 각 작품에 맞춰 제작한 보관함이다. 첫 번째 박스를 열자 5,000년 전 메소포타미아에서 온 동물형 부적과 인장이 모습을 드러냈다.

기원전 3000년경, 수메르인은 손바닥만 한 동물형 부적과 인장을 몸에 지니거나 신전과 무덤에 함께 두었다. 그중 하나가 황소 모양의 대리석 인장이었다. 롯데뮤지엄 전시의 첫 섹션 유리장 안에 놓여 있던 바로 그 인장을 아리카와가 조심스럽게 내 손

   나는 금 대신 보석을 산다

황소 인장, 기원전 3300~2900, 메소포타미아. 대리석으로 만들었고, 몸에 지닐 수 있는 크기다. ©Albion Art Jewellery Institute

바닥에 올려주었다. 차갑고 단단한 감촉이 손끝에 전해지는 찰나, 문득 이런 생각이 스쳤다. 수메르인은 신에게 기도하는 것만으로 부족했던 걸까?

보이지 않는 신을 믿기란 쉽지 않다. 지금도 그렇고 5,000년 전에도 마찬가지였을 테다. 눈에 보이고 손에 닿아야 안심이 되는 법이다. 수메르에서 황소는 힘과 풍요, 신의 권위를 상징했으니, 이런 형상을 만들어 곁에 두면 불안을 다스릴 수 있다고 믿었을 것이다.

하늘, 심장, 그리고 영원을 꿈꾼 보석들

1920년대, 영국 고고학자 레너드 울리Leonard Woolley가 이라크 남부의 고대 도시 우르Ur를 파헤치던 중 기원전 2600년경 여왕의 무덤을 발견했다. 푸아비Puabi 여왕의 것이었다. 4,500년 만에 햇빛을 본 황금 머리 장식에는 수십 개의 금 이파리가 달려 있었는데, 모래를 털어내자 빛이 되살아났다.

그 머리 장식에 박힌 파란 보석 라피스라줄리lapis lazuli는 수메르 땅에 없는 것이었다. 목걸이의 붉은 카닐리언carnelian도 마찬가지였다. 라피스라줄리는 아프가니스탄에서, 카닐리언은 이란과 인도에서 건너왔다.

수메르 지역에도 다양한 보석이 있었는데, 왜 굳이 먼 땅의 보석이었을까? 수메르 신화에서 하늘의 신 안An은 최고신이었고, 그가 머무는 하늘의 색은 곧 신성함의 표지였다. 라피스라줄리의 푸른빛이야말로 지상에서 가장 하늘에 가까운 색이었다. 이 보석을 손에 넣는 것은 하늘의 일부를 소유하는 일과 같았다. 붉은 카닐리언에는 사랑과 전쟁의 여신 이난나Inanna의 이미지가 겹쳐졌다. 생명과 피, 열정과 파괴가 동시에 깃든 색이었다.

누군가는 그 하늘을 손에 넣으려고 아프가니스탄 산중까지 갔다. 험준한 산을 오르고, 황량한 사막을 지나고, 굽이치는 강을 건

넜다. 도적과 모래폭풍은 그 여정의 일부였을 뿐이다. 후대의 '실크로드'가 정식화되기 훨씬 이전부터 장거리 교역망은 이미 돌아가고 있었다.

라피스라줄리는 금은과 함께 메소포타미아 세공의 최고급 재료로 꼽혔다. 희소성만으로는 설명이 부족하다. 푸른빛이 하늘을 닮았다는 믿음이 가치를 끌어올린 것이다. 신전과 왕실에서 라피스라줄리를 신상神像 장식에 앞다투어 쓰기 시작하면서, 파란색과 신성함을 연결하는 문화가 수메르 사회 전반으로 퍼져나갔다. 희소성과 상징이 결합하는 순간 가격이 도약한다는 구조, 지금 카슈미르 사파이어에 붙는 프리미엄도 같은 원리다.

이 시기 보석은 '신을 눈앞에 두고 싶은 욕망'을 대신했다. 그러나 다음 문명에서는 불안의 방향이 달라진다. 살아 있는 삶을 넘어 죽음 이후까지 계산하기 시작한다. 신의 보호에서 영생의 보장으로, 보석의 역할이 바뀌는 지점이 바로 이집트다.

아리카와가 다음 박스를 열었다. 녹색 사문석으로 만든 심장 스카라베 부적이었다. 풍뎅이 형상 바닥에 상형문자가 빼곡하다.

"《사자의 서》 제30b장입니다. 심장을 입 다물게 하는 주문이죠. 죽은 자의 심판 때 심장이 주인에게 불리한 증언을 하지 못하게 막는 겁니다."

등골이 서늘해지는 발상이었다. 이집트인은 죽어서도 자기 심장을 믿지 못한 셈이다. 육체는 사라져도 심장만큼은 저승까지

심장 스카라베. 심판의 저울 위에서 침묵을 명령하는 부적, 기원전 1550~1069, 이집트. 부적 바닥에 상형문자가 빼곡히 적혀 있다. ©Albion Art Jewellery Institute

따라간다고 여겼는데, 정작 그 심장이 오시리스Osiris 앞에서 "사실 제 주인은 생전에…"라고 고자질할까 봐 돌에 주문을 새겨 목에 걸었다. 신에게는 정직하게 기도하면서 자기 심장한테는 침묵을 강요한 꼴이다.

수메르인이 무엇보다 신의 보호를 원했다면, 이집트인은 영생의 보장을 더 집요하게 계산했다. 같은 보석이지만 거래의 대상이 달라졌다. 투탕카멘의 황금 마스크는 이를 극적으로 보여준다. 1925년 처음 공개된 이 마스크엔 약 10킬로그램의 금에 수백 개의 라피스라줄리와 카닐리언이 박혀 있다. 3,000년이 지나도록 색은 크게 변하지 않았다. 파라오가 저승에서도 신으로 군림

　　나는 금 대신 보석을 산다

하려면 썩지 않는 물질이 필요했으리라.

고대 이집트 무덤 건설의 규모를 보면 경제의 상당 부분이 사후 세계 산업으로 흘러갔음을 짐작할 수 있다. 무덤을 짓는 건축가, 보석을 다루는 장인, 미라를 만드는 기술자, 의례를 집전하는 사제까지 죽음을 둘러싼 거대한 산업이 형성됐다. 현대 한국의 부동산 집착과 비슷한 구석이 있다. 우리는 생전에 살 집에다 GDP의 상당 부분을 쏟아붓고, 이집트는 사후의 집에다 쏟아부었다. 연금도 보험도 없던 시대, 이집트인에게 보석은 내세를 위한 적금이었다. 보석이 거래 대상이 아니라 가치 저장 수단으로 기능하기 시작한 장면이다. 오늘날 보석을 자산으로 보는 시선도 이 지점에서 이어진다.

이 시기까지 보석은 신전과 무덤을 향했다. 개인이 보석을 '자기 이름'으로 소유한다는 개념은 아직 희미했다. 그런데 지중해 건너편에서 다른 질문이 시작된다. 신이 아닌 나는 누구인가? 그 질문을 처음으로 꺼낸 문명이 그리스다.

◇◇◇

보석이 일상으로 들어왔을 때

아테네 철학자들이 보석을 만나면서 전환점이 왔다. 플라톤은 이데아를, 아리스토텔레스는 질서와 대칭을 미의 조건으로 삼았다. 장신구는 그 관념을 눈앞에 드러내는 물질적 증거였다.

수메르와 이집트에서 보석은 개인의 사적 소유보다는 신과 왕, 그리고 사후 세계를 위한 것이었다. 그리스에 이르러 보석은 개인의 삶으로 내려왔다. 자신의 이름으로 주문하고, 사회적 지위를 드러내기 위해 착용했다.

당시 유행한 헤라클레스 매듭은 2개의 밧줄을 교묘하게 얽은 형태로, 사랑과 결혼을 상징했다. 결혼식 날 신부가 이 매듭을 착용하면 신랑이 직접 풀어주는 의식이 있었다. 에메랄드나 가닛garnet을 세팅한 황금 매듭 팔찌는 귀족의 필수품이었다.

기원전 3세기의 아테네 공방 풍경을 상상해보자. 장인이 머리카락보다 가는 금실을 집게로 집어 올린다. 손을 떨기라도 하면 하루 작업이 날아간다. 금실을 꼬아 섬세한 무늬를 만드는 필리그리filigree 기법이다. 레이스처럼 촘촘한 금속 그물을 완성하려면 수십 시간이 걸렸다. 다른 한쪽에서는 수백 개의 미세한 금 알갱이를 하나하나 붙여 그래뉼레이션granulation을 완성했다. 접합제 없이 표면장력만으로 알갱이를 고정하는 방식인데, 당대 최고 수준의 정교함이었다.

형태만 바뀐 게 아니었다. 그리스인은 아게이트agate나 카닐리언에 신화를 새겨 보석을 캔버스로 삼았다. 음각으로 파낸 인탈리오intaglio가 있었고, 양각으로 도드라지게 만든 카메오cameo도 있었다. 이렇게 조각한 보석은 반지에 달려 개인의 인장 역할을

카닐리언 인탈리오 반지, 기원전 3세기, 그리스. 보석의 평면을 안쪽으로 파서 인물을 새겼다. ⓒAlbion Art Jewellery Institute

했다. 아테나를 새긴 반지는 학자들 사이에서 인기가 높았는데, 방패와 헬멧으로 무장한 지혜의 여신이 소유자의 정체성을 대변했다. 오늘날 명함에 직함을 새기듯 그리스인은 보석에 자신을 새겼다.

기원전 330년경, 알렉산드로스대왕의 원정이 이러한 균형을 깨뜨렸다. 페르시아와 인도를 잇는 교역망을 통해 실론의 보석이 대량으로 유입됐다. 가닛, 자수정, 오닉스onyx, 페리도트peridot가 한꺼번에 쏟아졌다. 페르시아 귀족이 착용하던 화려한 장신구 세트가 전리품으로 풀리면서 그리스인의 취향도 달라지기 시작했다. 페르시아인처럼 양손에 팔찌를 차고, 목걸이와 귀걸이를 세트로 맞추는 식이었다. 공급이 급증하자 가격이 요동쳤다.

그리스 장인들은 발 빠르게 대응했다. 금을 종이처럼 얇게 펴

서 다른 금속 위에 입히고, 몰드를 활용해 동일한 디자인을 찍어
냈다. 귀족의 전유물이던 금 장신구 소비가 시민 계층으로 확산
됐다. 수요와 공급이 동시에 팽창하며 그리스 사회가 민주화를
경험하는 동안 보석도 점차 대중의 손으로 내려왔다.

누구나 금팔찌를 착용하게 되자 상류층은 다시 '희귀함'으
로 이동했다. 더 크고, 더 정교하고, 더 희귀한 보석을 찾았다. 내
가 이 업계에서 20년 넘게 일하며 익숙해진 패턴이다. 어떤 브랜
드가 대중화되면 VIP 고객들은 슬쩍 빠져나간다. 희귀한 가죽
을 찾거나, 한정판을 예약하거나, 아예 다른 브랜드로 옮겨간다.
2,000년 전 그리스에서도 사정은 다르지 않았다.

그리스인은 다른 방식으로도 배타성을 유지했다. 메소포타미
아에서 발전한 부적 문화를 더욱 정교하게 다듬었다. 자수정을
착용하면 취기가 오르지 않고, 헤마타이트hematite를 지니면 전장
에서 용기가 솟고, 라피스라줄리를 소유하면 지혜를 얻는다는 믿
음을 더했다. 이듬해에 흉작이 들지, 전쟁이 일어날지, 질병이 돌
지 알 수 없던 시대였으니 사람들은 보석이라도 붙잡았다. 비싼
보석일수록 효과가 크다는 믿음도 생겼다. 가격에는 재료비뿐 아
니라 안심의 대가도 포함되었다.

5,000년을 훑어보니 하나의 흐름이 읽힌다. 보석은 신의 세계
에서 인간의 세계로 내려왔고, 소유자도 달라졌다. 수메르에서는

        나는 금 대신 보석을 산다

사제와 왕의 전유물이었고, 이집트 역시 파라오와 귀족만이 무덤에 시신과 함께 보석을 묻었다. 그리스에 이르러서야 본격적으로 개인의 소유로 자리 잡았다. 개인의 취향이 시장을 만들어내면 권력 입장에서는 불편하기 마련이다. 누구나 같은 걸 살 수 있으면 그것으로 계급을 구분할 수 없으니 말이다. 민주화를 경험한 이후 그리스의 시장은 폭발적으로 성장했고, 중산층의 구매력이 귀족의 배타성을 위협하기 시작했다.

도쿄의 그 응접실에서 아리카와가 커다란 박스를 열었을 때 나는 처음으로 그리스 화관을 만져볼 수 있었다. 2,300년 전 장인이 공들여 두드린 금은 생각보다 훨씬 가벼웠다. 금빛 가지 위로 올리브잎이 펼쳐지고, 수십 개의 얇은 금 이파리가 손끝의 움직임에 따라 미세하게 흔들렸다. 보석이 신에게서 인간에게로 내려온 바로 그 출발점이 내 손안에 있었다.

보석은 언제나
권력과 함께했다

"보석은 주인보다 오래 산다."

당연한 소리 같지만, 런던 타워의 주얼 하우스The Jewel House에서 그 사실을 체감한 뒤로는 이 문장이 전혀 가볍게 느껴지지 않는다. 무빙워크를 타고 지나가는 구조라 왕실 보물들 앞에서 머무를 수 있는 시간은 고작 몇 초에 불과했다. 하지만 어두컴컴한 전시실 속 제국관Imperial State Crown 중앙에 박힌 붉은 보석의 빛은 그 짧은 순간에도 등골을 타고 내려왔다. 오래 버틴 것들에서 나오는 힘이란 게 있구나 싶었다.

2022년 9월, 엘리자베스 2세 여왕의 장례식에서 그 보석을 다시 만났다. 관 위에 놓인 제국관 한가운데 붉은빛이 화면을 뚫고 나왔다. 주인은 바뀌고 또 바뀌었지만, 보석은 제자리를 지키고

영국 제국관. 전면 중앙에 박힌 보석은 루비가 아니라 스피넬이다.

있었다. 이 보석이 지켜본 역사는 얼마나 될까? 그 무게가 한꺼번에 밀려왔다.

'흑태자 루비'라 부르는 이 보석은 사실 루비가 아니라 스피넬이다. 두 보석의 색과 외형이 워낙 비슷해서 수백 년간 루비로 불렸고, 정체가 밝혀진 뒤에는 '가짜 루비'라는 억울한 오명까지 떠안았다. 지금도 사람들에게 스피넬을 보여주면 열에 아홉은 "루비 아니에요?"라고 묻고, 아니라고 하면 실망하는 기색이 역력하다. 루비에는 못 미쳐도 웬만한 보석보다는 비싼데 말이다. 붉은 보석 세계의 만년 이인자란 이런 팔자다.

이 보석이 어떻게 영국 왕실까지 흘러왔는지, 전장에서 어떤 역할을 했는지는 뒤에서 다룬다. 권력자들이 보석에 집착한 건 어제오늘의 일이 아니다. 먼저 2,000년 전 로마로 가보자.

권력조차 통제할 수 없는 가치

기원전 215년, 한니발이 이탈리아반도를 휩쓸던 해에 로마 원로원은 '전시 사치 금지법'을 통과시켰다. 여자가 소유할 수 있는 금은 반 온스까지였고, 그 이상은 몰수했다. 거리에서 순찰병이 여자의 목걸이를 저울에 달고, 무게가 넘으면 그 자리에서 빼앗는 일이 다반사로 벌어졌다. 전쟁 자금을 마련한다는 명분 아래, 보석은 이렇게 통제의 대상이 되었다. 그러나 전쟁이 끝난 뒤에도 여성의 사치 제한은 그대로 남았다.

기원전 195년, 로마 광장에 여자들이 모였다. 한 여자가 금목걸이를 걸고 원로원을 향해 걸음을 옮겼다. 순찰병이 저울을 꺼내 무게를 재더니 그 자리에서 압수했다. 다음 날도, 그다음 날도 여자들은 팔찌와 귀걸이를 착용하고 나타나 자신의 주얼리가 압수되는 걸 감수했다.

원로원 의원 대大카토Cato the Elder가 연단에 올라 소리쳤다.

"여자들에게 사치를 허락하면 나라가 망한다!"

하지만 여자들이 물러서지 않고 끈질기게 요구하며 논쟁한 끝에 결국 사치 금지법은 20년 만에 폐지되었다.

저울로 보석을 통제하려는 시도는 로마에서 끝나지 않았다. 이후에도 권력은 끊임없이 보석을 재고, 달고, 금지하려 들었다. 그리고 사람들은 그때마다 빠져나갈 구멍을 찾아냈다.

제국 후기로 갈수록 규제는 더 촘촘해졌다. 신분에 따라 신발의 색과 띠 장식, 옷단의 폭까지 세세하게 규정했다. 보라색은 점차 황제만이 사용할 수 있는 색이 되었다. 티리언 퍼플Tyrian purple 염료 1그램을 만들기 위해서는 지중해 고둥 수만 마리가 필요했으니, 그 가치가 얼마나 컸는지는 말할 것도 없다. 평민이 보라색 옷을 입으면 처벌까지 받았다. 하지만 사람들은 그럼에도 유리구슬에 금을 입히거나 청동 반지에 금박을 감싸는 방식으로 규제를 비켜가곤 했다.

313년, 콘스탄티누스 황제가 기독교를 공인하면서 묘한 문제가 생겼다. 예수는 부자가 천국에 들어가는 것은 낙타가 바늘구멍을 통과하는 것보다 어렵다고 했는데, 황제는 온몸에 보석을 둘러야 하는 처지였다. 신의 대리인이니 권위가 눈에 보여야 했기 때문이다.

비잔틴 신학자들이 해법을 찾아냈다. 보석의 빛은 신의 영광을 비추는 것이니, 황제가 보석을 착용하는 건 사치가 아니라 의무라는 논리였다. 보라색 망토는 황제만 입었고, 사파이어는 성유물함reliquary 위에, 에메랄드는 제단 위에 올랐다. 비잔틴제국은 1,000년 가까이 이 논리로 버텼다.

같은 논리가 서유럽 교회에도 뿌리내렸다. 12세기에 생드니Saint-Denis 수도원 원장 쉬제Suger는 성당을 다시 지으면서 제단을 보석으로 장식했다. 비용이 엄청나게 들자 비판이 쏟아졌지만, 쉬제는 화려함이 신앙을 깊게 한다고 주장했다. 쉬제의 말처럼 많은 사람이 모였고, 헌금함은 점점 가득 찼다.

곧이어 십자군 전쟁이 발발하자 동방의 보석이 유럽으로 쏟아져 들어왔다. 약탈품과 전리품이 성당 제단을 채웠고, 왕관에 새 빛을 더했다. 13세기 파리 생트샤펠Sainte-Chapelle의 성유물함에는 사파이어와 루비, 에메랄드가 세팅되었고, 그 안에 든 예수의 가시관보다 장식의 화려함이 더 강하게 드러났다. 청빈을 설교하는 목소리는 그 앞에서 갈수록 작아졌다.

하지만 신학적 논리에도 한계가 있었다. 14세기에 비잔틴제국이 기울기 시작하자 왕관조차 안전하지 않았다. 1343년 섭정 황후 사부아의 안Anne de Savoie은 황제 왕관의 보석을 베네치아 상인에게 담보로 맡겼다. 1,000년 제국의 왕관을 이방인 앞에 내놓던 날, 황후는 무슨 생각을 했을까? 상인이 건넨 돈은 3만 두카트로, 제국 재정에 맞먹는 금액이었다. 결국 신의 질서는 왕관을 지켜주지 못했고, 왕관의 보석은 시장으로 흘러갔다.

보석이 신의 축복을 담고 있다는 믿음은 전장에서도 유지되었다. 14세기 중반, 흑태자 에드워드가 내전 중인 카스티야 왕 페드로Pedro를 도운 대가로 거대한 붉은 보석을 받았다. 훗날 루비로 불렸지만 실제로는 스피넬이었다. 하지만 당시에는 이를 구분하는 기준이 없었고, 붉은 보석은 모두 루비로 통했다. 영국 왕실의 보물 창고로 들어간 이 보석은 전승과 보호의 상징이 되었고, 루비를 착용하면 용기가 생긴다는 믿음이 기사들 사이에 퍼졌다.

1415년 10월 25일 프랑스 아쟁쿠르Azincourt 평원, 밤새 내린 비로 들판은 진흙으로 변해 있었다. 헨리 5세는 선왕들을 거쳐 전해진 흑태자 루비를 투구에 박고 전장으로 나섰다. 영국군은 병력에서 크게 열세였다. 하지만 중무장한 프랑스 기사들이 진흙에 발이 묶인 사이, 영국 장궁병longbowman들의 화살이 쏟아졌다. 혼전 속에서 프랑스 기사 한 명이 헨리에게 돌진해 투구를 내리쳤다. 투구는 찌그러졌지만 헨리는 쓰러지지 않았다. 달려든 기사는 그 자리에서 목숨을 잃었고, 전투는 영국의 승리로 끝났다. 이 보석은 이후 왕권과 용기의 상징으로 굳어졌다. 내가 런던 타워에서 마주한 그 보석이 바로 흑태자 루비다.

전장에서는 보석이 용기의 상징이 되었지만, 일상으로 돌아오면서 그 의미가 변했다. 십자군 전쟁으로 유입된 보석은 이제 상인의 손으로 넘어갔다. 베네치아 상인은 동방 무역으로 귀족보다 많은 돈을 벌어들였지만, 법과 신분의 벽 앞에서 장신구를 마음대로 착용할 수 없었다.

1363년 에드워드 3세가 새로운 법을 만들면서 균열이 생겼다. 상인도 기사처럼 옷을 입을 수 있게 허용했는데, 조건은 연소득 100파운드 이상이었다. 신분을 돈으로 살 수 있게 된 셈이다. 물론 법은 존재했지만, 집행은 느렸다. 상인들은 그 틈을 활용해 밀수품을 구매하고 가짜를 만들어 귀족의 사치를 흉내 냈다.

15세기 무렵 브루게Brugge와 안트베르펜의 장인들이 다이아몬드 표면을 여러 면으로 깎아 빛을 쪼개기 시작하면서 판이 바뀌었다. 이제 보석을 크기만으로 평가할 수 없게 됐다. 빛을 다루는 기술이 가치를 좌우하는 시대가 열렸다. 베네치아 상인들은 비잔틴 황제의 왕실 보석을 담보로 받았고, 플랑드르 장인들은 귀족의 보석보다 더 정교한 다이아몬드를 깎아냈다. 장인의 기술과 상인의 자본이 만났다. 귀족의 혈통은 살 수 없어도, 더 정교한 다이아몬드는 돈만 있으면 구할 수 있었다.

로마는 법으로, 비잔틴은 신학으로, 중세 교회는 신성의 이름으로 보석을 통제하려 했다. 그러나 보석은 권력의 뜻대로 움직이지 않았다. 규제가 촘촘해질수록 사람들은 빠져나갈 틈을 찾았고, 결국 보석의 흐름을 결정한 건 왕의 칙령이 아닌 기술과 자본이었다. 그런데 1453년, 판이 다시 흔들렸다. 오스만제국이 콘스탄티노플을 함락하면서 동방으로 가는 길이 막혔다. 인도의 다이아몬드, 페르시아의 터키석, 실론의 사파이어가 들어오던 길이 끊긴 것이다. 유럽은 새로운 경로를 찾아야 했고, 그 절박함이 대항해시대를 열었다. 보석은 다시 움직였고, 권력은 또 다른 형태로 재편되기 시작했다.

     나는 금 대신 보석을 산다

부의 판도를 바꾼
대항해시대의 보석 전쟁

볼리비아 포토시Potosí를 다룬 다큐멘터리에서 잊히지 않는 장면이 있다. 새벽 네시, 광부 한 명이 산을 오른다. 하루 종일 곡괭이를 휘두르고 받는 돈은 2달러 남짓, 평균수명은 40세라는 내레이션이 흘렀다. 이 산의 이름은 세로 리코Cerro Rico, '부富의 산'이라는 뜻이다. 정상 근처에 낡은 표지판이 서 있다.

"이 산에서 나온 은으로 대서양과 태평양을 잇는 다리를 만들 수 있었다."

그런데 누군가 그 아래에 스프레이로 한 줄 더 적어놓았다.

"이곳에서 죽은 사람들의 뼈로도."

그렇다면 이 산에서 쏟아져나온 부는 어디로 갔을까? 신대륙에서 캐낸 금과 은, 그리고 에메랄드는 지금 어디에 있을까? 몇 해 전 소더비 뉴욕 경매장에서 콜롬비아 에메랄드 반지 하나가 100만 달러 넘는 가격에 낙찰되었다. 400년 전 에스파냐 보물선에 실려 있다가 바다에 가라앉은 물건이다. 세비야로 가던 보석이 400년 만에 뉴욕에서 주인을 찾은 셈이다. 그 보석과 금은 처음에 누구의 것이었을까? 그 부가 어디서 어떻게 채워졌는지를 알려면 1492년으로 거슬러 올라가야 한다.

◇◇◇

금, 금, 금!

1492년 10월 12일 산살바도르섬. 콜럼버스는 흔들리는 촛불 아래서 일지를 펼쳤다. 깃펜에 잉크를 적시고 첫 줄에 '금'이라고 썼다. 다음 줄도, 그다음 줄도 마찬가지였다. 원주민들이 금에 대해 알고 있다는 이야기, 금이 어디서 나는지를 물었다는 기록, 금 장신구를 봤다는 메모가 이어졌다. 향신료는 두 번 언급했고, 새로운 땅의 아름다움에 대해서는 세 줄로 끝냈다. 콜럼버스는 탐험가였을까? 그는 7년 동안 유럽 궁정을 돌며 문전박대당하다가 이사벨 여왕에게 겨우 자금을 받아낸 인물이다. 일지는 탐험의 기록이 아니라 투자 보고서에 가까웠다. 신대륙에 닿은 유럽의 관심은 탐험이 아니라 금이었다. 이 탐욕은 곧 또 다른 사건들을 연쇄적으로 불러왔다.

금 소식이 에스파냐에 전해지자 궁정이 들썩였고, 귀족들은 앞다투어 탐험가들에게 자금을 댔다. 에르난 코르테스 같은 야심가가 배에 오른 건 그즈음이다. 코르테스가 아스테카왕국의 수도 테노치티틀란Tenochtitlan에 도착했을 때 몬테수마Montezuma 황제가 황금과 보석을 내밀었다. 환대의 표시였다. 코르테스는 어떻게 했을까? 그는 병사들을 이끌고 신전 문을 부쉈다. 제단의 금을 뜯어내고, 벽면을 긁어냈으며, 천장 장식까지 털었다. 그것을 녹여 금괴로 만든 후 배에 실었다.

코르테스의 성공담이 퍼질 무렵, 훗날 잉카제국을 무너뜨리는 프란시스코 피사로는 이미 출발 준비를 마친 상태였다. 황제 아타우알파Atahualpa를 포로로 잡은 피사로가 내건 조건은 딱 하나, 방 하나를 팔이 닿는 높이까지 금으로 채우라는 것이었다. 황제가 제국 전역에 사람들을 보내자 이내 금 그릇과 금 장식품이 쏟아져 들어왔고, 두 달여 만에 방이 가득 찼다.

하지만 약속은 지켜지지 않았다. 피사로는 금을 확보한 뒤 재판을 열었고, 아타우알파에게 반역죄로 사형을 선고했다. 세례를 받으면 화형 대신 교살로 바꿔주겠다는 조건이 붙었다. 황제는 세례를 택했고, 그날 밤 목이 졸려 죽었다.

이렇게 약탈한 금이 세비야 부두에 쌓였지만 오래 머물지는 못했다. 왕실은 전쟁 비용으로 금을 탕진했다. 귀족들은 이탈리아 비단 상인에게 금을 넘겼고, 상인들은 그것을 레반트행 배에 실어 보냈다. 금은 에스파냐를 스쳐 지나 동쪽으로 흘러갔다. 왕실이 금지령을 내려도, 밀수꾼을 처형해도 그 흐름은 꺾이지 않았다. 신대륙에서 캐낸 금이 에스파냐를 그냥 통과해버렸다.

◇◇◇

세계를 연결한 은

포토시에는 다음과 같은 이야기가 전해진다. 1540년대 한 목동이 라마를 몰고 세로 리코에 올랐다가 밤을 보내기 위해 모닥불을 피웠다. 불기운이 퍼지자 주변 암석에서 금속이 녹아 나오듯 반짝이는 광석이 드러났고, 그제야 이 산이 거대한 은광맥이라는 사실이 알려졌다.

소문은 순식간에 안데스를 타고 퍼졌다. 불과 1년 만에 천막촌이 들어섰다. 광부와 상인, 도박꾼과 창녀가 뒤섞인 포토시는 빠르게 도시의 형태를 갖추어갔다. 전성기의 포토시는 당시 유럽 주요 도시들과 어깨를 나란히 할 만큼 번성했다.

남미에서 캐낸 은은 대서양을 건너 세비야에 닿았고, 제노바와 베네치아를 거쳐 중국까지 흘러갔다. 비슷한 시기에 명나라 황제가 일조편법一條鞭法을 선포했다. 쌀과 천과 노동력 대신 은으로만 세금을 받겠다는 칙령이었다. 하루아침에 중국 전역에서 은이 필요해졌다. 하지만 정작 중국에는 은이 턱없이 부족했다. 명나

　　　　나는 금 대신 보석을 산다

라에서 은을 화폐로 삼자 전 세계가 중국으로 은을 실어 나르기 시작했다. 남미의 은이 중국 황제의 금고에 쌓이는 동안 세 대륙은 처음으로 하나의 경제권으로 묶였다.

그 은을 캔 사람들은 누구였을까? 잉카제국의 미타Mita(국가에 대한 노동 공납 제도)를 기반으로 한 강제 징발에 동원된 원주민이었다. 수은 증기로 가득한 갱도에서 광부들의 폐가 망가지는 동안 엄청난 양의 은이 세상 밖으로 쏟아져나왔다. 내가 다큐멘터리에서 본 그 광산이다. 500년이 지난 지금도 광부들의 평균수명은 여전히 짧다.

◇◇◇

에메랄드를 위해 해적과 손잡다

에스파냐 왕실은 금과 은에 만족하지 않았다. 펠리페 2세가 눈독을 들인 건 콜롬비아 무조Muzo 지역의 에메랄드였다. 왕실 명령에 따라 에메랄드는 에스파냐 선박으로만 운송됐고, 카르타헤나Cartagena 항구에서 검수를 거쳐 세비야로 향했다. 세비야에 도착하면 왕실이 먼저 고르고, 귀족과 교회가 그 뒤를 따랐다.

무조 에메랄드가 이집트산보다 훨씬 선명하다는 소문이 귀족들 사이에 퍼졌다. 클레오파트라가 사랑했다는 이집트 광산은 이미 고갈된 지 오래였다. 에스파냐가 새로운 공급지를 독점하자

대항해시대의 콜롬비아 에메랄드 펜던트, 16세기 말. 이집트산 에메랄드보다 훨씬 더 선명한 빛깔이 특징이다. ©Albion Art Jewellery Institute

가격이 치솟았고, 값이 오를수록 해적도 늘었다. 부피가 작고 값이 비싼 에메랄드는 밀수품으로 완벽했다.

그런데 해적질에도 투자자가 있었다. 다름 아닌 영국 여왕 엘리자베스 1세였다. 여왕의 자금을 받은 프랜시스 드레이크Francis Drake는 배 다섯 척을 이끌고 플리머스항을 떠났다. 명목은 탐험이었지만, 목표는 에스파냐 보물선이었다. 15개월 뒤 에콰도르 앞바다에서 드레이크가 에스파냐 보물선 한 척을 나포했는데, 선창을 열자 온갖 보석 상자가 쏟아져나왔다. 전리품을 옮기는 데만 며칠이 걸렸다.

드레이크가 돌아왔을 때 생존한 배는 한 척뿐이었다. 다섯 척

나는 금 대신 보석을 산다

중 네 척을 잃은 항해였다. 그러나 여왕은 그 보물로 정부 부채를 전액 상환했고, 투자자들은 원금의 약 47배를 회수했다. 한 척만 돌아와도 엄청 남는 장사였던 셈이다. 영국은 이 자금으로 해군을 키웠고, 몇 년 뒤 에스파냐 무적함대가 영국해협에 나타났을 때 맞서 싸울 수 있었다.

엘리자베스 1세는 드레이크에게 기사 작위를 수여하면서도 직접 칼을 들지는 않았다. 대신 프랑스 대사에게 서임을 맡겼다. 에스파냐를 자극하지 않으면서 프랑스에 영국의 해군력을 과시하려는 계산이었다. 보석 하나, 칼 하나에도 외교가 깔린 시대였다. 드레이크가 훗날 여왕에게 받은 펜던트에는 루비와 다이아몬드, 진주가 박혀 있고, 안쪽에는 여왕의 미니어처 초상화가 숨어 있었다. 나는 빅토리아 앤드 앨버트 박물관Victoria and Albert Museum, V&A에서 이 펜던트를 본 적이 있다. 앞면에는 흑인 남성과 백인 여성이 나란히 새겨져 있고, 뒷면을 열면 엘리자베스 얼굴이 나온다. 해적의 품에 자기 초상화를 넣어준 여왕이라니.

◇◇◇

광산 없이도 수익을 낸 상인들

한편, 네덜란드 상인들은 다른 계산을 하고 있었다. 에스파냐처럼 광산을 차지할 힘이 없었기에 가공과 유통에 집중했다. 암

1   로즈 컷 다이아몬드로 구성된 귀걸이. 가운데 큰 나석을 작은 나석들이 둘러싼 구조.
©FD Gallery

2   로즈 컷 다이아몬드 반지. 꽃봉우리처럼 위로 솟은 모양이 특징이다. ©Albion Art Jewellery
Institute

스테르담 장인들은 로즈 컷rose cut을 정교하게 다듬기 시작했다. 인도 골콘다에서 원석이 도착하면 며칠에 걸쳐 여러 개의 면을 깎아냈고, 그렇게 다듬은 다이아몬드는 원석 가격의 몇 배에 팔렸다. 누군가가 땅을 파는 동안 부는 암스테르담으로 흘러들었다. 기술을 가진 쪽으로 돈이 모였다.

그런데 상인들에게도 고민이 있었다. 보석을 직접 들고 다니면 도적을 만날 위험이 있고, 품질 검증과 운송에 두 달이나 걸려 자금이 묶였다. 보석을 움직이지 않고 가치만 이동시킬 방법이 필요했다.

16세기 말 세비야의 항구에서는 익숙한 풍경이 펼쳐지곤 했다. 콜롬비아에서 보석을 싣고 막 도착한 에메랄드 상인이 안트베르펜의 시세를 머릿속으로 계산하고 있으면 어김없이 제노바 억양의 누군가가 다가왔다. 그러고는 세비야에서 신용장을 발행해줄테니 플랑드르의 금융 중심지인 안트베르펜 지점에서 현금으로 바꾸라고 제안했다. 신용장은 종이 한 장에 불과했지만, 제노바 출신의 에스파냐 왕실 금융가 '스피놀라Spinola'의 이름이 나오면 상인은 더 이상 고민하지 않았다.

이런 거래가 쌓이면서 신대륙의 보석은 유럽의 금융업을 바꿔 놓았다. 제노바 금융가들, 푸거Fugger 가문 같은 독일의 거상들, 그리고 네덜란드 상인들이 신용장 네트워크를 구축해 세비야와 안트베르펜을 연결했다. 이제 큰돈을 직접 들고 다닐 필요가 없었다. 세비야에서 보석을 팔고 신용장을 받은 후, 안트베르펜에서 현금으로 바꾸는 경로가 자연스럽게 자리 잡았다.

이렇듯 포토시의 은은 에스파냐를 통과해 사라졌고, 콜롬비아의 에메랄드는 해적의 손을 거쳐 영국 해군의 자금줄이 되었다. 그리고 인도의 다이아몬드는 암스테르담에서 새 생명을 얻었다. 부의 출발점은 언제나 희소한 자원이었다. 하지만 부의 과실은 거래와 유통의 중심지에 더 크게 돌아갔다.

규칙을 깨는
모던 주얼리의 탄생

19세기 중반까지 다이아몬드는 왕족과 귀족의 전유물이었다. 대관식과 궁정 무도회, 귀족 가문의 초상화에서나 볼 수 있는 보석이었고, 그 바깥의 세계와는 거리가 멀었다. 하지만 영국 버밍엄의 공장에서 은빛 스푼이 찍혀 나오고, 남아프리카 킴벌리 광산에서 다이아몬드가 쏟아지면서 균형이 흔들리기 시작했다.

대서양 건너편에서는 철도와 석유로 벼락 재산을 모은 사람들이 나타났다. 그 아내와 딸들이 유럽 왕실의 보석을 사들였다. 작위는 없어도 수표책은 두꺼웠다. 돈이면 무엇이든 살 수 있는 시대, 보석도 예외는 아니었다. 그런데 이상한 일이 벌어졌다. 캐럿이 늘어나고 광산이 많아질수록 가격을 좌우하는 기준은 오히려 숫자에서 멀어졌다. 장인의 손끝, 보석상의 이름, 그리고 그 보석에 얽힌 이야기가 가격을 결정했다. 아르누보art nouveau와 벨에포 크belle époque가 공존하던 시대를 거쳐 아르데코art deco에 이르러 그 흐름은 가장 선명한 형태를 갖추었다.

◇◇◇

왕실 주얼리의 해체

2022년 봄, 나는 루브르 박물관의 아폴론 갤러리Galerie d'Apollon 에서 30분 넘게 한자리에 멈춰 있었다. 외제니Eugénie 황후의 보 브로치bow brooch 앞. 성인 손바닥 2개를 나란히 놓은 크기에 2,438개의 다이아몬드가 빼곡히 박혀 있었다. 황후가 이 브로치 를 가슴에 달았을 때 주변 사람들은 어디를 봐야 했을까? 눈이 부셔서 고개를 돌렸을까, 아니면 시선을 거두지 못했을까?

2025년 10월 19일 일요일 아침, 아폴론 갤러리에서 유리 깨 지는 소리가 났다. 가구 리프트를 타고 1층 창문으로 진입한 건 설 노동자 복장의 남자 넷이 디스크 커터disk cutter로 진열장을 깨 부순 뒤 오토바이를 타고 사라졌다. 왕실 주얼리 여덟 점, 약 1억 200만 달러어치가 사라지는 데 8분이 채 걸리지 않았다. 외제니 황후의 왕관은 박물관 밖 거리에서 손상된 채 발견됐다. 진열장 틈으로 억지로 빼내다가 망가졌고, 도주 중 떨어뜨린 것으로 보 인다. 그 브로치는 지금 어디에 있을까? 누군가의 금고에 잠들어 있을 수도 있고, 이미 해체되어 다이아몬드 2,438개가 서로 다른 대륙으로 흩어졌을지도 모른다.

아폴론 갤러리는 루이 14세가 1661년에 짓기 시작했다. 베르사유 궁전에 있는 '거울의 방' 원형이기도 한데, 황금빛 천장화 아래로 유리 케이스가 줄지어 있고, 그 안에 프랑스 왕실이 500년 동안 모아온 보석들이 있다. 혁명과 전쟁 와중에 흩어졌던 것들을 프랑스 정부가 120년에 걸쳐 하나씩 되찾은 것이다. 그리고 다시 그 일부가 사라졌다.

1887년 5월 초, 루브르 궁전의 복도에 금속 부딪치는 소리가 울렸다. 장인들이 왕관에서 다이아몬드를 떼어내고 있었다. 루이 15세의 대관식 왕관, 외제니 황후의 티아라, 나폴레옹이 조세핀에게 선물한 브로치까지. 보석을 빼낸 자리에는 유리를 끼워 넣으라는 지시가 내려왔다.

며칠 뒤, 루브르 박물관의 대리석 홀에서 경매가 열렸다. 유럽 전역에서 귀족과 상인이 몰려들었는데, 첫 낙찰가가 발표되자 한 귀족 부인이 고개를 저으며 홀을 빠져나갔다. 왕실의 보석이 경매대에 오르는 꼴을 차마 지켜볼 수 없었을 터다.

왜 이런 일이 벌어진 걸까? 이야기는 그로부터 16년 전으로 거슬러 올라간다.

나폴레옹 3세의 제2제정이 무너진 뒤, 왕당파와 공화파 사이의 균형은 아슬아슬했다. 왕당파는 복귀의 기회를 엿보았고, 제

프랑스 왕실 보석 경매 도록. 수세기에 걸쳐 프랑스
왕실의 권위와 영화를 상징해온 보석 컬렉션이다.
©Tiffany & Co

3공화국은 아직 뿌리내리지 못한 상태였다. 왕실 보석이 남아 있는 한 왕정의 상징도 사라지지 않을 터였다. 신생 공화국은 결국 보석을 처분하기로 결심했다.

이 경매에서 가장 공격적으로 패들을 든 인물은 뉴욕에서 온 찰스 루이스 티파니Charles Lewis Tiffany였다. 69개 품목 중 24개, 개수로는 약 3분의 1, 낙찰가로는 전체의 약 3분의 2를 쓸어갔다. 뉴욕으로 돌아간 그는 보석마다 맞춤 케이스를 만들어 왕실 문장을 새겨 넣고, 전시회를 열었다. 그러자 시민들의 행렬이 이어졌다. 사람들은 보석 자체보다 누가 어느 대관식에서 착용했는지, 어느 왕이 누구에게 사랑의 증표로 건넸는지 등을 더 궁금해했다. 티파니는 그 이야기의 값어치를 누구보다 빨리 이해한 사업가였다.

프랑스 왕실 보석은 그렇게 세계로 흩어졌다. 그리고 그중 일부가 아폴론 갤러리로 돌아왔다가 8분 만에 다시 사라졌다.

◇◇◇

소유의 질서가 바뀌는 순간

"은수저를 물고 태어났다"라는 말이 있다. 요즘이야 부잣집 자식을 놀리는 표현이지만, 19세기 중반까지 은수저는 문자 그대로의 의미였다. 은으로 된 티 세트는 귀족의 상징이었고, 공장 노동자가 같은 것을 사려면 몇 달 치 임금을 꼬박 모아야 했다.

그런데 1840년대 버밍엄의 엘킹턴Elkington 공장에서 상황이 바뀌기 시작했다. 니켈 스푼을 전해질 용액에 담갔다 꺼내면 몇 초 만에 은빛이 입혀졌다. '전기도금' 기술이었다. 이제 공장 노동자도 차를 마실 때 은빛 스푼을 사용할 수 있었다. 진짜 은은 아니지만, 식탁 위에서 누가 그걸 알겠는가?

한편, 귀족들은 다른 선택을 했다. 그들은 런던의 본드 스트리트Bond Street에 있는 왕실 은세공 공방을 찾았다. 공장 제품과 형태는 비슷했지만, 그들에겐 왕실 납품 장인의 손을 거쳤는지가 중요했다. 은이 대중화하자, 귀족들은 장인의 이름으로 다시 선을 긋기 시작했다.

다이아몬드도 마찬가지였다. 1867년 남아프리카 오렌지강 인근에서 한 소년이 반짝이는 돌을 주웠다. 나중에 '유레카 다이아몬드'라고 불린 약 21캐럿짜리 원석이었다. 몇 해 뒤, 같은 지역에서 '남아프리카의 별Star of South Africa'이 나오자 땅만 파면 다이아몬드가 쏟아진다는 소문이 돌았다. 왕관에 박혀 있어야 할 보석들이 시장으로 쏟아지는 시대가 열린 것이다.

1870년대, 뉴욕과 시카고의 신흥 부자들이 유럽 왕실 보석에 눈독을 들이기 시작했다. 티파니 같은 보석상들이 물건을 확보해주었고, 철도왕과 석유왕의 아내들이 대서양을 건너온 보석을 손에 넣었다. 300년 이어진 혈통을 당장 손에 넣을 수는 없었지만,

300년의 시간을 품은 보석은 살 수 있었다. 그녀들은 다이아몬드 티아라를 쓰고 메트로폴리탄 오페라극장에 나타났다. 무대보다 객석이 더 반짝이던 시절이었다.

1908년의 어느 겨울날, 뉴욕 5번가 밴더빌트Vanderbilt 가문의 저택이 들썩였다. 철도왕의 막내딸 글래디스Gladys가 헝가리 백작에게 시집가는 날이었다. 하객 수백 명이 저택을 채웠고, 담장 밖은 기자와 구경꾼으로 아수라장이었다. 교황까지 축전을 보냈으니 당시 화제성이 어느 정도였는지 짐작할 수 있다. 어머니 앨리스Alice는 딸에게 티파니가 제작한 브로치를 건넸다. 중앙에 로열 블루royal blue의 빛이 감도는 카슈미르 사파이어가 박힌, 주먹만 한 크기였다.

내가 이 원고를 쓰는 동안 그 브로치가 필립스Phillips 제네바 경매에 나왔다. 낙찰가는 추정가의 두 배 이상이었다. 100여 년 전 밴더빌트 가문은 유럽 왕실의 혈통을 그토록 갈망했는데, 이제 밴더빌트라는 이름 자체가 왕실의 무게를 갖게 됐다.

유럽의 구舊귀족들은 당황했다. 철도왕의 아내도 다이아몬드 목걸이를 두르는데, 공작부인이 똑같은 걸 할 수는 없는 노릇이었다. 그렇다고 크기로 경쟁하자니 끝이 없었다. 10캐럿을 사면 누군가는 15캐럿으로 맞섰고, 15캐럿을 사면 20캐럿이 나왔다. 다이아몬드는 여전히 비쌌지만, 더 이상 귀족만의 전유물은 아니었다.

석유왕의 아내가 왕실 보석을 사들였다는 소식이 런던에 전해지자, 보석상들은 밤잠을 이루지 못했다. 그들은 자신과 거래하는 공작부인들을 찾아가 할머니로부터 물려받은 브로치 이야기를 살려보자고 제안했다. 비슷한 움직임이 유럽 귀족들 사이에 퍼져나갔다. 황제에게 하사받았다거나 대관식 때 착용했다는 식의 이야기가 보석에 덧입혀지기 시작했다. 다이아몬드야 돈만 있으면 살 수 있었다. 그런데 이야기는 어떻게 할 것인가? 황제에게 하사받았다는 내력, 대관식을 빛냈다는 출처만큼은 돈으로 해결할 수 없었다.

◇◇◇

플래티넘, 보석을 강조하는 금속의 등장

앤티크 티아라를 볼 때 가장 먼저 눈에 들어오는 것은 금속의 존재감이다. 금이나 은 세팅에서 금속은 "나 여기 있소"라고 말하듯 보석을 떠받치며, 다이아몬드와 함께 형태를 또렷이 드러낸다. 하지만 플래티넘 세팅platinum setting은 다르다. 금속이 한 걸음 물러난다. 얇고 단단한 구조로만 보석을 지탱할 뿐 스스로를 앞세우지 않는다. 시선은 자연스럽게 다이아몬드로 쏠리고, 금속이 배경으로 사라지면서 다이아몬드가 마치 허공에 떠 있는 것처럼 보인다.

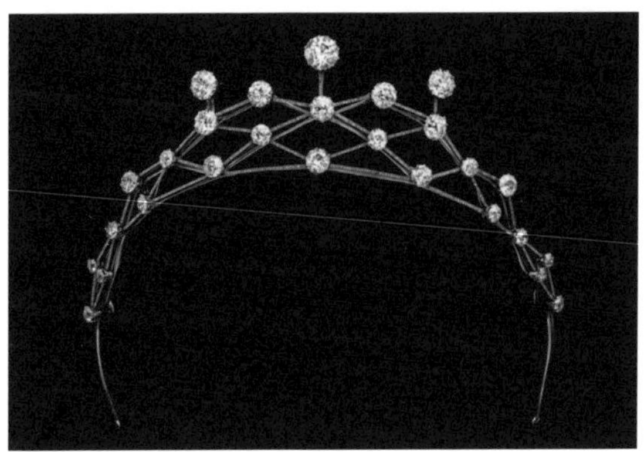

다이아몬드와 플래티넘 티아라, 1910년. 섬세한 플래티넘 세팅이 다이아
몬드를 공중에 떠 있는 것처럼 보이게 한다. ⓒAlbion Art Jewellery Institute

1902년 런던 웨스트민스터 사원, 에드워드 7세의 대관식에서 귀족 여성 몇몇이 플래티넘 티아라를 쓰고 나타났을 때 사람들 눈에는 아마 다이아몬드만 들어왔을 것이다. 금속의 질감보다 보석의 빛이 먼저 보였을 테니까. 플래티넘이 왕실 무대에서 눈에 띄기 시작한 순간이었다.

아이러니하게도 이 금속은 오랫동안 외면받았었다. 18세기 초, 콜롬비아에서 에스파냐 채굴자들이 플래티넘을 처음 건져 올렸을 때 반응은 한숨이었다. 금을 캐러 왔는데, 제련도 쉽지 않고 쓸모도 모호한 금속이 섞여 나온 것이다. 그들은 그것을 강물에 다시 던져버렸다. 현지에서는 처음에 이 금속을 플라티나platina, 즉 '작은 은'이라고 불렀다. 귀금속이라기보다는 성가신 부산물에

     나는 금 대신 보석을 산다

가깝게 취급했다.

강물에 버리던 금속이 왕실 티아라에 오르기까지 약 200년이 걸렸다. 19세기 후반, 강력한 산소-수소 토치가 등장하면서 플래티넘의 운명이 바뀌기 시작했다. 금보다 단단하고 은보다 변색에 강하며, 얇게 가공해도 구조를 유지한다는 점이 장인들의 눈에 들어왔다. 다이아몬드를 최대한 가볍고 섬세하게 떠받칠 수 있는 금속이었다.

하지만 이 황금기는 길지 않았다. 1914년 제1차 세계대전이 발발하면서 플래티넘은 전략 물자로 분류됐다. 이후 제2차 세계대전까지 미사일과 전투기, 각종 군수 장비에 쓰이는 핵심 금속으로 자리 잡았다. 미국과 유럽에서는 민간 주얼리 제작에 사용하는 걸 전면 금지했다. 전쟁이 끝난 뒤 사용을 허가하긴 했지만, 그 사이 많은 공방이 문을 닫았고, 고난도 플래티넘 세공 기술을 가진 장인들도 흩어졌다. 그래서 이 시기의 플래티넘 주얼리는 오늘날까지도 특별한 위치를 차지한다. 기술과 미학, 역사적 단절이 겹쳐 만들어진 유산이기 때문이다.

플래티넘과 다이아몬드가 궁정에 자리 잡으면서 주얼리는 벨에포크 시대라 불리는 짧은 황금기를 맞았다. 플래티넘 세팅의 화이트 주얼리, 리본과 갈런드garland(화환 문양), 레이스를 옮겨놓은 듯한 장식이 유럽과 미국 상류층 여성들의 머리와 목을 채웠고, 신흥 부르주아들도 그 스타일을 앞다투어 따라 했다. 왕실과 상류층, 그리고 대서양 양쪽의 부유층이 공유한 마지막 호사였다.

◇◇◇

경계를 넘은 주얼리 디자인의 시작

같은 시기, 주얼리에는 두 갈래 흐름이 공존했다. 하나는 방금 살펴본 벨에포크 스타일이었고, 다른 하나는 르네 랄리크René Lalique가 이끄는 아르누보였다. 그는 뿔, 유리, 에나멜처럼 값싸고 평범한 것을 택해 재료의 위계를 뒤집었다. 그의 손에서 플리크아주르plique-à-jour 에나멜 기법으로 빚은 잠자리 날개는 스테인드글라스처럼 빛을 통과시켰다. 에밀 갈레Émile Gallé는 랄리크를 '현대 주얼리의 발명가'라고 불렀다고 전해진다.

브로치에는 담쟁이와 잠자리, 나비가 내려앉았고, 심지어 여인의 나신까지 주얼리에 등장했다. 그전까지 주얼리에 여자가 알몸으로 나타난 적은 없었다. 카메오에 귀부인 얼굴이 수없이 새겨졌지만 적어도 옷은 갖춰 입은 모습이었다. 아르누보가 처음으로 그 경계를 넘었다. 조르주 푸케Georges Fouquet, 앙리 베베르Henri Vever 같은 장인들은 착용했을 때 보이지 않을 주얼리의 뒷면까지 공들여 마무리했다. 캐럿 수보다 손끝의 솜씨가, 재료보다 설계가, 크기보다 완성도가 가치를 좌우했다.

아르누보의 전성기는 길지 않았다. 1890년대에 등장해 1910년

르네 랄리크의 아르누보 브로치, 1900년. 플리크아주르 기법으로 만들어 나비 날개가 빛을 통과시킨다. ©Albion Art Jewellery Institute

무렵 자취를 감췄으니 스무 해 남짓이다. 하지만 그 짧은 시간으로 충분했다. 보석이 예술이 될 수 있다는 것, 그리고 예술성이 가격을 결정 또는 견인할 수 있다는 것을 증명하기에는 모자람이 없었다.

이 흐름 위에서 1925년 파리에서 열린 '국제 장식미술 및 현대 산업 박람회'의 조직위원회가 내건 규정이 흥미로웠다. 과거를 모방한 작품은 출품할 수 없다는 내용이었다. 르네상스풍, 고딕풍, 그리스·로마풍 리바이벌이 한 세기 넘게 반복되어온 끝에 나온 선언이었다. 이제는 완전히 새로운 언어가 필요했다.

장인들은 큐비즘(입체주의)의 기하학에서 선을 가져왔고, 발레 뤼스Ballets Russes(러시아발레단)의 무대에서 색을 빌려왔다. 이집트,

아르데코 이집트 리바이벌 브로치, 1920년대. 라피스라줄리·옥·산호·오닉스·터키석·라인스톤rhinestone으로 구성되어 있다. ⓒBoucheron

페르시아와 인도의 이국적 모티프를 녹여 전례 없는 디자인 문법을 만들어냈다. 페르시아의 붉은 보석, 이집트풍 라피스라줄리, 인도식으로 카빙한 에메랄드, 중국의 검은 옻칠이 파리 공방에서 새로운 질서로 재배열됐다. 표면은 기계처럼 완벽하진 않아도 손이 지나간 미세한 흔적이 오히려 매력적이었다.

박람회가 끝나자 까르띠에와 부쉐론 공방에는 주문이 밀려들었다. 가격은 공장제 반지의 몇 배였지만, 대기 명단은 석 달 치를 훌쩍 넘겼다. 기계가 하루에 수백 개를 찍어내는 동안 장인은 한 달에 한 점을 완성했다. 부쉐론, 까르띠에, 반클리프 아펠 같은 이름 자체가 새로운 희소성으로 자리를 잡아가고 있었다.

2017년 뉴욕 쿠퍼 휴잇Cooper Hewitt 미술관의 특별전 〈재즈 시

대: 1920년대 아메리칸 스타일〉 특별전. 나는 1925년에 만든 부쉐론 브로치 앞에서 꽤 오랜 시간을 보냈다. 검은 오닉스와 붉은 산호, 층층이 계단처럼 올라가는 지그재그 라인이 눈에 들어왔다. 재즈 선율이 시각적 형태로 굳어버린 듯한 작품이었다. 약 100년 전의 브로치인데도 막 세공을 마친 것처럼 선명했다.

얼마 뒤 앤티크 주얼리 페어에서 비슷한 시기의 브로치를 마주했다. 재료도 크기도 검은 오닉스, 붉은 산호가 만든 기하학적 구성까지 거의 닮아 있었다. 하지만 가격은 몇 배나 차이가 났다. 하나는 부쉐론, 다른 하나는 이름 없는 공방의 작품이었다.

새로운 광산에서 다이아몬드가 쏟아지고 공장에서 주얼리가 찍혀 나오던 시대, 보석만으로는 더 이상 차별화가 쉽지 않았다. 브랜드들은 보석 대신 이야기를 팔기 시작했다. 티파니는 서사를 만들었고, 부쉐론은 장인의 이름을 전면에 내세웠다. 기계가 완벽해질수록 사람들은 오히려 손의 흔적을 찾았다. 주얼리에 새겨진 서명이 장식에서 보증으로 바뀐 건 이 무렵이다. 그렇게 모던 주얼리가 태어났다.

티파니의 '블루박스'가
의미하는 것

2025년 7월, 젬스톤 미팅 일정으로 로마 콘도티Condotti 거리의 불가리 부티크에 들렀다가 뜻밖의 제안을 받았다.

"혹시 버튼과 테일러 이야기 아세요?"

버튼과 테일러라니, 모를 리가 있나! 할리우드 역사상 가장 요란했던 연인이자, 스캔들과 보석을 동시에 상징하는 이름들 아닌가! 직원의 안내에 따라 1층 안쪽으로 들어가자 작은 방 하나가 모습을 드러냈다. 엘리자베스 테일러가 '머니 룸'이라고 불렀던 공간이다. 잔니 불가리Gianni Bulgari가 진짜배기를 숨겨두고, 아무에게나 보여주지 않던 방. 휴대폰을 꺼내 영상을 찍으면서도 지금 이 장면이 현실이라는 게 와닿지 않았다.

뒷문을 열자 중정이 나타났고, 길은 좁은 골목으로 이어졌다.

세르펜티 워치 브레이슬릿을 착용한 엘리자베스 테일러. 뱀의 유려한 곡선과 유연함을 주얼리로 표현했다. ©Bulgari

테일러가 세르펜티Serpenti 팔찌를 손목에 감고 파파라치를 피해 빠져나갔다는 그 문이다. 한 발을 내딛자 로마의 밤공기가 골목에 고여 있는 듯했다. 60년 전에도 비슷했을까? 호텔로 돌아와 기록을 뒤적여보았다.

1962년 봄, 불가리 매장은 문을 닫은 뒤에도 불이 꺼지지 않았다. 리처드 버튼과 엘리자베스 테일러, 잔니 불가리가 쇼케이스를 사이에 두고 와인 잔을 기울이고 있었다. 로마의 밤거리, 영화 이야기, 곧 전설이 될 스캔들이 오가던 중 테일러가 진열장 안 브로치 하나를 가리켰고, 버튼은 잠시 웃더니 고개를 끄덕였다. 폐점 시간이 훌쩍 지난 뒤 매장 뒷문이 열리자, 중정을 가로지른 두 사람은 파파라치를 피해 빠져나갔다. 며칠 뒤 테일러가 세르펜티 팔찌형 시계를 손목에 감고 〈라이프〉 표지에 등장하자 불가리 매장에는 문의 전화가 쏟아졌다.

"표지에 나온 그 팔찌를 찾고 있어요."

반세기 전이었다면, 그 자리에 영화배우 대신 황후가 앉아 있었을 것이다.

◇◇◇

시대마다 달라지는 보석의 가치

1918년 여름, 러시아 예카테린부르크의 한 지하실에서 총성이 울려 퍼졌다. 로마노프왕조가 막을 내린 순간이었다. 같은 해 페트로그라드(현 상트페테르부르크)의 파베르제 공방에는 미처 처리하지 못한 황실 주문서가 쌓여 있었다. 황제를 위한 부활절 달걀을 포함해 납품할 곳을 잃은 작품들이었다. 공방 문을 닫은 피터 칼 파베르제Peter Carl Fabergé는 스위스로 떠났고, 2년 뒤 타국에서 숨을 거두었다.

파베르제의 몰락은 시작에 불과했다. 제1차 세계대전이 끝나자 유럽 전역에서 왕실이 무너지거나 유명무실해졌고, 보석의 최대 고객이던 귀족 계층 또한 급격히 쇠락했다. 그 자리를 채운 것

   나는 금 대신 보석을 산다

은 미국의 산업 자본가들이었다. 석유와 철강으로 부를 쌓은 신흥 부호들이 유럽 귀족의 보석을 사들이기 시작했고, 왕관에 박혀 있던 다이아몬드들이 대서양을 건넜다. 자본이 곧 권력이 된 시대에 보석은 더 이상 혈통의 증표가 아니었다.

그런데 자본가의 시대 역시 오래가지 않았다. 1930년대, 대공황의 그림자가 미국 전역을 덮자 사람들은 25센트를 쥐고 극장으로 향했다. 스크린에서는 진 할로Jean Harlow가 반짝이는 목걸이를 걸치고 웃었으며, 그레타 가르보Greta Garbo의 귀에서는 보석이 빛났다. 관객들은 어두운 객석에 앉아 두 시간 동안 다른 삶을 살았다. 극장 문을 나서면 다시 현실이었지만, 거리의 쇼윈도 앞에서는 다시 발걸음이 멈췄다. 스타가 착용한 것과 닮은 목걸이와 비슷한 귀걸이가 진열돼 있었기 때문이다. 황후의 초상화는 박물관 안에 있지만, 스타의 얼굴은 거리 곳곳에 붙어 있었다. 스타는 왕보다 훨씬 익숙한 존재였다.

1944년 아카데미 시상식, 해리 윈스턴은 여배우 제니퍼 존스Jennifer Jones에게 고가의 다이아몬드를 빌려주었다. 지금이야 익숙한 풍경이지만, 레드카펫 주얼리 협찬의 효시는 이 장면에서 비롯되었다. 다음 날 신문에 제니퍼 존스의 사진이 실렸고, 기사에는 해리 윈스턴의 이름도 함께 올라갔다. 윈스턴은 캐럿 너머에 또 다른 가치가 있다는 사실을 누구보다 빨리 깨달은 셈이다.

이후 레드카펫은 주얼리 하우스들의 각축장이 되었다. 스타의 목에 걸린 목걸이 하나가 수십만 달러짜리 광고보다 강력했다. 사람들은 보석과 스타의 이미지를 함께 소비했다.

1961년 영화 〈티파니에서 아침을〉이 개봉했다. 오드리 헵번이 새벽녘 티파니 쇼윈도 앞에서 크루아상을 베어 무는 장면은 영화사를 대표하는 이미지로 남았다. 흥미로운 변화는 그 이후에 일어났다. 티파니 매장을 찾는 고객 가운데 상당수가 다이아몬드만큼이나 쇼윈도에 있던 '블루박스'에 마음을 빼앗긴 것이다. 박스를 건네받는 순간의 설렘, 리본을 푸는 손끝의 떨림. 티파니는 바로 그 감정을 팔고 있었다.

나의 GIA 동기 유코는 졸업 후 뉴욕 티파니 본점에 입사했는데, 어느 날 내게 티파니 블루박스를 서른 개 넘게 모은 단골 이야기를 들려주었다. 내가 그 안에 무엇이 들어 있느냐고 묻자, 유코는 웃으면서 이렇게 말했다.

"대부분 실버 액세서리야. 중요한 건 블루박스거든."

1970년대에 접어들면서 또 한 번의 전환이 찾아왔다. 여성들이 본격적으로 스스로를 위해 보석을 사기 시작한 것이다. 여성해방운동의 흐름 속에서 주얼리의 의미도 달라졌다. 남성에게 받는 선물 또는 사랑의 증표에 머물던 보석이 자신의 성취를 축하하고, 존재를 드러내는 수단이 되었다.

엘사 페레티Elsa Peretti가 1970년 독립 디자이너 시절 선보인 본 커프Bone Cuff 팔찌가 이러한 변화를 상징적으로 보여준다. 1974년

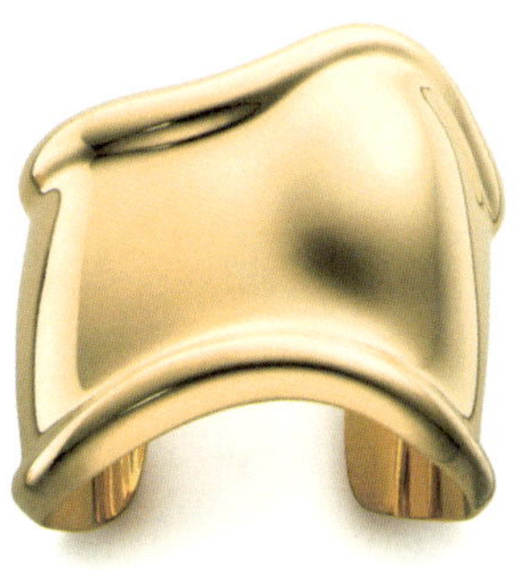

티파니 본 커프. 손목을 완전히 감싸지 않고 옆이 트여 있다. ⓒTiffany & Co

그녀가 티파니에 합류하면서 이 팔찌도 하우스의 시그니처로 떠올랐다. 뼈를 형상화한 파격적 디자인은 당시의 미감을 뒤흔들었다. 부드러운 장식 대신 뼈를 형상화해 인체의 윤곽을 과감하게 드러낸 디자인의 이 팔찌를, 여성들은 힘과 독립의 상징으로 받아들였다. 본 커프는 출시 직후 품절 행렬을 이어갔고, 주얼리는 더 이상 사랑을 확인하는 언어에만 머물지 않았다. '받는 것'에서 '고르는 것'으로, 주얼리를 둘러싼 문법 자체가 조용히 바뀌고 있었다.

왕실이 사라지고, 스타가 전면에 등장하고, 여성이 스스로 주얼리를 사기 시작하면서 주얼리 하우스들은 새로운 권위를 세워야 했다. 그들이 찾아낸 해답이 바로 '브랜드'였다. 티파니는 '사랑과 약속'을, 불가리는 '로마의 관능'을, 까르띠에는 '왕의 보석상'이라는 유산을 브랜드의 정체성으로 내세웠다. 이제 소비자는 보석과 함께 이야기를 택했다. 어떤 서사를 착용하고 싶은지, 어떤 정체성을 드러내고 싶은지에 따라 선택이 달라졌다. 보석의 경쟁력은 희소성에서 그 안에 담긴 이야기로 서서히 무게중심이 옮겨가고 있었다.

2025년 12월, 크리스티 런던 경매에 낯익은 이름이 등장했다. 파베르제의 윈터 에그Winter Egg. 앞서 언급한, 공방 문을 닫고 스위스로 망명했다고 소개한 바로 그 파베르제다. 1913년 니콜라이 2세가 어머니 마리아 황태후에게 선물한 부활절 오브제를 통해 파베르제라는 이름이 다시 소환됐다. 백수정 표면을 플래티넘 눈송이가 뒤덮고 로즈 컷 다이아몬드 4,000여 개가 촘촘히 박힌 작품. 뚜껑을 열면 봄꽃 바구니가 나타나는데, 겨울이 끝나고 봄이 온다는 서사를 품은 오브제였다.

로마노프왕조 300주년이던 해에 만들어졌지만, 4년 뒤 그 왕조는 무너졌다. 1920년대 후반 소비에트 정부가 외화벌이용으로 윈터 에그를 내다 팔았을 때 가격은 450파운드였다. 하지만 훗날 2025년 런던에서 2,290만 파운드(약 400억 원)에 낙찰됐다. 보석에 이야기가 몇 겹씩 쌓이면 가격표는 전혀 다른 차원이 된다.

황제가 사라지고 제국이 스러진 뒤에도 이 작은 오브제는 한 세기를 넘어 살아남았다. 앞에서 살펴본 수메르 신전의 부적도, 파라오의 스카라베도, 그리스 올림피아 승자의 화관도 마찬가지다. 5,000년 동안 보석은 신전에서 왕관으로, 왕관에서 귀족의 금고로, 금고에서 스타의 레드카펫으로, 그리고 개인의 일상으로 옮겨가며 이야기를 이어왔다.

1   파베르제 황실 대관식 에그Imperial Coronation Egg. 러시아 황실을 위해 제작한, 세계에서 가장 비싼 보석 오브제 중 하나다. ©Faberge

2   파베르제 임피리얼 헨 에그Imperial Hen Egg. 흰 에나멜을 입힌 금빛 달걀 안에 무광 금 노른자와 금으로 만든 암탉이 들어 있다. ©Faberge

The True Meaning and
Value of Gems

DIAMOND
Argyle pink diamond
Burmese Pigeon's Blood Ruby
Paraiba tourmaline
red spinel
Muzo Emerald
mandarin garnet

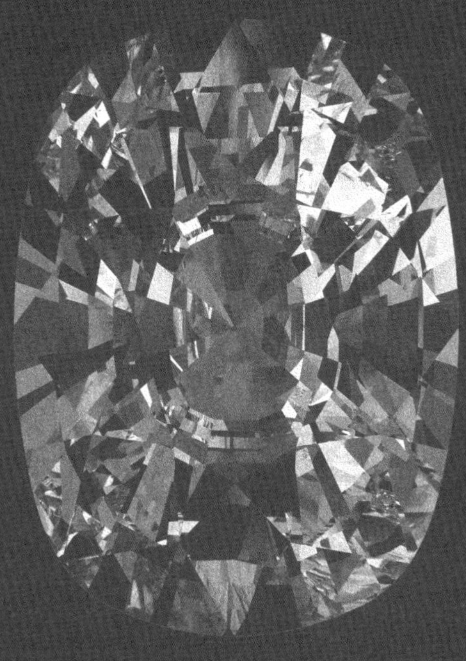

가격을 움직이는 새로운 기준

앞으로의 보석 트렌드

지금 천연 다이아몬드를
사도 될까

1년 사이 100캐럿 넘는 화이트 다이아몬드 세 점을 직접 손에 올려본 적이 있다. 2022년 5월 크리스티 제네바에서 228.31캐럿 G-VS1 더 록The Rock을, 6월 소더비 뉴욕에서 101.41캐럿 D-IF 더 주노The Juno를, 이듬해 6월 뉴욕 크리스티에서 126.76캐럿 D-IF 평화의 빛The Light of Peace을 만났다. 100캐럿 넘는 화이트 다이아몬드가 경매에 나오는 일 자체가 드문데, 세 점이나 1년 남짓한 기간에 연달아 모습을 드러냈다.

더 주노를 보러 간 날의 공기는 지금도 또렷하다. 프리뷰 마지막 날, 일정을 쪼개고 또 쪼개 겨우 시간을 냈다. 공항에서 호텔로 가자마자 짐만 던져두고, 문 닫기 한 시간 전에 간신히 도착했다. 100캐럿이 넘는 데다 비율까지 균형 잡힌 물방울 컷은 좀처럼 만

더 주노 다이아몬드. 대형 다이아몬드의 무게
감과 정교한 커팅이 조화를 이룬다.

나기 어렵다. 손바닥 위에 올려보고, 두 손가락으로 들어 빛에 비추며 눈으로 본 그 순간을 남기려고 영상을 반복해서 찍었다. 2년 만에 다시 프리뷰 현장에 서니 그것만으로 충분히 들떠 있었다. 현장의 공기는 뜨겁게 달아올라 있었지만, 돌이켜보면 시장의 정점은 이미 그해 봄, 조금 앞선 시점에 조용히 지나가고 있었다.

◇◇◇

다이아몬드 시장의 변화

최근 백화점 주얼리 매장 담당자에게 들은 이야기가 인상 깊다. 요즘 1캐럿 천연 다이아몬드를 꺼내 놓으면, 고객은 4C보다 먼저 "랩그로운은 얼마예요?"를 묻는다고 한다. 한때는 같은 예산 안에서 조금이라도 더 좋은 천연석을 고르는 일이 자연스러 있는데, 이제는 천연과 랩그로운을 처음부터 비교하는 쪽으로 시장의 출발점이 바뀌었다.

결론부터 말하면, 지금 다이아몬드 시장은 업계가 'K자형 양극화'라 부르는 국면에 들어섰다. 경제 뉴스에서의 K자형이 산업과 계층의 격차를 가리킨다면, 다이아몬드 시장의 K자형은 같은 다이아몬드 시장 안에서도 구간에 따라 가격 흐름이 갈라지는 현상을 뜻한다. 구매 여력이 있는 소비자는 고품질 천연석에 계속 돈을 쓰고, 나머지는 사치재 지출을 줄이거나 랩그로운으로 옮겨 가면서 시장이 위아래로 갈라진 것이다.

그 결과는 가격에 그대로 나타난다. 라파포트 그룹이 발표한 2024년 연간 통계를 보면, 약혼반지 수요가 집중되는 1캐럿은 약 18퍼센트 하락했다. 0.3캐럿대 소형석도 비슷한 수준이었고, 3캐럿은 12퍼센트, 5캐럿은 7퍼센트에 머물렀다. 랩그로운과 경쟁이 치열한 구간일수록 낙폭이 깊고, 대형석으로 갈수록 줄어드는 흐름이다. 이듬해인 2025년에는 폭이 확연히 줄었다. 같은 기준으로 3캐럿과 5캐럿은 사실상 보합을 기록했고, 1캐럿도 8퍼센트 하락에 그쳤다. 급락의 속도는 분명 줄었다. 다만 도매 기준표와 거래 현장의 온도 차이는 꽤 큰데, 이는 뒤에서 다시 짚겠다.

이 양극화를 읽으려면 시장을 두 영역으로 나눠 볼 필요가 있다. '상업용 시장'은 0.3~2캐럿 중심의 결혼·선물용 수요가 모이는 영역이다. 종로 도매상가든 백화점 매장이든 진열대에서 가장 자주 만나는 스펙이 여기에 속하고, 4C라는 표준 체계 아래 가격이 비교되며 랩그로운 다이아몬드와 정면으로 경쟁하는 구간이기도 하다. 가격 하락이 가장 깊었던 곳이 바로 이 영역이다.

'희소 시장'은 전혀 다른 리그다. 3캐럿 이상 고품질 천연석, 팬시 컬러 다이아몬드, 럭셔리 브랜드의 하이 주얼리처럼 공급량 자체가 제한된 영역으로, 경매장과 하이 주얼리 하우스, 전문 컬렉터가 중심이다. 상업용 시장과 같은 이름을 달고 있을 뿐, 가격이 매겨지는 기준도 움직이는 속도도 다르다.

대부분의 소비자가 첫 반지를 고르는 곳은 상업용 시장이다. 앞으로 경매 사례를 자주 언급할 예정인데, 그것이 곧 시장 전체를 대표한다는 뜻은 아니다. 경매장은 상위 시장의 온도를 먼저 보여주는 참고 지표다. 다만 예물용 시장의 가격은 국제 도매가, 환율, 랩그로운 확산 같은 현실적 요인에 더 직접적으로 흔들린다. 그래도 경매에서 읽히는 심리와 가격 기대치는 일정한 시차를 두고 업계 전반에 퍼지기 마련이니, 예물을 고르는 사람이라도 그 흐름을 눈여겨볼 필요가 있다.

◇◇◇

천연 다이아몬드의 가격은 왜 떨어졌는가

2022년 이후 천연 다이아몬드 가격은 뚜렷한 하락 국면에 접어들었다. 다이아몬드 시장 분석가 폴 짐니스키Paul Zimnisky가 추적하는 원석 가격 지수를 보면, 2022년 고점에서 2025년 초까지 약 30~40퍼센트 떨어진 상태다. 앞서 소개한 라파포트 통계가 가공이 끝난 연마석의 도매가를 다루는 것과 달리, 이쪽은 광산에서 막 캐낸 원석의 가격이라 두 수치를 직접 비교하기는 어렵다.

숫자만 보면 폭락처럼 느껴지지만, 떨어지기 직전의 가격 자체가 정상적 가격대가 아니었다는 사실을 놓치지 말자. 팬데믹 기간에 여행과 외식이 막히자 갈 곳을 잃은 소비가 보석과 시계, 가전 같은 내구재로 쏠렸고, 주식과 부동산, 가상화폐로 자산을 불린 사람들까지 보석에 눈을 돌렸다. 그 결과 다이아몬드 가격은 팬데믹 저점에서 약 44퍼센트 급등하며 2022년 3월에 정점을 찍었다. 당시 가격은 정상 범위를 벗어난 과열 국면에 가까웠다. 이후의 30~40퍼센트 하락 가운데 상당 부분은, 비정상적으로 부풀어 오른 가격이 본래 수준으로 돌아가는 과정에 해당한다.

그런데 거품이 빠지는 것만으로는 설명이 안 되는 부분이 남는다. 2023년과 2024년에는 연간 두 자릿수 하락이 이어졌고, 2025년에도 뚜렷한 반전은 나타나지 않았다. 특히 결혼반지 수요가 집중된 0.3~2캐럿대가 가장 큰 가격 조정을 겪었다. 반면 경매에 오르는 대형·고품질 다이아몬드와 희소성이 뚜렷한 팬시 컬러는 같은 기간에도 조정 폭이 상대적으로 완만했고, 개별 보석의 사연과 희귀성에 따라 제각기 다른 리듬을 보였다. 거품이 빠진 것만으로는 이 차이를 설명할 수 없으니, 구조를 좀 더 들여다볼 필요가 있다.

수요 쪽부터 보자. 주요 소비 시장의 결혼율이 하락하는 가운데, 중국 시장 위축과 미국의 고금리 환경이 동시에 작용했다. 2023년 9월 홍콩 주얼리 쇼에서 그 변화를 직접 느꼈다. 중국이 '제로 코로나' 정책을 풀고 맞은 첫 가을 시즌이라 업계에서는 "이번에는 중국 바이어가 돌아온다"는 기대가 높았다. 그러나 막상 홀을 돌자, 예년 같으면 중국어가 먼저 들리던 다이아몬드 구역이 이상하리만큼 조용했다.

수치도 이를 뒷받침한다. 중국의 혼인 건수는 10년 사이 절반 이하로 줄어 통계 작성 이래 최저치를 기록했다. 세계 2위 다이아몬드 소비 시장의 수요 기반 자체가 쪼그라든 것이다. 우크라이나 전쟁 이후 러시아산 원석에 대한 국제 제재가 시작되면서 유통 경로가 복잡해졌고, 거래 현장에서도 불확실성이 커졌다. 다이아몬드에만 국한된 문제는 아니었다. 금리 부담과 경기 둔화가 사치재 소비 전반을 압박하던 시기였다.

그 위에서 랩그로운 다이아몬드가 소비자의 가격 감각을 바꿔놓았다. 동일한 4C 스펙을 내세우면서도 천연보다 훨씬 낮은 가격에 공급되기 시작했기 때문이다. 천연 다이아몬드의 기존 가격 체계가 설득력을 잃기 시작한 것은 수요가 줄어서만이 아니라, 소비자가 적정하다고 느끼는 기준선 자체가 내려앉았기 때문이다.

     나는 금 대신 보석을 산다

공급 쪽 사정도 녹록지 않다. 드비어스는 전성기인 1980년대까지 전 세계 원석 공급의 약 90퍼센트를 차지하며, 생산량과 재고를 조절해 가격이 크게 흔들리지 않도록 관리해왔다. 지금은 러시아, 캐나다, 호주 등 주요 산지의 광산들이 독자적으로 채굴·판매하면서 점유율이 3분의 1 수준까지 내려왔고, 한 회사가 가격을 조절하던 시대는 끝났다. 2024년에는 드비어스 스스로가 대부분 품목의 원석 가격을 두 자릿수 폭으로 인하하며 사실상 가격 방어를 포기했고, 모회사 앵글로 아메리칸은 드비어스 매각을 추진 중이다. 3년 사이 한때 90억 달러를 넘었던 기업 가치를 세 차례 절하해 23억 달러까지 낮췄다. 다이아몬드 시장을 100년 넘게 설계해온 주체가 이 정도로 흔들린다는 것은, 지금이 일시적 조정을 넘어 체제의 전환기라는 의미에 가깝다.

한편 원석 자체는 점점 귀해지고 있다. 전 세계 천연 다이아몬드 생산량은 2025년 기준 약 1억 캐럿으로, 1990년대 이후 최저 수준에 근접했다는 평가가 나온다. 드비어스의 연간 생산 목표치도 역대 최저로 설정됐다. 새로운 대형 광산 개발은 사실상 끊겼다. 공급이 줄면 장기적으로 가격을 지탱하는 힘이 되지만, 지금은 수요 위축이 앞서가는 국면이라 그 효과가 아직 눈에 보이지 않는다. 캐나다 디아빅 광산은 2026년 3월 상업 생산을 종료했으며, 보츠와나와 러시아의 주요 광산에서도 고갈 예상 시점이 앞당겨지고 있다. 공급 감소 속도가 수요 회복보다 빠를 때 가격 반등의 실마리가 나타나기 마련이다.

◇◇◇

2022년, 정점에서 드러난 것

2022년 경매장에는 유난히 대형석이 많이 나왔다. 다만 이런 경매는 즉흥적으로 성사되는 법이 없다. 도록 제작과 감정, 월드 투어 프리뷰까지 거치면 위탁에서 낙찰까지 최소 반년이 걸린다. 더 록처럼 228캐럿짜리 대형석이라면 그보다 훨씬 전에 협상이 시작됐을 터다. 시장이 뜨거울 때는 경매사끼리도 좋은 물건을 확보하려는 경쟁이 붙는다. 가격이 한창 치솟던 시점에 매도 타이밍이라고 읽은 소유자들과, 그 물건을 확보하려는 경매사의 판단이 맞아떨어진 결과였다.

나 역시 그 흐름을 따라갔다. 팬데믹이 끝나고 경매가 열리는 도시를 쫓아다녔고, 제네바·뉴욕·홍콩 프리뷰가 열리면 실물을 직접 확인하며 낙찰가와 추정가의 간극을 기록했다. 더 록은 2,190만 달러에 낙찰됐는데, 사전 추정가 범위의 하단에 가까운 결과였다. 228캐럿이라는 크기에도 시장의 반응은 예상보다 차분했다. 대형 원석의 출현이 잦아지고, 고가 대형석에 대한 시장의 가격 민감도도 커지면서 대형석이라는 이유만으로 따라오던 프리미엄이 예전만 못해진 탓이 컸다. 다만 이 추세는 2022년까지의 이야기다. 이후 광산 축소와 생산 감소가 본격화되면서 대형 원석을 둘러싼 사정은 다시 바뀌기 시작했는데, 이는 뒤에서 다시 짚겠다.

2022년 여름, 세상 밖으로 쏟아져나온 사람들이 여행과 외식으로 돌아가면서 내구재에 몰렸던 소비가 분산됐다. 8월을 기점으로 다이아몬드 가격은 본격적으로 꺾였고, 하락세는 2023년과 2024년을 관통하며 이어졌다.

◇◇◇

2025년 시장이 말해주는 것

2025년 초, 업계는 하반기쯤 다이아몬드 가격이 반등할 것을 기대했다. 공급 축소가 본격화됐고, 도매상들이 쌓아뒀던 재고도 줄어들고 있다는 이유에서였다.

결과적으로 2025년은 '회복'이라기보다 '하락이 진정되는 단계'에 가까웠다. 2캐럿 이하 상업용 스톤은 여전히 약세였다. 라파포트 그룹이 운영하는 다이아몬드 거래소 랩넷RapNet의 호가를 보면, 0.5캐럿은 26퍼센트, 1캐럿도 10퍼센트 가까이 떨어졌다. 반면 3캐럿 이상 고가 구간은 일부 사이즈에서 되살아나는 조짐을 보였다. 앞서 소개한 프라이스 리스트를 보면 그림이 좀 다르다. 1캐럿은 8퍼센트 하락에 그쳤고, 3캐럿은 보합이었다. 같은 0.5캐럿도 기준표에서는 6퍼센트 하락으로 나온다. 기준표 숫

다양한 다이아몬드 커팅 형태. 같은 다이아몬드라도 컷과 스펙에 따라 다른 시장에 놓인다.
©Tiffany & Co

자만 보면 하락이 멈춘 것 같지만, 실제 거래소에서 매물로 올라오는 가격은 기준표보다 훨씬 아래다. 라운드round 대신 오벌oval이나 에메랄드 컷 같은 팬시 컷의 회전율이 높았고, 일부 시장에서는 마르키즈marquise도 다시 주목받기 시작했다. 7캐럿 이상 대형석에서는 꾸준한 수요가 이어졌다.

여기에 변수가 하나 더 생겼다. 트럼프 행정부의 관세 정책이다. 미국은 전 세계 다이아몬드 소비의 약 절반을 차지하는 최대 시장이고, 그 연마석 대부분은 인도를 거쳐 들어온다. 미국이 인도산 보석에 관세를 매기면 미국 소매가가 오르고, 미국 수요가 줄면 인도를 거쳐 전 세계로 나가는 연마석 가격까지 흔들린다. 2025년 4월 미국이 인도산 보석·주얼리에 20퍼센트대 후반의

     나는 금 대신 보석을 산다

고율 관세를 예고한 뒤 추가 부과까지 더해지면서 부담이 급격히 커졌다(세부 세율은 시점과 품목에 따라 다르며, 여기서는 큰 방향만 짚는다). 2026년에 들어 관세 체계가 계속 흔들리면서 천연과 랩그로운에 미치는 영향이 달라질 가능성이 거론되고 있지만, 최종 구조는 여전히 유동적이다.

관세를 둘러싼 해석은 흥미롭게도 둘로 나뉜다. 몇 년간 가격이 하락하면서 소비자들 사이에서는 다이아몬드의 가치가 예전만 못하다는 인식이 퍼졌다. 이 때문에 관세로 가격이 오르면 '다이아몬드는 역시 비싼 물건'이라는 인식이 돌아올 수 있다는 시각이 있다. 사치재 시장에서는 가격 상승이 오히려 상징성을 강화하는 경우가 있기 때문이다. 반면 다이아몬드 유통 마진은 한 자릿수에 불과해 관세 부담을 중간 유통이 흡수할 여력이 없다. 그 결과 소비자 가격이 그대로 올라 수요가 줄고, 수요 감소가 다시 가격 하락으로 이어지는 악순환이 나타날 수 있다는 시각도 있다. 나는 단기적으로 후자가 현실에 가깝다고 본다. 다만 관세 충격이 가라앉고 공급 축소가 본격화되면, 줄어든 물량이 가격 하락을 멈추고 반등의 토대를 만들 수 있다.

미국만의 문제가 아니다. 중국 시장의 회복 시점도 여전히 불확실하다. 반등 신호가 일부 거론되지만, 구조적 회복으로 보기는 아직 이르다. 중국 주얼리 소매 시장에서 다이아몬드의 존재감이 눈에 띄게 약해졌고, 줄어든 몫은 대부분 금이 가져갔다. 중국은 세계에서 두 번째로 큰 다이아몬드 소비 시장이다. 조금만 살아나도 전 세계 다이아몬드 수요에 바로 파장이 번진다.

이 원고를 마무리하는 2026년 3월 기준으로 다이아몬드 시장은 급락 국면을 지나, K자형 양극화 속에서 조정을 이어가고 있다. 상위 시장은 선방하거나 회복 조짐을 보이고, 하위 시장은 랩그로운과의 가격 경쟁 속에 여전히 약세다. 이 양극화는 한국 시장에도 그대로 적용된다.

◇◇◇

다이아몬드, 어느 선에서 고를까

앞서 상업용 시장과 희소 시장이 서로 다른 현실에 놓여 있다는 이야기를 했다. 경매장에서 수천만 달러에 낙찰되는 블루 다이아몬드나 핑크 다이아몬드 이야기는 잠시 접어두자. 고액 자산가 중심의 컬러 다이아몬드 컬렉팅에 대해서는 따로 다룰 것이다.

천연 다이아몬드를 사려는 사람이라면, 한 가지는 먼저 따져봐야 한다. 내 예산이 K자의 어느 쪽에 해당하느냐는 것이다. 결혼반지를 고르는 사람 대부분은 감정적 의미와 자산 기대를 동시에 품고 매장에 들어선다. 자연스러운 기대다. 문제는 이 기대가 현실과 맞아떨어지는 정도가 구간마다 크게 다르다는 점이다.

상업용 구간(0.3~2캐럿) 가운데 예물 수요가 집중되는 1~2캐럿대 화이트 다이아몬드는 랩그로운과 정면으로 경쟁하는 영역이다. 이 구간에서는 같은 4C 스펙을 가진 랩그로운이 훨씬 낮은 가격에 공급되면서, '천연이니까 더 비싼 게 당연하다'는 논리가 약해졌다. 같은 예산으로 더 큰 캐럿, 더 높은 등급을 원한다면 랩그로운은 충분히 합리적인 선택이다.

그렇다면 이 구간에서 천연을 고르는 건 어리석은 선택일까? 이 구간은 예물 수요가 꾸준히 몰리는 영역이라 유동성은 오히려 가장 높다. 월곡주얼리산업연구소에 따르면 국내 다이아몬드 예물 주얼리 시장은 약 3,700억 원 규모다. 천연과 랩그로운을 합산한 수치이므로 천연 단독의 규모는 이보다 작다. 그러나 예물 시장이 유지되는 한 천연석의 거래 기반도 함께 유지된다.

가격이 조정을 겪고 있는 것은 사실이지만, 천연 다이아몬드 전체가 무너진 것은 아니다. '다이아몬드니까 이 정도는 받아야지'라는 관행이 흔들린 것이다. 실제로 2024년 국내 혼인 건수는 전년 대비 약 15퍼센트 반등했다. 결혼 수요는 남아 있다. 다만 천연 다이아몬드가 그 수요를 예전만큼 독점하지 않을 뿐이다.

물론 결혼반지를 사면서 되팔 생각부터 하는 사람은 없다. 다만 같은 돈을 쓰더라도, 훗날 선택지가 열려 있는 물건과 그렇지 않은 물건은 다르다. 천연 다이아몬드는 중고 거래 시장이 있고, 특히 이 구간은 수요가 많아 필요할 때 현금화할 수 있는 길이 남아 있다. 거래가 되는 구간이라는 뜻이지, 매입가가 좋다는 뜻은 아니다. 다만 그 가능성 자체가 가격에 포함된다.

물론 투자가 아니더라도, 큰돈을 썼는데 가격이 더 내려가면 마음이 편하지는 않다. 솔직히 단기적으로 보면 추가 조정 가능성이 남아 있지만, 고점 대비 이미 상당폭 조정된 상태이고, 그 고점 자체가 비정상적 과열이었다. 거품이 빠진 것 이상으로 더 떨어진 부분이 있는 건 사실이지만, 그 원인인 랩그로운 경쟁과 수요 위축은 이미 현재 가격에 상당 부분 반영된 상태다. 최저점을 정확히 집어내는 일은 주식에서도, 부동산에서도 누구도 해내지 못했다.

한편 경매와 상위 거래에서 주로 다뤄지는 3캐럿 이상, D~F 컬러, VVS 등급, 트리플 엑셀런트 컷급 천연 다이아몬드는 사정이 다르다. 이 영역을 찾는 소비자는 애초에 랩그로운을 선택지에 놓지 않는다. 희소한 천연석의 고유한 가치를 인정하고, 자산성까지 함께 고려하는 층이기 때문이다. 수요층 자체가 다르니 랩그로운과의 가격 경쟁이 이 영역까지 침투하기 어렵다. 업계에서는 남아 있는 공급이 많지 않다고 보며, 세부 수치에는 이견이 있어도 방향은 같다.

회복 순서는 영역마다 다르고, 공급이 제한적인 고품질 원석이 먼저 반응할 가능성이 크다. 2026년 초 드비어스가 5캐럿 이상 원석 가격을 인상한 것은 이미 그 조짐이 공급 쪽에서 나타나고 있다는 뜻이다.

브랜드 주얼리는 또 다른 세계다. 티파니, 반클리프 아펠, 해리 윈스턴 같은 럭셔리 하우스에서 만든 주얼리는 일반 다이아몬드 시세와는 다른 논리로 거래된다. 신품은 브랜드 위상과 디자인 희소성이 가격을 좌우하고, 빈티지는 여기에 제작 시기와 소장 이력까지 더해진다. 다만 되팔 때는 어떤 채널을 선택하느냐에 따라 평가 기준이 크게 달라진다. 경매처럼 브랜드 가치까지 반영하는 시장도 있고, 재료 중심으로 매입하는 시장도 있다.

◇◇◇

앞으로 살펴볼 지표들

여기까지 읽으면 '그건 다 외국 이야기 아닌가?' 싶을 수도 있다. 맞다. 다이아몬드 가격은 뉴욕, 안트베르펜(벨기에), 두바이, 수라트(인도) 같은 세계적인 거래 중심지에서 먼저 형성된다. 한국은 채굴·연마 산업 기반이 거의 없는 전형적 소비 시장이다. 이들 거래 중심지에서 형성된 국제 도매가에 환율과 국내 유통 마진이 더해져 최종 소매 가격이 결정된다. 과거에도 미국 시장에서 수요 회복 신호가 먼저 나타나고, 아시아 소매가는 일정 시차를 두고 따라오는 경우가 많았다. 미국 관세가 한국에 직접 부과되지는 않지만, 미국 수요와 글로벌 도매가를 흔들어 결과적으로 한국 소매가에도 영향을 미칠 수 있다.

그렇다면 앞으로 다이아몬드 구입을 고려하는 사람은 어떤 신호를 봐야 할까? 가장 먼저 눈여겨볼 것은 미국 금리와 소비 심리다. 다이아몬드는 생존 필수품이 아닌 만큼 경기와 소비 심리가 좋아져야 잘 팔린다. 금리가 내려가면 소비 여력이 회복되고, 그 변화는 해외 거래 중심지를 거쳐 한국 소매 시장에도 전해진다. 특히 상업용 규격석에서 그 민감도가 크게 나타나고, 최상급 스톤은 자산 수요의 성격이 강해 금리 변동에 상대적으로 덜 민감하다.

얼마 전 종로에서 오래 일한 도매상 한 분과 이야기를 나눌 기회가 있었다. 요즘 종로에서는 "물건이 돈다"라는 말이 조금씩 나오기 시작했다고 한다. 손님이 많다는 뜻이 아니라, 몇 달 동안 금고에 묶여 있던 스톤이 조금씩 빠지기 시작했다는 이야기였다. 매출 통계보다 현장의 감각이 먼저 움직이는 경우가 많다. 이런 말이 나오기 시작했다는 것 자체가 눈여겨볼 대목이다.

도매 가격의 방향을 직접 확인하고 싶다면, 앞서 소개한 라파포트 프라이스 리스트를 이 맥락에서 다시 보면 된다. 쉽게 말하면, 라파포트 1캐럿 구간 가격이 내려간다는 것은 국제 도매가가 조정되고 있다는 뜻이고, 그 흐름은 시차를 두고 종로와 백화점 매장 가격에도 반영된다.

중기적으로는 공급 축소의 속도에 주목할 필요가 있다. 광산은 경제성이 떨어져 문을 닫으면 재가동되기 어렵다. 앞서 언급한

대로 주요 광산의 수명이 짧아지고 있고, 그 영향은 몇 년 뒤 고품질 영역에서 먼저 감지될 가능성이 크다. 앞서 2022년까지는 '크다'는 이유만으로 비싸게 팔리던 시대가 저물고 있었다고 했는데, 대형 원석 가격 인상에서 그 흐름이 뒤집히는 조짐이 보인다. 여기에 드비어스가 어떤 조건으로 새 주인을 맞느냐도 변수다. 새 주인이 공급을 조절하며 가격 안정을 택할지, 빠른 현금 회수를 위해 생산을 밀어붙일지에 따라 시장 분위기가 달라진다.

좀 더 긴 호흡으로 보면 경매 낙찰 목록과 세대 변화가 방향을 알려준다. 2025년 주요 경매의 상위 낙찰가 구간에서는 화이트 다이아몬드보다 팬시 컬러 다이아몬드와 유색석, 브랜드 빈티지의 존재감이 더 두드러졌다. 상위 시장의 취향이 천연 안에서 다른 카테고리로 넓어지고 있다는 신호다.

팬시 컬러 다이아몬드 가격을 추적하는 FCRF Fancy Color Research Foundation가 2005년부터 추적한 누적 수치가 이를 뒷받침한다. 핑크는 약 390퍼센트, 블루는 약 240퍼센트 상승했다. 같은 다이아몬드 시장 안에서도 카테고리마다 결과가 달랐다. 젊은 세대의 움직임도 같은 방향이다. 화이트보다 컬러, 규격화된 스펙보다 개성 있는 디자인을 택하는 흐름이 뚜렷해지고 있다. 이런 변화는 가격보다 문화에서 먼저 시작된다.

제도 변화도 빼놓을 수 없다. 원산지 표기나 랩그로운 표시 기준, 환경 규제가 달라지면 시세도 따라 움직인다. 실제로 EU가 다이아몬드 출처 증명과 실사 요구를 강화하면서, 같은 스펙이라도 서류를 얼마나 명확히 갖추었는지가 점점 중요해지고 있다. 제도가 바뀌면 정보의 균형이 달라지고, 가격 구조도 함께 달라지기 마련이다. 결국 공급은 줄고, 수요의 무게중심은 이동하고 있으며, 제도는 투명해지는 방향이다.

 나는 금 대신 보석을 산다

랩그로운 다이아몬드가
불러온 것들

2024년 가을, 모 은행 VIP 고객 대상 강연에 초대받았다. 준비한 주제는 '주얼리 테크 A to Z'. 그런데 질의응답 시간이 되자 분위기가 이상하게 흘러갔다. 첫 질문이 '랩그로운 다이아몬드'였다. 두 번째도, 세 번째도 같았다. 한두 개는 예상했지만, 이 정도일 줄은 몰랐다. 천연이랑 뭐가 다르냐, 투자 가치가 있느냐, 사도 되느냐, 천연 다이아몬드를 많이 사뒀는데 이제 어떡하냐며 표정이 굳는 사람까지 있었다. 준비한 강연은 뒤로 밀리고, 관심은 온통 랩그로운 다이아몬드에 쏠렸다. 그 뒤로도 분위기는 비슷했다. 어느 강연에서든 랩그로운 질문이 빠지지 않았다. 방송국 인터뷰 요청이 쏟아졌다. 공중파 채널을 오가며 랩그로운 주제로만 여러 차례 카메라 앞에 섰다.

2015년 레오나르도 디카프리오가 '다이아몬드 파운드리Diamond Foundry'라는 랩그로운 다이아몬드 회사에 투자했다는 기사가 떴다. 분쟁 다이아몬드를 다룬 영화 〈블러드 다이아몬드〉의 주인공이 '윤리적 다이아몬드'라는 이름으로 인공 다이아몬드를 들고 나온 장면은 꽤 상징적이었다. 심상치 않다고 느꼈지만, 당시에는 아직 먼 이야기처럼 느꼈다.

결정적 순간은 2018년 5월이었다. 드비어스가 랩그로운 다이아몬드를 판다는 뉴스가 터졌다. 드비어스는 한 세기 동안 "다이아몬드는 영원히"라는 한 줄로 신화를 쌓아 올린 회사다. 천연 다이아몬드 채굴로 제국을 세운 그들이 실험실에서 만든 다이아몬드를 팔겠다니! 브랜드 이름은 '라이트박스Lightbox', 드비어스는 럭셔리도 예물도 아닌 '패션용'이라고 선을 그었다. 시장의 규칙을 여전히 자기들이 정할 수 있다는 자신감이 읽혔다. 그들의 전략은 일견 완벽해 보였고, 업계는 술렁였다. 한 다이아몬드 딜러가 블로그에 남긴 글이 기억난다.

"드비어스가 우리 모두를 배신했다."

하지만 소비자 반응은 달랐다. 사람들은 랩그로운을 패션용에 가두지 않았다. 드비어스가 포기한 웨딩 시장을 경쟁사들이 빠르게 채웠고, 라이트박스는 기대한 만큼 수익을 내지 못했다. 가격을 내려도 흐름은 바뀌지 않았다. 랩그로운의 도매가는 더 가파르게 내려갔고, 2025년 5월 드비어스는 7년 만에 라이트박스를

   나는 금 대신 보석을 산다

접었다. 시장을 만든 자라 해도 영원히 지배할 수는 없었다.

◇◇◇

다이아몬드의 흐름을 바꾸다

2019년 여름, 라스베이거스 JCK 쇼에 갔다. 북미 최대 주얼리 박람회답게 규모는 압도적이었지만, 랩그로운은 홀 구석에 작은 부스 몇 개가 모여 있는 정도였다. 지나가는 사람도 드물었다. 한 직원이 나를 불러 세우더니 확대경을 건네며 물었다. 어느 게 랩그로운 다이아몬드인지 맞혀볼 수 있겠냐고 말이다. 한참을 들여다봐도 확신이 서지 않았다.

코로나19가 한풀 꺾인 2022년 6월, 그곳을 다시 찾았을 때는 분위기가 묘하게 달랐다. 우크라이나 전쟁 발발 직후였는데, 한 셀러가 우크라이나에서 생산한 'HPHT(고압·고온 방식) 랩그로운 다이아몬드'를 내놓았다. 2023년이 되자 랩그로운 구역이 눈에 띄게 커졌고, 2024년에는 메인홀 한가운데 인도산 75캐럿짜리 랩그로운 다이아몬드가 조명을 받으며 전시돼 있었다. 사람들이 둘러서서 사진을 찍었다.

이 모든 변화는 가격 때문이었다. 2018년 이후 1캐럿 랩그로운 도매가는 90퍼센트 이상 하락했다. 짐니스키에 따르면 인도 현지에서는 원석 캐럿당 10달러 안팎의 랩그로운을 생산하는 업체

랩그로운 다이아몬드로 세팅한 플라워 모티프 반지. 육안으로는 천연 다이아몬드와 구별하기 어렵다. ©Luminous Lab Jewelry

가 나타났고, 같은 기간 생산량이 몇 배로 늘었다고 한다.

강의장도 마찬가지였다. 2020년에는 "랩그로운이 뭐예요?"였던 질문이 2023년에는 "둘 중 뭘 사야 하죠?"로 바뀌었고, 2025년에는 "천연을 살 이유가 있나요?"로 넘어갔다. 웨딩 플랫폼 더 낫The Knot의 조사에 따르면 미국 결혼 커플의 절반 이상이 랩그로운 약혼반지를 선택한다고 한다. 몇 년 전만 해도 10퍼센트대이던 흐름이 이렇게 바뀌었다.

한국은 아직 체감하는 정도가 다르다. 종로 도매 상가에서 랩그로운을 전면에 내건 매장은 여전히 많지 않고, 백화점에서도 몇몇 전용 브랜드가 생기긴 했지만, 전체로 보면 아직 천연 중심이다. 다만 온라인에서는 속도가 빠르다. 랩그로운 전문 셀러가 늘고, "같은 건데 왜 더 비싼 걸 사야 하죠?"라는 질문이 커뮤니티에서 반복된다. 유통 채널의 온도 차이가 존재한다는 뜻이다.

랩그로운 다이아몬드를 큐빅 지르코니아cubic zirconia나 모이사나

이트synthetic moissanite 같은 모조석으로 오해하는 사람이 많다. 랩
그로운은 모조석이 아니라 실험실에서 만든 진짜 다이아몬드다.
탄소 성분에 경도도 같고, 굴절률도 같다. 연마가 끝나면 전문가
라도 맨눈으로는 구별하기 어렵다.

만드는 방식은 크게 두 가지인데 지금의 주류는 CVD, 즉 화학
기상 증착법이다. 메탄가스를 반응기에 넣고 마이크로웨이브로
에너지를 가하면 메탄이 탄소와 수소로 분해된다. 수소는 날아가
고 남은 탄소 원자가 다이아몬드 씨앗 위로 한 층씩 쌓인다. 이렇
게 몇 주가 지나면 결정이 자라 다이아몬드가 된다.

그렇다면 어떻게 구별할 수 있을까? 감정원에서는 자외선에
대한 반응을 확인하고, 분광분석으로 스펙트럼을 읽고, 고배율
현미경으로 내부의 성장 흔적을 살핀다. 천연 다이아몬드는 지하
150~250킬로미터 깊이에서 형성되는데, 10억 년, 20억 년, 때로
는 30억 년이 넘는 시간의 흔적을 품는다. 그 긴 세월 동안 질소
같은 불순물이 특정 패턴으로 박힌다. 반면 랩그로운 다이아몬
드는 몇 주 만에 자라난 결정이라 천연과 다른 흔적을 남긴다. 이
차이가 랩그로운 판정의 근거가 된다.

수십억 년에 걸쳐 지구가 만들어낸 것과 몇 주 만에 인간이
만들어낸 것은 비록 물리적 성질은 같아도 시간의 무게가 다르
다. 결국 "그 차이에 얼마를 지불할 것인가?"라는 질문으로 돌
아온다.

똑같다는 말의 진짜 의미

"두 다이아몬드는 똑같다"라는 주장은 과학적으로는 맞다. 동시에 선택을 정당화하는 문장이기도 하다. 비싸서, 사치스러워서, 혹은 윤리적 문제 때문에 망설였던 사람들에게 이 한 문장은 강력한 방패가 된다. 랩그로운은 어떤 사람들에겐 금지된 욕망을 허락해주는 역할을 한다. 만약 랩그로운과 천연이 같은 가격이라면 어떨까? 수십억 년과 몇 주, 지하 150킬로미터와 실험실. 같은 가격이라면 대부분은 천연을 고를 것이다. 지금은 가격이 그 간극을 좁혀버린 상태다.

사교 모임에서 랩그로운 이야기를 꺼냈더니 분위기가 확 달라진 적이 있다. 원형 테이블에 나를 제외한 모두가 남성이었는데, 어디서 사느냐, 연락처를 달라는 질문이 쏟아졌다. 환경이나 윤리에 관심을 두는 사람은 없었다. 아내에게 줄 선물인데 같은 예산으로 크기를 키울 수 있다면 그게 곧 성의 아니겠느냐는 분위기였다.

한번은 강연이 끝난 뒤, 한 청중이 다가와 반지를 보여줬다. 랩그로운이 친환경이라 선택했다고 한다. 어디서 만든 건지 물었더니 모른다는 대답이 돌아왔다. 중국산인지 인도산인지, 어떤 에너지원으로 생산됐는지 확인해본 적도 없다고 했다. 랩그로운이라는 이유만으로 친환경이 되는 것은 아니다. 에너지원을 따지지 않으면 착각하기 쉽다.

랩그로운 다이아몬드 업계는 재생에너지로 가동하면 탄소 배출을 크게 줄일 수 있다고 강조한다. 하지만 현실은 그리 단순하지 않다. 랩그로운은 상당 부분 중국과 인도에서 생산되는데, 두 나라의 전력 구조는 여전히 석탄 비중이 높다. 예컨대 중국 내 주요 HPHT 생산 시설은 고온·고압 설비를 24시간 가동하며 막대한 전력을 소비한다. 결국 어떤 에너지원을 쓰느냐에 따라 친환경이 될 수도 있고, 천연 채굴보다 더 많은 탄소를 배출할 수도 있다. 물론 천연 채굴 역시 환경 논란에서 자유롭지 않다. 대규모 광산은 토양을 훼손하고 수질을 오염시킨다. 천연이든 랩그로운이든 '친환경'이라는 말 하나로 판단할 수 없는 이유다.

문득 중세 유럽의 '면죄부'가 떠오른다. 당시 사람들은 죄를 짓지 않기 위해서가 아니라, 죄를 짓고도 괜찮다는 안심을 얻기 위해 면죄부를 샀다. 지금 우리가 랩그로운 다이아몬드를 대하는 태도도 비슷하다. '친환경이니까' 하는 안도감이 판단보다 앞선다. 랩그로운 다이아몬드는 때때로 현대판 면죄부가 된다.

◇◇◇

기술이 불러온 권력의 이동

전통적으로 다이아몬드 산업의 권력은 땅속에 있었다. 드비어스, 알로사 같은 기업들이 광산을 소유하면서 채굴량과 재고, 가격 형성에 지배적인 영향력을 행사해왔다. 채굴해야만 나오는 자원이었으니, 광산을 소유한 쪽이 가격과 서사를 함께 장악할 수 있었다. 랩그로운은 이 질서를 흔들어놓았다. 랩그로운에는 광산이 필요 없다. '자원을 소유한 자'가 아니라 '설비와 공정을 소유한 자'가 경쟁력을 갖기 시작했다. 다이아몬드가 자연의 산물에서 공정 산업의 산물로 바뀌자, 권력의 중심도 따라 움직였다.

인도 수라트는 천연 다이아몬드 연마의 오랜 중심지다. 하지만 랩그로운 다이아몬드 대부분도 이곳에서 가공된다는 점이 흥미롭다. 같은 도시에서 같은 장인들이 작업하는데 원석의 출처만 달라졌다. 장인에게 천연이냐, 랩그로운이냐를 물으면 어떤 대답이 돌아올까? 아마 이렇게 말하지 않을까?

"어차피 연마할 원석일 뿐."

수라트의 장인들에게 눈앞의 원석은 결국 손으로 다듬어야 할 물질이고, 시간은 납기와 단가로 환산된다. 하지만 미국과 유럽은 다른 게임을 택했다. 중국·인도와 보석용 시장에서 정면 승부를 하는 대신, 기술 집약도가 높고 마진도 좋은 산업용 다이아몬드에 힘을 실은 것이다. 드비어스 그룹 산하의 엘리먼트 식스Element Six처럼 합성 다이아몬드를 절삭 공구와 반도체/센서용 소재로 써온 기업들이 이 축을 대표한다. 그들은 반도체, 전기차, 5G 통신처럼 고성능 소재가 필요한 분야를 공략했다. 다이아몬

드 파운드리 등 여러 기업이 레오나르도 디카프리오 같은 유명
인의 투자를 받으며 '윤리'를 앞세웠다가, 결국 산업용 비중을 키
워가는 흐름도 같은 맥락이다. 보석 시장에서 가격 경쟁을 벌이
느니 기술이 필요한 곳에서 프리미엄을 받는 쪽이 낫다고 판단
한 것이다.

기술의 속도는 그야말로 놀랍다. 10년 전만 해도 보석용 랩그
로운은 2~3캐럿만 나와도 '충분히 크다'는 인식이 강했다. 하지
만 2024년에는 75캐럿짜리가 JCK 쇼 메인홀에 전시됐다. 생산
비용은 급격히 떨어졌고, 품질은 육안으로 천연과 구별하기 어려
울 만큼 올라갔다.

컬러 다이아몬드 영역에서는 더 흥미로운 일이 벌어지고 있다.
천연에서 극히 희귀한 핑크, 블루, 그린을 랩그로운으로 재현할
수 있게 된 것이다. 최상급 천연 핑크 다이아몬드는 캐럿당 수억
원을 호가하지만, 랩그로운이라면 그 색을 훨씬 합리적 가격에
즐길 수 있다. 색 자체를 사랑하는 사람에게는 반가운 대안이다.

다만 시장의 논리는 다르다. 컬러 다이아몬드의 가치는 아름다
움만으로 결정되지 않는다. 세상에 얼마 없어서 비싸고, 그 가격
이 소유욕을 자극하는 구조다. 랩그로운은 원하는 만큼 생산할
수 있으니 희소성을 바탕으로 한 투자 대상으로 보기 어렵다. 하
지만 투자가 아니라 착용이 목적이라면 이야기가 달라진다.

2025년 6월, GIA가 랩그로운 다이아몬드에 한해 기존의 4C 상

세 보고를 중단하겠다고 발표했다. HRD 안트베르펜(벨기에 감정 기관)은 한발 더 나아가 2026년부터 상업용 랩그로운 나석에 대한 감정서 발급을 중단하겠다고 선언했다. 업계 단톡방이 술렁였다. "이제 랩그로운은 끝이다"라는 사람도 있었고, "어차피 소비자는 신경 안 쓴다"라는 반응도 있었다. 내 생각은 달랐다. GIA가 천연과 랩그로운을 같은 잣대로 평가하지 않겠다고 선언한 셈인데, 이건 둘 사이에 보이지 않는 선을 긋는 일이었다.

랩그로운은 특정 색과 투명도 구간에 물량이 몰려 있으니, 천연 다이아몬드를 위해 설계된 등급 체계로 평가하는 게 더 이상 현실과 맞지 않는다는 판단 아니겠는가? 이제 GIA는 랩그로운 다이아몬드를 '프리미엄'과 '스탠더드' 두 등급으로만 나눈다. 여기에도 못 미치면 아예 등급을 받지 못한다. 기준이 단순해졌다고 선택까지 단순해지는 건 아니다. 등급표에 담긴 정보가 줄어든 만큼, 소비자가 직접 판단해야 할 몫이 늘었다.

◇◇◇

랩그로운 다이아몬드 재판매의 현실

랩그로운의 가장 약한 고리는 중고 시장이다. 아직까지는 재판매 시 원래 가격의 극히 일부만 회수하는 경우가 대부분이고, 매입 자체를 거부하는 곳도 적지 않다. 랩그로운은 본질적으로 '투자 문법'으로 설계된 상품이 아니다. 소장과 착용이 목적이라면 문제없지만, 가치가 유지될 거라고 기대하면 실망하기 쉽다. 공급이 늘고 신품 가격이 하락하는 구조에서 중고 가격이 유지될 리 없다.

이런 흐름은 스마트폰 시장에서 이미 익숙하다. 새 모델이 나오면 구형의 가치가 빠르게 떨어지듯, 더 싸고 좋은 랩그로운이 나오면 기존 제품의 가치도 흔들린다. 드비어스가 한 세기 동안 "다이아몬드는 영원히"라고 외쳐왔지만, 300만 원짜리가 20만 원이 되는 순간 '영원'이라는 단어의 무게는 달라질 수밖에 없다.

다이아몬드 산업 분석가 에단 골란Edahn Golan은 더 근본적 심리를 지적한다. 약혼반지 가격이 1,000달러 아래로 내려가면 사람들은 오히려 구매를 망설인다는 것이다. 은반지를 약혼반지로 선택하는 사람이 없는 것과 같은 이치다. 가격 하락이 곧 장점은 아니다. 일정 선 아래로 내려가면 '상징으로서 가치'가 흔들린다.

천연은 구조가 다르다. 대규모 신규 광산 개발은 드물고, 매장량은 1990년대 이후 계속 줄어들고 있다. 고품질 대형석은 시간이 지날수록 희귀해지는 반면, 랩그로운은 갈수록 생산량이 늘고 가격은 내려간다. 방향이 천연과 정반대다. 랩그로운이 보편화될수록 천연의 희소성은 더욱 뚜렷해진다.

쿼츠quartz 시계가 등장했을 때 스위스 시계 산업은 붕괴 직전까지 몰렸다. 저렴하고 정확한 시계가 광범위하게 보급되자 전통적인 기계식 시계의 존재 이유가 사라진 듯 보였다. 그런데 지금 롤렉스Rolex와 파텍 필립Patek Philippe 같은 기계식 시계의 가격은 그 어느 때보다 높다. 정확함이 당연해진 시대에 오히려 기계식 시계의 가치가 더 올라갔다. 미세한 오차와 손맛, 공예성이 매력이 된 것이다.

다이아몬드 시장도 비슷한 지점으로 들어섰다. 실험실에서도 완벽한 무색 결정을 만들 수 있게 되자, 완벽함은 더 이상 차별화의 무기가 되기 어려워졌다. 그래서 드비어스는 라이트박스 이후 다른 언어를 꺼내 들었다. 2025년 가을에 시작한 '데저트 다이아몬드Desert Diamonds' 캠페인에서 완벽한 무색 D컬러 대신 오커, 누드, 옐로우, 브라운 같은 '땅의 색'을 전면에 내세운 것이다.

지난 수십 년간 다이아몬드 산업은 완벽함의 잣대로 줄을 세웠다. 더 투명할수록, 흠이 없을수록, 무색에 가까울수록 좋다는 공식이 지배했다. 그런데 실험실에서도 완벽한 다이아몬드를 만들 수 있게 되자, 드비어스는 천연만이 가진 것을 불완전함의 유일성에서 찾아냈다. 흠이 있어서 유일한 것, 완벽하지 않아서 대체 불가능한 것. 이게 새로운 가치의 기준이 되고 있다.

드비어스의 주요 광산은 보츠와나, 나미비아 같은 아프리카 사막 지대에 있다. 그들은 이 풍경을 정면으로 끌어안았다. 사막이라는 이미지 안에 원산지와 그곳 사람들, 지속 가능성까지 함께 담으면서 랩그로운에는 없는 땅의 이야기를 무기로 삼은 것이다.

      나는 금 대신 보석을 산다

파인 주얼리 브랜드들은 진퇴양난에 놓여 있다. 랩그로운을 받아들이면 희소성이 흔들리고, 거부하면 젊은 소비자와의 접점이 줄어든다. 결국 두 시장은 따로 움직일 가능성이 높다. 짐니스키는 이 지점에서 반전을 예상한다. 랩그로운은 마진 비율이 높지만, 단가가 계속 떨어지면 실제 수익은 줄어든다. 결국 소매상들은 건당 수익이 큰 천연 쪽으로 다시 무게를 옮기게 된다는 것이다. 사업의 기준은 비율이 아니라 실제 수익이기 때문이다.

◇◇◇

나에게 맞는 다이아몬드 선택법

젊은 커플이 상담을 요청한 적이 있다. 결혼반지 예산이 500만 원이었는데, 천연으로는 0.7캐럿이 한계였지만, 랩그로운으로는 5캐럿 이상도 가능했다. 두 사람은 반지를 되팔 생각은 없다고 했다. 중요한 건 언젠가의 환금성이 아니라, 지금의 만족이었다. 같은 예산으로 더 큰 다이아몬드를 가질 수 있다면 랩그로운은 충분히 합리적 선택이다.

다른 이유로 랩그로운을 택한 사람도 있었다. 일부 아프리카 다이아몬드 광산의 노동 문제를 알고 있고, 채굴이 땅에 남기는 흉터도 외면하기 어려웠다. 재생에너지로 생산한 랩그로운이라면 자신이 원하는 크기와 디자인을 선택하면서도 마음의 부담을 덜 수 있다고 생각했다. 그녀에게 다이아몬드의 가치는 땅속에서 보낸 수십억 년이 아니라, 자신의 선택이 누구도 해치지 않는다는 확신에 있었다.

반면 다른 선택을 한 사람도 있다. 결혼기념일 선물을 찾던 남성이었다. 예산은 3,000만 원이며, 언젠가 딸에게 물려줄 수 있는 보석을 원했다. 그에게 다이아몬드는 시간과 함께 남을 수 있는 물건이어야 했고, 그 기준에서는 천연이 맞았다.

예산 대비 크기를 중시하거나, 여러 개를 소유하고 싶거나, 되팔 계획이 없다면 랩그로운이 맞다. 반대로 세대를 거쳐 물려줄 가능성을 염두에 두거나, 자산으로서 성격을 중시하거나, 재판매 가능성을 열어두고 싶다면 천연이 맞다.

드비어스가 "다이아몬드는 영원히"라는 문장을 세상에 던진 지 80년이 넘었다. 이제 그 '영원'의 의미가 달라졌다. 누군가에게는 수십억 년의 지질학적 시간이고, 누군가에게는 그 반지와 함께할 삶의 시간이다.

나는 금 대신 보석을 산다

윤리와 출처를 묻는 소비자의 등장

2006년 개봉한 영화 〈블러드 다이아몬드〉를 본 건 그해 겨울이었다. 시에라리온 반군이 주민들의 팔을 자르고, 소년병에게 마약을 먹여 총을 쥐여주는 장면 앞에서 끝까지 자리를 뜨지 못했다. 보석을 공부하면서 다이아몬드의 4C는 익혔어도, 그 원석이 누군가에게는 잘려 나간 손목이었다는 사실까지는 생각이 미치지 못했다. 영화가 끝나고 한동안 멍했던 기억이 난다.

그로부터 20년이 흘렀다. 지금의 주얼리 업계를 보면 분명히 달라진 점이 있다. 공급망 추적 시스템을 도입하는 브랜드가 늘었고, '윤리적 소싱'을 핵심 가치로 내세우는 회사도 더 이상 낯설지 않다. 그래도 각성하고 있구나 싶으면서도 한편으로는 의문이 들기도 한다. 과연 무엇이 얼마나 달라졌을까? 우리가 매장에

서 고르는 반지 하나에 담긴 이야기를 처음부터 끝까지 따라갈
수 있는 시대가 정말 온 걸까?

◇◇◇

피의 순환을 끊어내려는 시도

1990년대 아프리카 내전에서 다이아몬드는 총알 역할을 했다.
광산을 장악한 반군이 민간인을 동원해 다이아몬드를 캐냈고, 그
것을 팔아 무기를 사들였다. 무기로 더 많은 영토를 차지하면 또
다른 광산이 손에 들어왔다. 시에라리온은 그 구조를 가장 극단
적으로 보여준 사례다. 1991년 시작된 내전은 11년간 이어졌고,
약 5만 명이 목숨을 잃었다. 무장한 반군은 공포와 폭력으로 지
역을 지배했고, 그 순환 고리는 쉽게 끊기지 않았다.

이렇게 채굴된 다이아몬드는 여러 국경을 넘어 합법 시장으로
흘러 들어갔다. 콩고에서 우간다로, 다시 벨기에 안트베르펜으로
이동했다. 안트베르펜에서 세공되고 감정을 받으면 런던과 뉴욕
의 보석상 진열장에 놓였고, 누군가의 약혼반지로 손가락에 끼워
졌다. 세공 과정에서 원석의 출처는 지워졌다.

국제사회가 본격적으로 움직이기 시작한 것은 2000년이었다.
남아프리카공화국 킴벌리에 각국 정부와 업계, 시민단체 대표들
이 모였다. 회의실 테이블 위에는 시에라리온과 앙골라, 콩고에

서 온 원석 샘플이 든 투명한 봉투가 놓여 있었다. 이 정도 크기 원석 하나면 AK-47 소총 10정을 살 수 있을 터였다.

3년에 걸친 협상 끝에 2003년 킴벌리 프로세스 인증 제도가 출범했다. 다이아몬드 원석이 국경을 넘을 때마다 원산지 증명서를 첨부하도록 한 시스템이다. 1990년대 후반 시장에 넘쳐나던 분쟁 다이아몬드는 이후 급격히 줄어들었고, 시에라리온은 내전을 끝내고 합법적인 다이아몬드 수출국으로 복귀했다.

그러나 킴벌리 프로세스에는 태생적 한계가 있었다. 분쟁 다이아몬드의 정의가 지나치게 좁았다. 반군이 합법 정부를 전복하기 위해 거래하는 다이아몬드만 해당되었을 뿐, 정부군이 자국민을 학살하며 채굴한 다이아몬드는 범위 밖이었다. 아동 노동, 환경 파괴, 지역사회 착취 역시 그 정의에 포함되지 않았다. 가해자의 신분만 따졌을 뿐, 피해자는 안중에 없었다.

짐바브웨의 마랑게Marange는 그 허점을 가장 확실하게 드러낸 현장이었다. 2006년 마랑게 동부 지역에서 다이아몬드가 발견되자 수만 명이 몰려들었다. 처음에는 삽 하나면 누구든 한몫 잡을 수 있었다. 하지만 2년 뒤 정부가 개입하면서 상황은 급변했다. 군대가 투입됐고 헬리콥터에서 기관총이 불을 뿜었다. 200명 넘는 사람이 목숨을 잃었고, 광산은 군부와 결탁한 기업들 손에 넘어가 무가베Mugabe 정권의 자금줄이 됐다.

그럼에도 2011년 킴벌리 프로세스는 마랑게 다이아몬드 거래를 조건부로 허용했다. 정부군이 광산을 장악하고 있으니 분쟁 다이아몬드 정의에 해당하지 않는다는 판단이었다. 글로벌 위트니스Global Witness는 그해 킴벌리 프로세스 탈퇴를 선언했다. 이 제도를 만드는 데 핵심 역할을 했던 단체가 스스로 등을 돌린 것이다. 성명서는 거침없었다. 마랑게에서 수백 명이 죽고 군대가 민간인을 총으로 쐈는데도, 정부가 주도했다는 이유로 거래를 눈감아준 제도의 모순을 정면으로 겨눴다. 규정은 지켜졌지만, 정의는 어디에도 없었다.

러시아 문제는 이러한 균열을 더 뚜렷하게 드러냈다. 러시아는 세계 최대 다이아몬드 생산국으로, 국영기업 알로사 하나가 전 세계 공급량의 약 30퍼센트를 책임진다. 전쟁 직전인 2021년 매출이 40억 달러가 넘었다. 그 수익은 크렘린 무기고로 흘러 들어갔다. 우크라이나의 학교가 폭격당하는 순간에도 시베리아 광산에서 나온 다이아몬드는 세계 곳곳으로 팔려나갔다.

G7은 즉각 대응에 나섰다. 2024년 1월 러시아산 다이아몬드의 직접 수입을 금지했고, 3월에는 제삼국을 경유하는 물량까지 차단했다. 9월부터는 더 작은 원석까지 규제 범위를 넓히며 전쟁 발발 후 2년 반 만에 단계적 제재를 완성했다. 서류상으로는 빈틈이 없어 보였다. 문제는 서류가 아니라 다이아몬드 그 자체였다.

인도 수라트는 전 세계 다이아몬드 가공의 대부분을 담당하는 도시다. 6층짜리 산업용 건물 안에는 흰색 작업대가 줄지어 늘어서 있다. 한 공장에 매일 수천 개의 원석이 봉인된 주머니에 담겨 도착한다. 러시아산, 보츠와나산, 캐나다산 원석이 같은 테이블 위에 쏟아진다. 작업자들은 빠르게 회전하는 검은 연마 판 위에 원석을 눌러 붙이고, 15초마다 확대경으로 연마 면을 확인하며 손목 각도를 미세하게 조절한다. 가공이 끝나면 원석에 새로운 증명서가 붙고 대부분의 추적은 거기서 끝난다.

그동안 다이아몬드 시장에는 거대한 '세탁기'가 하나 있었다. 러시아에서 캐낸 원석이라도 인도의 연마 공장을 거치면 관세법상 '인도산'으로 바뀌었다. 원석의 국적보다 가공지의 이름을 우선시하는 해묵은 규정이 만든 틈새였다. 전쟁 직후 G7이 가장 먼저 손을 댄 곳도 바로 이 지점이다. 서류상의 원산지가 아닌 채굴된 땅의 뿌리를 끝까지 추적한 결과, EU를 비롯한 G7 국가로 들어오는 연마 다이아몬드에는 원산지 증빙 서류가 사실상 필수가됐다.

이 문제의 대안으로 블록체인 기반 추적 시스템이 떠올랐다. 위조 불가능한 디지털 장부에 다이아몬드의 모든 여정을 기록하겠다는 구상이었다. 하지만 근본 질문은 남았다. 최초 입력이 거짓이면 어떻게 되겠는가? 광산 관리자가 러시아산을 보츠와나산이라고 입력하면 시스템은 그대로 기록할 뿐이다. 기술은 거짓말까지 막지 못한다.

소비자의 질문이 시장을 바꾸다

제도는 여전히 불완전하고 기술에도 한계가 있지만, 변화는 예상치 못한 곳에서 일어났다. 소비자들이 질문을 던지기 시작한 것이다.

뉴욕 5번가 티파니 매장에서 한 고객이 태블릿 화면 위로 손가락을 움직이고 있다. 캐나다 노스웨스트 준주準州의 에카티Ekati 광산에서 출발해 벨기에를 거쳐 뉴욕 매장까지, 해당 다이아몬드가 거쳐온 전 과정이 화면에 펼쳐진다. 티파니는 2019년부터 일정 크기 이상의 모든 다이아몬드 출처를 이렇게 공개하고 있다. 브루클린에서 시작한 캣버드Catbird는 자사가 사용하는 금과 다이아몬드의 95퍼센트 이상을 재활용 원료로 전환하겠다고 선언했으며, 토론토 기반의 메주리Mejuri는 공급망 투명성 보고서를 정기적으로 발행한다. 숫자가 공개되면 숨길 수 있는 공간은 줄어든다.

양심일까, 마케팅일까? 솔직히 둘 다일 것이다. 중요한 건 소비자의 질문이 브랜드를 움직이고 있다는 사실이다. 시장은 원래 도덕적이지 않다. 다만 소비자가 도덕적 선택을 요구할 때만 그에 반응한다.

광산 현장 역시 조금씩 달라지고 있다. 보츠와나의 데브스와나Debswana 광산은 정부와 드비어스가 지분을 반씩 나눠 운영하는데, 학교를 짓고 병원을 세우며 도로를 포장하는 데 수익금을 사용한다. 그 변화는 광산에서 30년째 일하고 있는 한 광부의 집안만 봐도 알 수 있다. 문맹이던 할아버지, 초등학교만 졸업한 아버지, 대학에서 공학을 전공하는 아들. 다이아몬드가 세대를 거치며 축적해온 것은 원석이 아닌 시간이었다. 보츠와나가 아프리카에서 가장 안정적인 민주국가 중 하나로 발전한 것도 이런 토대 덕분이다.

캐나다 에카티 광산은 또 다른 방식을 택했다. 현지 이누이트족을 적극적으로 고용하고, 채굴이 끝난 지역은 생태계 복원을 진행한다. 연례 보고서에는 복원된 지역에 순록이 돌아왔다는 기록이 남아 있다.

2025년 11월, 두바이 킴벌리 프로세스 총회장에 86개국 대표가 모였다. 안건은 분쟁 다이아몬드의 정의를 확대하자는 개정안이었다. 반군뿐 아니라 민병대, 용병, 범죄 조직, 유엔 제재 대상까지 포함하자는 내용으로, 누가 총을 쏘는지가 아닌 누가 총에 맞는지를 기준으로 삼자는 관점의 전환이었다.

회의장 분위기는 팽팽했다. 아프리카 다이아몬드 생산자협회가 정의 확대안을 제출했고, 세계다이아몬드위원회와 EU도 지지했다. 그러나 만장일치제 구조에서 서로 다른 이유를 제기한 국가들이 각각 거부권을 행사했다. 서방 일부 국가는 러시아 다이아몬드 문제를 명시해야 한다고 요구했고, 러시아와 일부 국가는 권한 밖의 지정학적 문제라며 반발했다. 개정안은 통과되지 못했다.

변화를 원하지 않는 나라가 모든 변화를 막을 수 있는 구조. 그게 킴벌리 프로세스의 의사 결정 방식이었다. 그럼에도 의미는 있었다. 20년간 고정돼 있던 정의가 흔들리기 시작한 것이다. 과거에는 총칼과 직접 연결된 다이아몬드만 문제였는데 이제는 환경 파괴, 아동 노동, 불공정 임금, 지역사회 착취까지 논의 테이블에 올라왔다.

그러나 여전히 허점은 많다. 러시아산 다이아몬드 제재는 작은 원석을 놓치고, 블록체인은 첫 입력의 정직함에 기대야 하며, 브랜드들의 윤리 선언 중 일부는 마케팅에 가깝다. 그럼에도 10년 전과 지금은 다르다. 그때는 다이아몬드 출처를 묻는 고객이 드물었지만, 이제는 젊은 세대가 공급망을 확인한다. 가격뿐 아니라 과정도 따진다. 시장이 움직이자 기업들이 반응하기 시작했다.

한번 상상해보자. 진열대에 반지가 두 개 놓여 있다. 둘 다 1캐럿이고 같은 등급이다. 하나는 700만 원이고 하나는 800만 원이다. 비싼 쪽은 캐나다 에카티 광산에서 나온 것으로, 원주민 고용 프로그램을 운영하며 블록체인으로 이력 추적이 가능하다. 저렴한 쪽은 출처가 명확하지 않다. 100만 원의 차이는 어디서 온 것일까? 비싼 쪽에 더해진 프리미엄인가, 저렴한 쪽에서 빠진 누군가의 몫인가? 솔직하지 않은 윤리는 윤리가 아니다.

     나는 금 대신 보석을 산다

세월이 흘러도 다시 쓸 수 있는 것

출처를 따지는 소비자가 늘어나면서 주얼리 시장에 또 다른 질문이 생겼다. 채굴 과정까지 신경 쓰는 시대라면, 이미 세상에 나와 있는 금속과 보석을 다시 쓰면 되지 않을까?

몇 해 전, 영국 출장길에 빅토리아시대 펜던트 하나를 샀다. 서울로 돌아와 지인에게 보여줬더니 첫마디가 "근데 이거 누가 쓰던 거지?"였다. 목소리에 꺼림칙함이 묻어났다. 한국에서 이 말은 대개 찝찝하다는 뜻이다. 당근마켓이 뜨고 중고 거래가 일상이 된 지금도 주얼리만큼은 예외인 모양이다. 옷은 빈티지라는 이름으로 되살아나고 가방은 현명한 선택이 되는데, 주얼리는 여전히 '남의 것'으로 남는다.

지금 손가락에 반지가 있다면 한번 들여다보자. 그 안의 금 원자는 수십억 년 전 별이 폭발할 때 태어났다. 클레오파트라의 팔찌였을 수도, 나폴레옹의 훈장이었을 수도, 조선 시대 비녀였을 수도 있다. 도가니에 들어가 섭씨 1,064도에서 녹는 순간 모든 사연이 사라지고, 99.99퍼센트 순금만 남는다. 금은 녹슬지 않고 변색되지도 않는다. 실험실에서조차 재활용 금과 방금 캐낸 금을 구분하지 못하니, 금 원자에 새것과 헌것이라는 구분 자체가 성립하지 않는다.

재활용 금의 세계는 생각보다 복잡하다. 재활용 금이 더 쌀 것 같지만, 의외로 그렇지 않다. 모든 단계를 문서화하고 검증해야 하는 구조 때문인데, 정작 돈이 드는 건 금속이 아니라 서류다. 장인의 손길도 더 필요하다. 갓 채굴해 정련한 금괴는 균일한 품질로 공급되니 다루기 쉽지만, 14K 반지와 18K 목걸이, 22K 팔찌가 뒤섞인 헌 주얼리 더미에서 정확한 함량을 계산하고 분류하려면 숙련공의 경험에 기대야 한다. 또한 재활용 금은 수요에 비해 인증된 공급이 늘 부족하다. 2018년 쇼파드Chopard가 재활용 금과 페어마인드Fairmined 인증 금만 쓰겠다고 선언할 수 있었던 건, 남들보다 먼저 주요 정련소와 장기 계약을 맺어둔 덕분이었다. 윤리마저 선점의 영역이다.

골치 아픈 문제 중 하나는 정련소를 거치는 순간 금의 이력이 지워진다는 점이다. 그래서 "100퍼센트 재활용 금으로 만듭니다"라는 약속을 내건 브랜드 몇 곳이 곤란한 상황에 처한 적 있다. 환경 단체가 공장을 추적해보니 실제 재활용 비율이 10퍼센트도 되지 않았기 때문이다. 정련소는 어디선가 들어온 금을 녹여 '재활용'이라는 이름을 붙여 팔고, 광산에서 왔는지 누군가의 반지였는지는 그 과정에서 사라진다.

1990년대 명동 주얼리 매장에서는 모든 게 새것이어야 했다. 누가 끼던 반지를 녹여 만들었다는 말이 나오면 손사래를 치던 시절이다. 그런데 지금 그 세대의 자녀들은 재활용 금에 프리미

  나는 금 대신 보석을 산다

엄을 지불한다. "재활용 금이에요?"라는 질문을 하는 손님은 여전히 소수지만, 몇 년 전에는 아무도 묻지 않던 질문이 한 달에 한두 번은 나온다.

그렇다면 보석은 어떨까? 금은 녹이면 원래 반지의 흔적이 사라지지만, 보석은 세팅에서 빼내는 순간 40년 전 그 결정 그대로 남아 있다. 재활용의 관점에서 보면 보석은 금보다 한 수 위다.

그래서인지 종로의 주얼리 공방에서는 요즘 리세팅 의뢰가 부쩍 늘었다고 한다. 할머니가 끼던 반지를 가져온 손녀의 보석을 확대경으로 살펴보면, 40년이 지났어도 세팅은 투박할 뿐 보석에는 흠 하나 없다. 금 틀을 녹이고 보석만 빼서 목걸이로 다시 만들면 금을 새로 살 필요가 없어 비용도 적게 들고, 볼 때마다 할머니 생각도 날 것이다. 이 보석은 할머니의 손가락 위에서 40년을 보냈고, 손녀의 목 위에서 또 다른 40년을 보낼 것이다. 수십억 년 전 지구가 만들어낸 결정 앞에서 80년쯤은 눈 깜짝할 사이다.

전쟁과 제재가 바꾼
보석 지형도

◇◇◇

중국, 세계 2위 다이아몬드 시장

2023년 가을, 홍콩 주얼리 쇼에서 이상한 광경을 목격했다. 타히티 흑진주로 유명한 인물 로버트 완Robert Wan의 경매가 시작도 하기 전에 취소됐다. 중국 본토에서 온 바이어 한 명이 전체 물량을 통째로 사겠다고 나섰는데, 현금에 프리미엄까지 얹겠다니 경매를 열 이유가 없어진 것이다.

그해 여름, 중국 배우 니니Ni Ni가 타히티 흑진주를 앞세운 '30일 셀피' 캠페인을 벌이며 소셜 미디어에 사진을 올렸다. 팔로워 수천만 명이 "어디서 사요?"를 외쳤고, 타히티산 흑진주 도매가는 6개월 만에 거의 세 배까지 뛰어올랐다. 코로나19 봉쇄가 풀리며 중국 럭셔리 시장이 반등했고, 홍콩 경매 루트도 다시 열리는 중이었다. 타히티 양식장의 생산량은 그사이 줄어들고 있었으니, 여러 조건이 맞물린 결과였다. 하지만 서른 장의 셀피가 불씨를 당긴 건 분명해 보였다.

흑진주 수요가 폭발한 건 표면적인 일이다. 그 아래에서는 더 조용한 이동이 진행 중이었다. 보석은 권력이 그어놓은 선을 따라 움직여왔다. 여기서 말하는 '이동'은 소비 시장의 크기가 아니다. 보석 산업은 원산지, 가공지, 최종 소비 시장이라는 세 축으로 이루어진다. 세 축의 무게가 옮겨갈 때마다 유통 경로와 부가가치의 방향도 함께 바뀐다. 어느 시장이 주도권을 확보하느냐에 따라 산업 전체의 판도가 달라지기 때문이다. 이러한 변화는 통계보다 현장의 거래 흐름에서 먼저 감지된다.

수천 년간 동서를 오갔지만, 근대 이후 500년은 서쪽이 그 중심이었다. 미얀마의 루비가 유럽 왕실로 건너갔고, 인도의 다이아몬드가 영국 왕관을 장식했다. 네덜란드와 영국의 동인도회사가 아시아 항로를 장악하면서 보석의 흐름도 쥐락펴락했고, 19세기 말 남아프리카에서 다이아몬드 광산이 터지자 영국계 드비어스가 전 세계 유통망을 장악했다.

그런데 지금, 그 흐름이 동쪽으로 방향을 틀고 있다.

상하이의 라이브커머스 방송 화면 속 젊은 여성이 2캐럿짜리 다이아몬드 반지를 카메라 앞에 치켜든다. 조명을 받자 눈부신 빛이 쏟아진다. "내가 나한테 주는 선물"이라는 말에 실시간 댓글 창이 비슷한 문장들로 도배된다. 불과 10년 전까지만 해도 남성이 무릎을 꿇고 여성에게 건네던 보석은, 오늘날 중국에서 여성들이 스스로를 위해 선택하는 선물이 되었다. 세계 2위 다이아몬드 시장의 소비 문법이 달라진 것이다.

이 수요를 받쳐주는 곳이 허난성이다. 새벽 3시에도 공장 불은 꺼질 줄 모르고, 랩그로운 다이아몬드를 생산하는 HPHT 기계 앞에서 기술자가 압력 게이지를 들여다본다. 지하 150킬로미터 맨틀과 맞먹는 압력과 온도를 2주간 유지하면 다이아몬드가 자라난다. 전 세계 랩그로운 다이아몬드의 절반 안팎이 바로 이 지역에서 나온다.

허난성이 처음부터 이랬던 건 아니다. 미국의 GE가 1950년대 HPHT 기술을 처음 개발했을 때, 중국 기업들은 특허 장벽 앞에 발이 묶여 있었다. 엔지니어들은 밤을 새워가며 압력 높이는 법, 온도 제어하는 법, 결정 성장 속도 조절하는 법을 하나씩 풀어나 갔다. 수십 년이 지난 지금, 그 기계를 돌리는 건 중국이다. 다만 생산이 늘어나는 것과 소비가 늘어나는 것은 별개의 문제다. 중국 본토의 주얼리 소비는 경기 둔화와 부동산 침체 여파로 최근 몇 년간 힘이 빠진 상태다.

하지만 홍콩은 다르다. 중국, 인도, 중동으로 이어지는 거래와

　나는 금 대신 보석을 산다

재수출 허브로서 여전히 활발하게 돌아간다. 2025년 가을, 소더비 홍콩 하이 주얼리 경매는 2022년 이후 최고 수준의 실적을 거뒀고, 크리스티 홍콩 역시 90퍼센트를 웃도는 낙찰률로 럭셔리 세일을 마무리했다.

◇◇◇

수라트, 손끝과 모니터 사이

인도 수라트의 다이아몬드 공장엔 작업대마다 확대경이 놓여 있고, 한 장인이 오늘도 그 너머로 원석을 깎는다. 밀리미터 단위로, 오직 손끝 감각만으로 빛의 반사각을 읽어내는 일이다. 각도가 조금만 틀려도 반짝임이 달라진다.

이 장인의 아버지도, 그 아버지의 아버지도 같은 작업대에 앉았다. 손기술은 말로 가르칠 수 없고, 손끝이 기억하려면 최소 5년은 걸린다. 완벽해지려면 10년이 필요하다는 게 이들의 말이다. 전 세계 다이아몬드의 90퍼센트가 이 도시를 거친다. 정확히는 이들의 손끝을 거친다.

그런데 바로 옆 건물의 풍경은 다르다. 확대경 대신 컴퓨터 모니터가 있고, CVD(화학 기상 증착) 설비 안에서 화학 기체가 돌아가며 다이아몬드를 키운다. 거기서 일하는 젊은 엔지니어 대부분은 대학에서 화학을 전공했다. 장인들의 조카뻘 나이이다.

점심시간에 장인들과 엔지니어들이 같은 식당에서 밥을 먹는다. 천연 다이아몬드 주문이 줄고 있다는 이야기, 랩그로운 설비 투자가 늘고 있다는 이야기가 오간다. 대화는 그쯤에서 멈춘다. 같은 산업에 종사하고 있지만, 두 세대가 보는 풍경은 조금씩 다르다.

2024년 라스베이거스 주얼리 박람회에서 인도산 75캐럿짜리 랩그로운 다이아몬드가 공개됐다. 4일 내내 관람객이 몰렸는데, 화제는 크기보다 가격이었다. 천연이라면 상상하기 어려운 수준이었다. 인도 정부는 외국인 투자를 전면 허용하고 세금 혜택까지 주며 보석 산업 육성을 외치는데, 최근에는 랩그로운 쪽으로 무게중심이 기울고 있다.

2025년 여름, 트럼프 대통령이 인도를 대상으로 추가 관세를 부과하는 행정명령에 서명했다. 미·인도 간 무역 불균형과 러시아 관련 제재가 얽힌 조치였다. 발효 시점이 다가오자 미국 바이어들은 주문을 멈췄고, 그 여파는 곧바로 작업대 위로 전해졌다. 수라트에는 주문 취소 전화가 쏟아졌다. 작업대에서 확대경을 내려놓는 장인이 하나둘 늘어났다. 깎을 원석이 없는 것이다.

미국은 전 세계 다이아몬드의 절반 가까이를 사들이고, 인도는 90퍼센트를 가공한다. 가장 큰 소비국과 가장 큰 가공국이 부딪치자 양쪽 끝이 동시에 출렁였다. 다이아몬드는 주식처럼 거래소에서 값이 정해지는 게 아니라 실거래가 곧 시세다. 미국 소비자

     나는 금 대신 보석을 산다

들이 지갑을 닫으면 수라트만 타격을 입는 게 아니라 벨기에와 이스라엘까지 연쇄적으로 흔들린다. 백악관의 서명 하나에 수십만 명의 생계가 걸려 있다.

그해 가을, 판은 다시 미세하게 기울었다. 미국이 유럽연합에서 연마된 천연 다이아몬드에 한해 관세를 면제하면서, 안트베르펜은 잠시 '관세 없는 입구'라는 기능적 위치를 확보했다. 인도에서 가공된 다이아몬드에는 높은 관세가 그대로 남았고, 당분간 안트베르펜 쪽이 미국 시장에서 더 유리한 구도였다. 물론 거래의 중심이 되돌아온 것은 아니다. 그리고 이 구도도 오래가지 못했다. 2026년 2월, 미국 대법원이 기존 관세 체계의 법적 근거를 무효화하면서 트럼프 행정부는 전 세계를 대상으로 10퍼센트 일괄 관세를 부과했다. 안트베르펜이 쥐고 있던 무관세 카드가 반년 만에 사라진 것이다. 미국과 인도 사이에서 논의되던 잠정무역협정 역시 재협상이 불가피해졌고, 보석 관세의 향방은 다시 안갯속으로 들어갔다.

◇◇◇

두바이, 아무것도 묻지 않는 도시

두바이는 오랫동안 '금의 도시'였다. 골드 수크gold souk(금시장)에서 22캐럿 금목걸이 같은 고순도 금을 무게 단위로 사고파는

게 이 도시의 주얼리 거래 방식이었다. 다이아몬드는 주인공이
아니었다.

두바이 DMCC의 알마스 타워Almas Tower에서 안트베르펜 출신
상인을 만난 적이 있다. 안트베르펜은 16세기부터 다이아몬드
거래의 중심지로 이름을 떨친 벨기에의 항구도시다. 이 상인의
할아버지가 1920년대에 그곳에서 가게를 열었고, 아버지가 그걸
이어받았으며, 본인도 당연히 그곳에서 평생을 보낼 줄 알았다.
그런데 100년 된 가업이 3년 만에 두바이까지 흘러왔다.

러시아가 우크라이나를 침공한 뒤로 판이 바뀌었다. G7과 EU
가 러시아산 다이아몬드 수입을 막으면서 안트베르펜으로 들어
오던 원석의 3분의 1이 끊겼고, 원산지 증명 절차가 까다로워지
면서 하루면 끝나던 통관이 며칠에서 길게는 2주씩 지연되기도
했다. 안트베르펜의 큰 회사들이 인력 감축에 들어갔다. 2024년
안트베르펜의 다이아몬드 거래액은 244억 달러, 전년 대비 25퍼
센트 하락했다. 원석 수입량도 10년 전에 비해 크게 줄었다.
500년간 쌓아온 신뢰와 인프라가 하루아침에 사라지진 않겠지
만, 흔들리는 데는 3년이면 충분했다.

그해 가을, 세계적 보석 감정 기관들이 두바이로 거점을 확대
했다. 두바이는 러시아 제재에 참여하지 않았고 수입 관세도 없
었다. 원석이 들어와 다시 흩어지는 중계지, 즉 다이아몬드 판의
환승역이었다. 미국과 유럽이 높은 세금을 물리는 동안 두바이

는 문을 활짝 열어두었다. 하지만 편리함에는 대가가 따른다. 러시아산 원석이 두바이를 거쳐 세탁된다는 의혹이 업계 안팎에서 계속 제기되고 있다.

이 선택은 개인의 결단처럼 보이지만, 보석 산업에서는 낯선 장면이 아니다. 보석은 늘 이동 경로를 따라 흘러왔다. 왕실이 머무는 곳, 자본이 빠르게 회전하는 곳, 관세와 규제가 느슨한 곳이 보석의 무대가 됐다. 최근 이 무대가 다시 이동하고 있다. 유럽도 미국도 아닌 중동, 그중에서도 두바이다.

안트베르펜만 움직인 게 아니다. 인도도 두바이를 향하고 있었다. 2022년 인도와 UAE가 포괄적경제동반자협정CEPA을 맺으면서 인도산 보석·주얼리의 수출 관세가 크게 낮아졌고, 두바이의 보석 거래 허브 기능도 한층 강화됐다. 지난 3년간 두바이에 문을 연 보석 도매상만 수백 곳에 달하는데, 대부분 인도계 기업이다. 해외 진출이라기보다 거래의 축 자체가 옮겨가는 중이다.

두바이는 인도의 생산력과 유통망을 끌어들이며 중간 허브로 올라섰고, 인도는 두바이를 통해 글로벌 바이어와 직접 만나는 길을 열었다. 가공은 인도에서, 거래는 두바이에서. 보석 산업에서 이만큼 대규모로, 이 정도 속도로 분업 구조가 형성된 일은 이례적인데, 지금은 양쪽 모두에게 이득이 되는 균형점을 찾은 듯 보인다.

이 흐름은 금 가격 상승과 맞물리며 힘을 얻었다. 인플레이션과 지정학적 불안 속에서 금은 안전 자산으로서의 위상이 다시 강화됐고, 금괴와 금화 수요도 꾸준히 늘었다. 다만 이쯤에서 시장은 두 갈래로 나뉘기 시작한다. 금은 금괴와 금화 쪽으로, 보석은 착용하는 자산 쪽으로 무게를 싣는다. 두바이는 그 갈림길 한가운데 서 있다.

2024년 두바이의 다이아몬드 거래액이 400억 달러를 넘겼다. 2021년 벨기에를 제치고 원석 거래 1위에 오른 뒤 격차는 계속 벌어지는 중이고, 1,000개 넘는 업체가 이곳에 둥지를 틀었다. 안트베르펜이 휘청이는 사이 두바이가 치고 올라왔고, 안트베르펜은 뒤늦게 새 역할을 모색하고 있다.

16세기 베네치아도 동방 보석의 관문이었지만 오스만에 무역로를 내주며 쇠락했고, 안트베르펜 역시 두 차례 세계대전을 겪으며 흔들린 적이 있다. 중심지는 늘 움직여왔다. 다만 예전에는 이 정도 변화가 일어나려면 전쟁이 나거나 제국이 무너져야 했다. 지금은 협정 하나, 제재 하나로 3년이면 판이 뒤집힌다. 안트베르펜이 다시 전성기를 되찾을지는 미지수다. 한곳에서 판을 지배하던 시대는 끝났다. 이제 다이아몬드는 두바이, 수라트, 안트베르펜 사이를 끊임없이 오간다.

루비, 사파이어,
에메랄드의 현재와 미래

경매 시작 한 시간 전, 뉴욕 소더비 경매장 맨 뒤에서 한 남자가 팔짱을 꼈다가 풀기를 반복하고 있었다. 모잠비크 루비 광산을 운영하는 푸라 젬스의 전 CEO다. 그의 회사가 캐낸 루비, 에스트렐라 드 푸라가 곧 무대에 오를 참이었다. 오랫동안 루비의 제왕은 미얀마였고, 근래 개발된 모잠비크는 산출량은 많았지만 최상품의 상징과는 거리가 있었다. 그는 조용한 비공개 거래 대신 전 세계가 지켜보는 이 무대에서 승부를 걸기로 한 터였다.

경매 사흘 전 인터뷰에서 그를 만났다. 그가 전시장의 유리 케이스를 열더니 루비를 내 손에 올려놓았다. 101캐럿 원석을 55.22캐럿으로 깎은 이 루비의 추정가는 3,000만 달러. 2015년 제네바에서 미얀마산 선라이즈 루비가 세운 기록과 같은 출발선이었다.

나는 가방에서 자외선 라이트를 꺼내 루비에 비췄다. 루비는 자외선 아래서 붉은 형광을 띠는데, 형광이 강할수록 시장 평가도 올라간다. 모잠비크산은 철 성분 때문에 형광이 약한 게 업계 상식이었다. 스위치를 켜자마자 루비 내부에서 붉은빛이 쏟아져 나왔다. 10여 년간 모잠비크 루비를 수없이 봤지만, 이런 형광은 처음이었다. 그가 감별서 여러 장을 펼쳐 보였다. 세계 주요 감정원들이 모두 같은 결론을 내렸다. 비가열 모잠비크산, 비비드 레드vivid red. 55.22캐럿 치고는 육안으로 거의 흠이 없었다.

경매가 시작됐다. 호가가 상승하고, 패들이 여러 차례 올라가더니, 추정가를 넘어 낙찰봉이 내려갔다. 수수료 포함 3,480만 달러, 유색석 경매 사상 최고가였다. 그때까지 경매 역사에서 최고가를 기록한 루비는 대부분 미얀마 모곡 출신이었다. 업계는 강한 적색에 형광이 도는 루비를 피전 블러드라 불렀고, 오랫동안 이 명칭은 미얀마의 전유물처럼 여겨졌다. 그런데 그날 소더비에서 모잠비크산 루비가 세계 최고가를 찍은 것이다.

◇◇◇

미얀마의 공백, 모잠비크의 부상

방콕 보석 거래소 인근의 작은 사무실, 30년 넘게 루비를 다뤄

온 딜러의 책상 위에 낡은 확대경이 놓여 있었다. 손잡이 도금은 벗겨지고, 케이스 모서리는 해어진 지 오래다. 요즘 시장 상황을 물으니 한숨부터 쉬며 이렇게 말한다.

"예전엔 비가열 5캐럿짜리가 줄지어 있었는데, 지금은 2캐럿도 보기 힘들어요."

'루비' 하면 미얀마 모곡이다. 그곳은 19세기 이래로 루비의 성지였다. 산출량은 오래전부터 줄고 있었지만, 결정적으로 2021년 군부 쿠데타 이후 상황이 달라졌다. 국제 제재로 유통 경로가 막히고, 채굴 현장 상황도 불투명해진 것이다. 미얀마 루비의 권위는 여전하지만, 시장에 새 물건은 거의 나오지 않는다.

2000년대 후반, 모잠비크 북부 몬테푸에즈에서 현지 광부 한 명이 붉은 자갈을 주웠다. 보석 광산 발견의 역사에는 늘 이런 순간이 있는 법이다. 남아공 오렌지강의 다이아몬드는 소년이 강가에서 주운 자갈에서 시작됐고, 탄자니아 메렐라니Merelani의 탄자나이트tanzanite는 마사이족 목동이 번개 친 언덕에서 찾아냈다. 잠비아 카젬Kagem의 에메랄드도 마을 사람들이 먼저 알아봤다. 모잠비크도 마찬가지였다. 곧 젬필즈가 광산을 인수하고 푸라 젬스가 합류하면서 본격적인 산업 채굴이 시작됐다.

10년이 지나자 시장 지형이 달라졌다. 지금 시장에 새로 풀리는 루비 가운데 상당수가 모잠비크산이다. 젬필즈와 푸라 젬스는 정기적으로 원석 도매 경매를 열어 업계 바이어들에게 공급하는데,

1   모잠비크 비가열 루비 귀걸이. 선명한 레드 컬러의 오벌 컷 모잠비크 루비를 드롭 형태로 세팅했다. ©Fred
2   모잠비크 비가열 루비 반지. 페어 컷 모잠비크 루비를 중심석으로 세팅했다. ©Chaumet
3   모잠비크 비가열 루비 반지. 대형 쿠션 컷 모잠비크 루비를 중심석으로 세팅했다. ©Bulgari
4   미얀마 피전 블러드 비가열 루비 반지. 다이아몬드 플로럴 세팅 중앙에 미얀마산 루비를 세팅했다. ©Dolce & Gabbana

최근 경매에서도 높은 판매율을 기록했다. 안정적으로 물량을 확보할 수 있는 곳은 이제 모잠비크가 거의 유일하다. 마다가스카르도 루비를 생산하지만, 영세 채굴 비중이 높아 공급이 고르지 않다.

대부분의 모잠비크 루비는 철 함량이 높아 색이 짙고 자색 기

   나는 금 대신 보석을 산다

가 돈다. 오랫동안 미얀마산보다 한 단계 아래로 여겨졌지만, 스펙트럼은 생각보다 넓다. 자외선 아래서 불타듯 붉은 형광을 내뿜는 것도 있고, 색 포화도가 높아 비비드 레드로 분류되는 것도 있다. 에스트렐라 드 푸라가 바로 그런 원석이었다. 채굴 당시부터 투명도와 크기가 압도적이었고, 연마를 거쳐 피전 블러드 레드 등급까지 받았다. 모잠비크도 최상급을 생산할 수 있다는 걸 증명한 셈이다.

미얀마 루비의 형광성은 높은 크롬 함량에서 비롯된다. 철은 형광을 방해하는데, 미얀마산은 철이 적어 빛을 받으면 내부의 붉은 광이 살아난다. 대신 내포물이 많고 5캐럿 이상은 드물다. 모잠비크는 공급이 안정적이고 색의 폭도 넓어서, 브랜드 입장에서는 일정한 품질을 꾸준히 확보할 수 있는 현실적 선택지가 되고 있다.

채굴 방식에 따라 가격 구조도 달라진다. 모곡은 대리석 암반 속 좁은 포켓을 따라 수갱을 파고드는 소규모 수작업 채굴이라 물량이 고르지 않다. 포켓 하나가 바닥나면 다음 포켓을 다시 찾아야 하고, 그게 언제 어디서 나올지는 아무도 모른다. 몬테푸에즈는 넓은 면적에 걸쳐 분포한 대형 광체를 굴착기로 처리하는 노천 채굴이라, 기계화 채굴로 일정한 물량을 꾸준히 처리할 수 있다.

◇◇◇

루비 시장의 양극화 현상

1년 전쯤 지인에게서 급한 전화가 왔다. 루비가 좀처럼 팔리지 않는다는 하소연이었다. 직접 확인해보니 상당한 금액을 주고 산 루비였는데, 선명한 붉은색에 크기도 꽤 컸다. 문제는 감별서였다. 열처리 표기란에 작은 글씨로 'H(b)'라고 적혀 있었다.

시장에 유통되는 루비와 사파이어 대부분은 열처리를 거친다. 색과 투명도를 개선하기 위한 업계 표준 절차다. 문제는 그 과정에서 원석의 미세한 균열 안에 잔류물이 남을 수 있다는 것인데, 그 양에 따라 등급이 갈린다. 단순하게 열처리만 했으면 H, 잔류물이 극히 적으면 H(a), 조금 더 많으면 H(b), H(c) 순으로 내려간다. 감정원에 따라 F1, F2 같은 표기를 쓰기도 한다.

겉으로는 차이가 거의 없고, 육안으로는 똑같아 보인다. 그런데 알파벳 하나가 가격을 바꾼다. 지인은 구매 당시 H(b)의 의미를 몰랐다. 미얀마산이라는 출처도 알고 GRS 감별서도 있었지만, 감별서를 '읽는 법'은 몰랐던 것이다.

그 루비는 아직도 팔리지 않았다. 정확히 말하면, 지인이 산 가격으로는 팔리지 않는다. H(b) 등급은 국내시장에서 인기가 없고, 경제가 불안한 시기에는 더욱 외면받는다. 싸게 던지면 팔릴 수도 있지만 손해가 너무 크다. 괄호 속 작은 기호 하나가 가격에

나는 금 대신 보석을 산다

어떤 영향을 미치는지 지인은 충분히 이해하지 못했다.

보석 시장은 오랫동안 세 단계로 나뉘어 있었다. 대량 생산되는 보급형, 선물과 기념용으로 소비되는 중급, 자산과 투자 목적으로 거래되는 최상급. 그런데 최근 몇 년 사이 이 구조에 균열이 가기 시작했다.

라스베이거스의 한 딜러는 이렇게 말했다.

"5년 전만 해도 중간급으로 장사가 됐어요. 지금은 최고급 아니면 저가만 팔려요. 중간이 비었죠."

루비 시장의 양극화는 갈수록 뚜렷해지고 있다. 크고 좋은 루비는 새로 나오는 물량이 눈에 띄게 줄었고, 시장에 나오는 것들도 대부분 경매장이나 하이 주얼리용으로 곧장 흡수된다. 소더비나 크리스티 같은 경매장에서는 여전히 10캐럿 이상의 루비가 고가에 거래되지만, 그 세계에 들어가려면 돈만으로는 부족하다. 타이밍과 네트워크, 그리고 보석을 읽는 눈이 필요하다.

2024년 홍콩 쇼에서 싱가포르 컬렉터 한 명을 만났다. 3캐럿짜리 비가열 미얀마 루비를 찾고 있었는데, 5년 전만 해도 어렵지 않게 구할 수 있었던 크기다. 그가 감별서를 여러 장 펼쳐놓으며 말했다.

"요즘은 산지 증명만으로는 부족해요. 채굴 업체부터 유통 경로까지 따지죠. 미얀마산은 제재와 인권 문제 때문에 조달이 갈수록 까다롭고, 이런 분쟁 이슈가 얽힌 산지의 루비는 아예 피하려는 컬렉터도 많아요."

그의 말대로 정치적 변수가 시장을 흔든다. 미얀마는 2021년 쿠데타 이후 미국과 유럽의 제재로 국영 보석 기업이 막히면서 서방 시장에서의 공식 유통이 크게 위축됐다. 아프가니스탄처럼 무장 세력과 광물 수익이 얽힌 산지의 루비는, 연계 여부를 증명하기 어렵다는 이유로 럭셔리 시장에서 외면받는다. 반면 마다가스카르나 탄자니아 등은 합법 광산과 투명한 유통 체계를 내세운 프로젝트들이 등장하며 새로운 공급원으로 주목받고 있다.

고품질 비가열 루비와 사파이어는 앞으로 더 귀해질 전망이다. 재판매를 생각한다면 공신력 있는 글로벌 감정 기관의 감별서는 필수고, 품질 못지않게 원산지 증명과 처리 여부가 가격을 좌우한다는 사실을 기억해야 한다. 블록체인 기반 원산지 추적 시스템이 본격화하면 출처 프리미엄은 더 강화될 것이다.

◇◇◇

사파이어, 로열 블루를 넘어서

중간층이 사라지는 건 사파이어 시장도 마찬가지다. 2024년 스리랑카 콜롬보, 딜러가 금고 문을 열며 잠시 망설였다. 우리 일행이 찾는 건 10캐럿짜리 로열 블루 사파이어였다. 그가 작은 봉투를 꺼내 테이블 위에 올려놓았다. 종이를 펼치자 형광등 아래서 짙은 파란빛이 번진다.

"이게 마지막이에요. 이걸 팔면 다음엔 뭘 보여줘야 할지 모르겠네요."

사무실 벽에는 1990년대에 찍은 사진이 걸려 있었다. 테이블 위에 손바닥만 한 사파이어 원석이 수십 개 놓인 장면이다. 당시엔 골라 쓸 수 있을 만큼 풍부했지만, 지금은 구하기도 힘들다.

'사파이어' 하면 떠오르는 이미지가 있다. 12캐럿 오벌 컷에 스리랑카산 로열 블루. 영국 다이애나 왕세자비의 약혼반지로 각인된 그 형태다. 그런데 1980년대 이후 스리랑카의 대형 원석 산출은 눈에 띄게 줄었다. 2022년 스리랑카가 73년 만에 최악의 경제 위기를 겪으면서 상황은 더 악화됐다. 연료 부족으로 광산 펌프를 돌릴 발전기조차 멈췄고, 채굴 허가 규제는 강화됐다. 경제가 안정을 찾아가는 중이지만 고품질 원석 수급은 여전히 빠듯한 실정이다.

카슈미르는 이미 박물관 속 이름이 된 지 오래다. 1881년 히말라야 산사태로 드러난 광맥에서 채굴이 시작됐지만, 최상급 원석은 1887년경 이미 바닥났다. 이후 계곡 아래쪽에서 새 광맥이 발견되어 20세기 초까지 간헐적으로 채굴이 이어졌으나, 처음 발견한 광맥에서 나온 품질에는 비할 바가 못 됐다. 그 벨벳 같은 푸른빛은 전설이 되었고, 지금 경매에 나오는 카슈미르 사파이어는 대부분 1880년대에 채굴한 것들이다.

2025년 5월, 크리스티 홍콩에서 35.09캐럿짜리 '리젠트Regent

1 카슈미르 사파이어 반지. 미세한 실크 내포물이 빛을 산란시켜 만든, 깊고 부드러운 벨벳 블루가 특징이다. ©Boucheron
2 스리랑카 사파이어 목걸이. 맑고 투명하면서도 선명한 푸른빛이 돋보인다. ©Bulgari

카슈미르'가 950만 달러에 낙찰됐다. 캐럿당 27만 1,515달러로 사파이어 캐럿당 경매 신기록이다. 2015년 같은 스톤이 캐럿당 20만 9,689달러에 팔렸으니, 10년 만에 30퍼센트 가까이 오른 셈이다. 비가열 카슈미르 사파이어는 이제 거의 전형적인 대체 자산이다.

스리랑카와 카슈미르가 빈자리를 남기자, 마다가스카르가 그 틈을 메웠다. 1998년 일라카카 남부에서 사파이어가 발견되면서 인구 수백 명의 마을이 하룻밤 사이에 수만 명의 광산촌으로 변했다. 지금 마다가스카르는 전 세계 사파이어 생산량의 약 40퍼

        나는 금 대신 보석을 산다

센트를 차지한다. 현재 럭셔리 주얼리 브랜드들이 사용하는 사파이어 상당 부분이 이곳에서 나온다. 영세 채굴 비중이 높아 공급망 투명성 확보가 과제로 남아 있지만, 블록체인 기반 원산지 추적 시스템이 확산하면 상황이 달라질 수 있다.

◇◇◇

팬시 컬러 사파이어의 부상

자원이 줄어들자 시장은 자연스럽게 다른 색으로 눈을 돌렸다. 최근 다녀온 보석 박람회마다 팬시 컬러 사파이어가 눈에 띄게 늘었다. 가격이 합리적이면서도 개성 있는 색을 원하는 젊은 층이 많아졌기 때문이다. 부스마다 여러 빛깔의 사파이어가 진열되어 있었다. 핑크, 파파라차padparadscha, 옐로우, 그린, 바이컬러bi-color(두 가지가 동시에 나타나는 색 분포). 스리랑카와 마다가스카르는 다양한 컬러를 생산하고, 호주는 틸teal과 그린·옐로우로, 몬태나는 파스텔톤 틸과 콘플라워cornflower로 승부를 건다.

그런데 틸 사파이어의 인기가 심상치 않다. 청록색, 그러니까 파란색과 초록색이 반반 섞인 색이다. 2015년만 해도 블루 사파이어의 5분의 1 가격이었는데, 2022년에는 절반 수준까지 올랐다. 몬태나산 틸 사파이어는 소셜 미디어에서 입소문을 타며 젊은 세대의 약혼반지 선택지로 떠올랐다. 윤리적 채굴과 미국산

핑크 사파이어 반지. 채도가 높은 핑크 사파이어 특유의
화사하고 또렷한 색감이 드러난다. ⓒBoucheron

이라는 스토리가 맞아떨어진 덕분이다. 다만 몬태나산은 대부분 1캐럿 미만이라서 큰 원석을 원하는 컬렉터에게는 한계가 있다. 대형 틸을 원한다면 호주산이 현실적 선택지다.

팬시 컬러 중에서도 파파라차 사파이어가 특히 눈길을 끈다. 핑크와 오렌지가 섞여 해질녘 연꽃 같은 빛을 내는데, 싱할라어Sinhala語로 파파라차는 '연꽃'이라는 뜻이다. 스리랑카와 마다가스카르에서 주로 나오지만, 워낙 희귀해서 팬시 컬러 사파이어 가운데 가장 높은 가격대를 형성한다. 영국 유지니Eugenie 공주의 약혼반지가 파파라차로 알려지면서 수요가 급증했다. 10년 전만 해도 틈새시장이었지만, 지금은 고급 주얼리 브랜드들이 앞다퉈 찾는다.

대부분의 사파이어는 열처리를 거친다. 색과 투명도를 안정시키는 표준 절차다. 문제는 균열을 메우거나 표면에 색을 침투시키는 처리법인데, 이런 경우 가격에 직접 영향을 미치기에 감별

     나는 금 대신 보석을 산다

서에 반드시 명시해야 한다. 비가열 로열 블루와 열처리 로열 블루의 가격 차이는 두 배에서 서너 배, 최상급은 그 이상 벌어진다.

경매장의 캐럿당 최고가 목록은 카슈미르, 미얀마, 스리랑카 순으로 형성되어 있다. 사파이어 총액 경매 기록은 2014년 크리스티 제네바에서 1,730만 달러에 낙찰된 392.52캐럿짜리 '블루 벨 오브 아시아The Blue Belle of Asia'가 갖고 있다. 1926년 스리랑카 라트나푸라에서 발견된 이 사파이어는 세계에서 네 번째로 큰, 연마된 블루 사파이어다. 캐럿당 가격 기록은 2025년 카슈미르산 리젠트 카슈미르가 새로 썼고, 2024년에도 17.29캐럿 카슈미르 사파이어가 추정가의 세 배를 넘기며 340만 스위스프랑에 팔렸다. 최상급은 추정가를 무색하게 만든다.

앞으로는 어떨까? 카슈미르는 이미 역사 속으로 들어갔고, 미얀마는 제재와 내전으로 공급이 막혀 있으며, 스리랑카의 고품질 원석도 갈수록 줄고 있다. 마다가스카르가 물량을 채우고 있지만, 비가열 최상급은 어느 산지든 귀해지는 추세다. 블루 사파이어 시장은 점점 좁아지고, 팬시 컬러는 그 바깥에서 자기 영역을 만들어가고 있다.

에메랄드, 불완전함의 미학

에메랄드를 처음 현미경으로 들여다본 건 22년 전 GIA 교실에서였다. 콜롬비아산 에메랄드 안쪽에 실 같은 선들이 얽혀 있었는데, 뜻밖에도 '자르댕Jardin'이라는 예쁜 이름이 붙어 있었다. 정원이라는 뜻의 프랑스어다. 루비나 사파이어였다면 감점 요소였을 내포물이 에메랄드에서는 개성이자 지문이 된다.

사실 완벽하게 깨끗한 에메랄드는 없다고 봐야 한다. 깨끗할수록 값이 오르는 건 맞지만, 시장은 현실 안에서 움직인다. 에메랄드 거래에는 거의 언제나 '오일 처리'가 따라온다. 균열에 오일이나 레진을 주입해 투명도를 높이는 방식으로, 감정원들은 그 정도에 따라 없음none, 미미함insignificant, 소량minor, 보통moderate, 다량significant으로 등급을 나눈다. 소량의 오일이면 럭셔리 시장도 받아들이지만, 다량으로 주입하거나 레진일 경우 가격이 크게 떨어진다.

캐럿당 최고가는 여전히 콜롬비아산이 차지하고 있다. 특히 무조 광산에서 나오는 깊은 초록빛은 460년간 쌓아온 브랜드의 힘이다. 하지만 최근 이 구도에 변화의 바람이 불었다.

2024년 7월, 인도 최대 재벌 암바니 가문의 막내아들 결혼식이 열렸다. 신랑의 어머니 니타 암바니Nita Ambani는 560캐럿과

303캐럿짜리 콜롬비아산 에메랄드 두 개가 달린 목걸이를 착용했고, 신랑 아난트 암바니Anant Ambani는 720캐럿 잠비아산 에메랄드 브로치를 가슴에 달았다. 며느리들과 딸도 에메랄드를 겹겹이 둘렀다. 에메랄드가 인도에서 행운의 상징으로 여겨진다 해도 이 정도 규모는 쉽게 상상하기 어렵다.

그런데 콜롬비아산을 고집하는 이 집안에서 유독 신랑의 브로치만 잠비아산이었다. 형 아카시Akash가 동생 결혼 선물로 건넨 이 브로치에 720캐럿 정도의 콜롬비아 에메랄드를 세팅하려 했다면, 애초에 구할 물건이 없었거나 있어도 천문학적 가격표가 붙었을 것이다. 에메랄드는 내포물이 많고 균열이 잘 생겨 대형 원석을 온전히 채굴하기 어렵다. 게다가 콜롬비아 광산은 오랫동안 발파 채굴에 의존해왔고, 큰 결정이 파손될 위험도 그만큼 컸다. 반면 잠비아의 카젬 광산은 대형 고품질 원석이 꾸준히 산출된다.

아이러니하게도 사진 속에서 그 위용은 충분히 전달되지 않았다. 에메랄드는 카메라와 궁합이 좋지 않다. 내포물이 빛을 산란시키고, 특유의 깊은 녹색은 평면에서 채도를 잃는다. 720캐럿이라는 숫자가 주는 압도감이 사진에서는 반쯤 가려진 셈이다.

루브르 아폴론 갤러리에서 나폴레옹의 황후 마리 루이즈Marie Louise의 에메랄드 세트를 마주했을 때도 비슷한 경험을 했다. 유리 진열장 너머로 보았을 뿐인데, 그 빛은 분명 달랐다. 200년이 넘은 보석임에도 마치 막 연마를 마친 듯 선명했고, 사진으로 수 없이 보아온 이미지와는 전혀 다른 깊이가 있었다. 그제야 역사 속 권력자들이 왜 에메랄드에 집착했는지 이해할 수 있었다. 이 보석은 직접 마주해야만 진가를 드러낸다. 그래서 소유의 의미는 더욱 배타적이다. 아무리 소셜 미디어에 올려도 전달되지 않는 아름다움! 이 시대에 이보다 더 귀족적인 보석이 또 있을까?

그렇다면 콜롬비아와 잠비아 에메랄드는 무엇이 다를까? 둘 다 초록색이지만, 자세히 보면 결이 다르다. 흔히 콜롬비아 에메랄드는 따뜻한 초록, 잠비아 에메랄드는 청록에 가까운 차가운 초록으로 구분한다. 물론 예외도 있다. 콜롬비아에서도 푸른 기운이 도는 에메랄드가 나오고, 그런 색을 선호하는 컬렉터도 적지 않다. 산지별로 단정 짓기는 어렵지만, 평균적 경향은 분명 존재한다.

이 차이는 지표 아래, 아주 깊은 곳에서 시작된다. 콜롬비아 에메랄드는 세계에서 유일하게 퇴적암에서 형성된다. 고대 바다에 쌓인 검은 셰일층, 그 안에서 뜨거운 열수가 스며들어 결정을 키운다. 화성암이 개입하지 않는 독특한 환경이라 철 함량이 극히 낮다. 반면 잠비아 에메랄드는 오래된 변성암과 페그마타이트pegmatite가 만나는 접촉대에서 만들어진다. 이 과정에서 철이 더 많이 포함되고, 그 철이 에메랄드에 청색 기운을 더한다.

루비와 사파이어는 강바닥에 쌓인 흙모래에서도 발견된다. 물살에 씻겨 내려온 원석을 체로 거르기만 하면 되니, 여러 산지에

 나는 금 대신 보석을 산다

서 다양한 등급으로 나온다. 에메랄드는 형성 조건이 까다로워 보석이 자리 잡은 암반을 직접 깨고 들어가야 하고, 강바닥에서 건져 올리는 방식으로는 거의 나오지 않는다. 품질 좋은 결정이 모인 포켓은 광부 앞에 예고 없이 나타났다가 신기루처럼 사라진다. 강바닥이라는 거대한 창고에 기댈 수 없는 만큼, 에메랄드의 공급 구조는 루비나 사파이어보다 훨씬 불안정하다.

그런데 시장에서는 다소 묘한 현상이 나타난다. 잠비아 에메랄드는 상대적으로 내포물이 적고 투명도가 높은 경우가 많은데도 조건이 비슷하다면 가격은 콜롬비아산이 훨씬 높게 형성된다. 품질과 시기에 따라 편차가 크지만, '콜롬비아 프리미엄'이 존재하는 건 확실하다. 에스파냐 정복자들이 무조 광산을 발견한 것이 16세기였고, 잠비아 에메랄드가 국제시장에서 본격적으로 이름을 알린 것은 2008년 이후다. 수백 년에 걸친 역사성이 가격에 그대로 반영되는 것이다.

여기서 짚고 넘어갈 용어가 하나 있다. 바로 '무조 그린'이다. 이 표현은 시장에서 두 가지 의미로 사용된다. 하나는 산지 인증이다. 귀벨린이나 SSEF 같은 감정 기관이 "이 에메랄드는 무조 광산에서 산출됐다"라고 확인해주는 경우다. 다른 하나는 색상 등급이다. GRS가 2015년에 도입한 기준으로, 특정한 채도와 색조 조건을 충족하는 콜롬비아산 에메랄드에 부여한다. 이 경우 반드시 무조 광산 출신일 필요는 없다. 치보르Chivor나 코스쿠에스Coscuez에서 나온 에메랄드라도 색이 기준에 맞으면 '무조 그린' 등급을 받을 수 있다. 경매장이나 브랜드 설명에서 이 표현을 접했다면 산지 증명을 말하는 것인지, 색상 등급을 가리키는 것인지부터 확인해야 한다.

◇◇◇

에메랄드 선택의 기준

그렇다면 에메랄드 구입을 앞둔 사람은 어떤 선택을 해야 할까? 고가의 에메랄드를 고민하는 이들이 자주 던지는 질문이 있다. '콜롬비아 무조 마이너minor 오일'과 '잠비아 논none 오일' 중 비슷한 예산이라면 어느 쪽이 나을까?

먼저 짚고 갈 점이 있다. 논 오일이나 인시그니피컨트insignificant 오일은 산지를 불문하고 극히 희귀하다. 럭셔리 시장에서도 현실적 기준선은 여전히 마이너 오일이다. 시간이 지나 오일이 마르더라도 외관 변화가 크지 않아 안정적이기 때문이다. 같은 마이너 오일 조건에서 비교하면, 잠비아 에메랄드는 콜롬비아보다 가격 부담이 덜하면서도 투명도는 뛰어난 경우가 많다. 착용을 전제로 한 선택이라면 충분히 합리적이다.

반면 투자나 리셀을 고려한다면 콜롬비아, 특히 무조 산지 인증을 받은 에메랄드가 여전히 유리하다. 역대 최고가 에메랄드

    나는 금 대신 보석을 산다

1 콜롬비아 에메랄드 귀걸이. 선명하고 화사한 초록빛이 콜롬비아 에메랄드의 맑은 색감을 잘 보여준다. ©Piaget

2 콜롬비아 무조 에메랄드 반지. 짙고 깊은 초록색이 '무조' 에메랄드 특유의 풍부한 색감을 드러낸다. ©Bulgari

3 잠비아 논 오일 에메랄드 반지. 약간 푸른 기가 도는 시원한 초록빛이 잠비아 에메랄드의 차분하고 현대적인 느낌을 살려준다. ©Tiffany & Co

기록은 콜롬비아가 독점하고 있는데, 마이너 오일이라도 무조 산지 인증이 붙으면 프리미엄이 확실하다. 460년에 걸쳐 쌓인 브랜드 파워가 하루아침에 무너지기는 어렵다.

시장의 흐름은 조금씩 변하고 있다. 잠비아 에메랄드에 대한 수요는 꾸준히 상승 중이다. 젬필즈가 운영하는 카젬 광산은 2009년 첫 경매 이후 누적 매출 11억 달러를 넘겼고, 최근 B2B 경매에서는 원석 전량이 소진되기도 했다. 암바니 가문의 선택이

곤바로 시장의 방향을 바꿀지는 알 수 없다. 다만 세계 최고 부호 가문이 720캐럿 브로치에 잠비아 에메랄드를 택했다는 사실만으로도 잠비아 에메랄드가 더 이상 콜롬비아의 대안에만 머무르지 않는다는 신호로 읽을 수는 있다.

물론 에메랄드 산지는 콜롬비아와 잠비아만 있는 것이 아니다. 에티오피아산 에메랄드는 투명도가 높고, 색조는 비교적 밝은 편이다. 한때 브라질 바이아Bahia 지역이 공급의 한 축을 담당했지만, 광맥이 고갈되면서 그 자리를 점차 아프리카 산지들이 채워가고 있다. 아프가니스탄 판지시르Panjshir 계곡의 에메랄드는 품질만 놓고 보면 최상급에 속한다. 하지만 탈레반이 광산을 장악한 뒤로 주요 국제시장에는 거의 모습을 드러내지 않고 있다.

이런 변화 속에서 콜롬비아의 위상은 여전히 굳건하다. 다만 주요 광산들의 올드 마인old mine(예전부터 최고급 에메랄드가 나와 지금은 거의 다 고갈된 오래된 채굴 구역) 상당수는 이미 고갈됐고, 남은 구역 역시 환경 규제로 채굴하기 쉽지 않다. 그사이 잠비아 카겜 광산이 전 세계 공급의 4분의 1을 담당하며 빠르게 존재감을 키우는 중이다. 콜롬비아가 쌓아온 역사와 잠비아가 만들어가는 물량 경쟁력이 앞으로 어떻게 균형을 이룰지 시장은 조용히 그 흐름을 지켜보고 있다.

 나는 금 대신 보석을 산다

하이 주얼리 시장이
달라지고 있다

어느 브랜드의 하이 주얼리 프레젠테이션장에서 목격한 일이다. 목걸이 하나가 브로치로, 다시 팔찌로, 마지막엔 등을 타고 흐르는 보디 체인으로 변했다. 시연하는 내내 숨죽이고 지켜봤다. 해마다 10여 차례 넘게 참석하는 자리인데도 그날만큼은 오래 기억에 남았다.

요즘 하이 주얼리에서 '트랜스포머블transformable' 디자인은 기본이다. 하나의 작품이 목걸이에서 브로치, 팔찌로 이어지면서도 각각이 독립된 작품처럼 완결성을 갖추도록 설계한다. 전시용 연출에 머물지 않고 실제 착용을 전제로 한 구조다. 프레드와 부쉐론, 티파니, 쇼메, 샤넬, 반클리프 아펠 모두 하나의 작품을 다양한 형태로 바꿔 착용할 수 있는 세트를 선보이고 있다. 눈에 보이지 않는 잠금장치와 자석, 피벗pivot 구조까지 총동원해야 가능한 작업이다. 노하우와 기술력을 증명하고, 경쟁사와 차별화하는 가장 확실한 방법이기도 하다.

◇◇◇

소재의 판이 달라지고 있다

유색 보석의 지형 자체가 움직이고 있다. 루비, 사파이어, 에메랄드의 위상은 여전하지만, 그 바깥에서 다른 이름들이 치고 올라온다. 파라이바 투르말린, 만다린 가닛mandarin garnet, 스피넬, 탄자나이트 등은 삼대 유색석에 비해 인지도는 낮지만 희소성은 못지않은 보석들이다.

파라이바 투르말린은 가격대부터 다르다. 다른 보석에서 찾기 어려운 네온 블루 색감 덕분에 최상급 기준으로 캐럿당 가격이 동급 에메랄드를 앞지르기도 한다. 만다린 가닛은 선명한 오렌지빛이 강점이지만, 상급석이 5캐럿을 넘기는 경우가 드물어 색감에 볼륨까지 갖춘다면 하이 주얼리의 중심석으로도 충분히 존재감을 발휘한다.

스피넬은 제 이름을 되찾아가는 중이다. 수백 년간 루비로 오인받아온 보석이 이제는 독립적 존재로 자리 잡았다. 샤넬이 2025년 하이 주얼리 컬렉션에서 레드 스피넬을 전면에 내세

1 만다린 가닛 귀걸이. 오렌지빛이 강한 만다린 가닛을 카보숑 컷으로 세팅했다. ©Pomellato

2 레드 스피넬 반지. 쿠션 컷 레드 스피넬을 중심석으로 세팅했다. ©Chanel Fine Jewelry

3 블랙 오팔 반지. 어두운 바탕 위에서 무지갯빛 화려한 유색 효과가 선명하게 나타난다. ©Louis Vuitton

4 탄자나이트 브로치. 깊은 블루 컬러의 에메랄드 컷 탄자나이트를 중심에 세팅했다. ©Tiffany & Co

운 것도 그런 맥락이다. 미얀마의 강렬한 레드, 탄자니아 마헹게Mahenge의 핫핑크, 타지키스탄 바다흐샨Badakhshan의 역사적인 레드 등 산지마다 색조가 다르고 선호 범위도 넓다. 루비에 견줄

만한 컬러와 투명도를 갖추면서도 가격 문턱은 낮은 편이라 눈여겨볼 만하다.

탄자나이트는 스토리텔링의 힘을 보여주는 사례다. 1967년 탄자니아에서 처음 발견됐을 때 이름은 블루 조이사이트blue zoisite였다. 광물학적으로는 맞는 명칭이었으나 상업적 매력은 부족했다. 티파니가 탄자나이트라는 이름을 붙이고 킬리만자로 기슭이라는 산지 스토리를 입히면서 상황이 달라졌다. '2,000년 만에 나타난 가장 아름다운 푸른 보석'이라는 수식어와 함께 2002년에는 12월의 탄생석으로 지정됐다. 이름 하나, 이야기 하나가 보석의 위상을 바꿔놓은 것이다.

루벨라이트rubellite와 블랙 오팔도 비슷한 궤도에 올랐다. 루벨라이트는 루비와는 결이 다른 붉은빛으로 자기 영역을 넓혀가고, 블랙 오팔은 단일 보석 안에서 여러 빛깔이 유영하는 색감으로 컬렉터들의 시선을 끌어왔다. 루이비통은 최근 컬렉션에서 루벨라이트를 대담하게 사용하고, 30캐럿이 넘는 호주산 블랙 오팔을 중심에 두었다. 피아제도 블랙 오팔을 전면에 내세웠는데, 창립자 이브 피아제Yves Piaget가 남긴 말을 되살린 선택이었다.

"이 세상은 오팔과도 같다. 저마다 다른 빛깔을 품고 있으니."

삼대 유색석이 중심에 있던 자리에 새로운 선택지가 하나씩 들어서고 있다.

하이 주얼리를 둘러싼 경계도 흐려졌다. 젠더, 소재, 착용 맥락

　　　나는 금 대신 보석을 산다

세 방향에서 동시에 변화가 일어나고 있다. 레드카펫에서 남성 셀러브리티가 브로치를 착용하는 장면이 낯설지 않고, 브랜드들도 남성용이나 젠더리스 라인을 강화하는 추세다. 하이 주얼리가 금고 속 오브제에서 실제로 착용하는 작품으로 바뀌며 누가 어떤 자리에서 어떻게 연출하느냐가 새로운 화두로 떠올랐다.

소재의 위계도 예전 같지 않다. 귀금속과 보석만이 하이 주얼리의 재료라는 고정관념은 깨진 지 오래다. 라탄과 운석, 나무를 작품에 활용하는 브랜드가 있는가 하면, 포멜라토Pomellato처럼 가죽과 골드를 결합해 패션과 주얼리 사이 경계를 허무는 시도를 계속하는 브랜드도 있다. 다만 소재의 파격이 곧 가치로 이어지지는 않는다. 장인 정신과 설계의 완성도, 디자인의 독창성이 뒷받침될 때 비로소 설득력을 얻는다.

캐럿 수와 가격표만으로 하이 주얼리의 가치를 설명하기 어려운 시대다. 희소성은 여전히 중요하지만, 장인 정신의 수준과 디자인의 완성도 및 독창성, 동시대 미감까지 필수 조건이 됐다. 심지어 공방의 이력이나 공정의 투명성도 평가 대상이다. 지난 20여 년을 통틀어 하이 주얼리가 지금처럼 복합적 기준 아래에서 평가받는 시기는 드물었다.

The True Meaning and
Value of Gems

diamond
Argyle pink diamond
Burmese Pigeon's Blood Ruby
Paraiba tourmaline
red spinel
Muzo Emerald
mandarin garnet

The True Meaning and
Value of Gems

diamond
Argyle pink diamond
Burmese Pigeon's Blood Ruby
Paraiba tourmaline
red spinel
Muzo Emerald
mandarin garnet

속지 않고 현명하게
소비하는 법

보석 구매 가이드

금과 보석 사이,
무엇을 선택할 것인가

강의가 끝나면 꼭 누군가 손을 든다.

"금을 사야 할까요, 보석을 사야 할까요?"

처음엔 성실하게 답하려 노력했다. 투자 목적이면 이렇고, 착용 목적이면 저렇다고. 그런데 몇 년을 답하다 보니 깨달았다. 질문하는 사람 대부분은 금과 보석의 차이를 알고 싶은 게 아니었다. "이거 사면 손해 안 보겠죠?"라는 확인, 그게 진짜 질문이었다. 차이의 기준이 궁금한 게 아니라 불안하지 않고 싶었던 것이다.

금은 그나마 답하기 쉽다. 18K는 어디서 캐든 18K고, 바빌로니아 시대 금화든 오늘 산 금 ETF든 값을 매기는 방식은 같다. 무게 재고, 순도 확인하고, 그날 시세를 곱하면 된다. 누구 것이었는지, 무슨 사연이 있는지는 가격에 거의 영향을 미치지 않는다. 이것이 금을 화폐의 자리까지 밀어 올린 힘이다.

보석은 정반대다. 색의 깊이, 투명도, 내포물의 위치, 컷의 균형까지 모두 다르다. 금을 저울에 올리듯 보석을 저울에 올리면 어떻게 될까? 아무것도 알 수 없다. 무게는 가치의 일부일 뿐이니까. 루비나 사파이어라면 산지까지 가격을 좌우한다. 미얀마냐, 태국이냐, 카슈미르냐 스리랑카냐, 원산지 하나에 값이 몇 배씩 갈리는 세계에서 "정가가 얼마예요?"라는 질문은 성립하기 어렵다. 하나의 기준으로 묶을 수 없다는 점이 오히려 권력의 언어가 됐다. 고대 왕실에서 21세기의 경매장까지, 그 차이를 읽어내는 눈이 곧 서열이 되었다.

◇◇◇

3,500년을 살아남은 금의 힘

기원전 1500년, 이집트인은 파라오의 무덤에 금을 쌓아두었다. 그로부터 3,500년이 지났지만, 경제가 흔들릴 때 사람들의 반응은 거의 달라지지 않았다. 주식시장이 급락하거나 불안한 뉴스가 이어질 때 많은 사람이 별다른 설명 없이도 같은 생각을 떠올린다. '금이나 살까?' 누가 그렇게 하라고 가르쳐준 것도 아닌데, 왜 그런 생각이 드는 걸까? 학습의 결과라기보다는 오랜 시간에 걸쳐 몸에 밴 반사에 가깝다.

　　　　　나는 금 대신 보석을 산다

강바닥에서 금 조각을 처음 건진 고대인은 무엇을 떠올렸을까? 태양에서 떨어진 파편이라 여겼다는 기록이 남아 있다. 충분히 그럴 만하다. 그 색과 광택을 보고도 태양을 떠올리지 않는 것이 오히려 이상하다. 금이 수천 년을 살아남은 건 녹슬지 않고, 쪼개도 성질이 변하지 않으며, 한눈에 알아볼 수 있어서다. 왕이 두르든 노예가 주웠든 상관없다. 출처도 주인도 묻지 않는 익명성, 이것이 금의 가장 강력한 생존 전략이었다.

금은 배당도, 이자도 주지 않는다. 그럼에도 위기 때마다 사람들은 금으로 몰린다. 안전해서 모이는 걸까, 사람들이 몰리니 안전해지는 걸까? 아마 후자일 것이다. 금은 굳건함과 안전함을 상징하는, 변하지 않는 물성을 지녔기 때문이다.

물가가 오를 때도 사람들은 금을 떠올린다. 주식이 반 토막 나고 채권마저 흔들릴 때 자금이 향하는 곳은 늘 비슷하다. 화폐가 휴지가 돼도, 정부가 무너져도 금은 끄떡없다. 요즘은 실물을 만질 필요조차 없다. 앱으로 금 ETF를 사고, 은행에서 금 통장을 개설하며, 서울에서 산 금을 다음 날 뉴욕에서 처분할 수 있다. 월곡주얼리산업연구소 조사에 따르면, 국내 민간이 보유한 순금은 약 800톤 규모로 추정된다. 성인 10명 중 일곱은 "가지고 있으면 언젠가 도움이 된다"라고 답하지만, 정작 대부분은 그 금을 거의 쓰지 않는다. 믿고 보유하지만, 잘 움직이지 않는 자산이다. 금융권이 금에 주목하기 시작한 것도 자연스러운 흐름이다.

2025년 한 해 동안 금값은 65퍼센트 상승하며 사상 최고가를 기록했다. 우크라이나 전쟁과 중동 분쟁이 장기화되며 안전 자산 수요가 급격히 늘어난 결과다. 2022년 러시아의 외환 보유고 동결 이후 이 흐름은 더 빨라졌다. 달러에 전부를 맡기는 것이 위험하다는 인식이 퍼지면서 중국과 튀르키예, 인도를 비롯한 신흥국 중앙은행들이 금 매입을 늘리기 시작했다. 2022년 이후 각국 중앙은행의 연간 금 매입량은 1,000톤을 넘었다.

그런데 금은 소유해도 생활 속에서 누리기 어렵다. 실물로 보유하면 금고 대여료가 들고, 집에 두면 도난을 감수해야 한다. ETF나 금 통장은 숫자로만 존재해서 체감이 안 된다. 금괴를 사도 목에 걸 수는 없다. 금고에 넣어두고 가끔 꺼내 확인하는 것, 금과 맺는 관계는 대체로 거기까지다.

◇◇◇

금과 보석 사이, 첫 선택을 위한 질문

2008년 금융 위기 직후 수년 사이 금값은 두 배 이상 올랐다. 비슷한 시기인 2010년, 영국 왕세자비 케이트 미들턴Kate Middleton의 약혼반지가 공개되자 블루 사파이어를 찾는 사람이 급증했고, 스리랑카산 사파이어 가격은 눈에 띄게 상승했다. 두 자산은 서로 다른 방식으로, 서로 다른 계기로 선택의 대상이 된다.

　　　　나는 금 대신 보석을 산다

그렇다고 위기 때는 금, 평온할 때는 보석이라고 단순하게 나눌 수 있을까? 금목걸이를 매일 착용하는 사람이 있고, 보석을 금고에만 넣어두는 사람도 있다. 같은 자산이라도 용도에 따라 의미가 달라진다.

금과 보석은 공급 구조부터 다르다. 금은 채굴량과 재활용률을 비교적 정확하게 추적할 수 있다. 해마다 공급량의 약 25~30퍼센트는 기존 금제품을 녹여 다시 유통한 것이고, 금값이 오르면 이 비율도 높아진다. 가격에 따라 공급이 탄력적으로 움직인다. 다이아몬드, 루비, 사파이어, 에메랄드 같은 천연 보석은 정반대다. 산지가 제한적이고, 언제 얼마나 채굴될지 예측하기 어렵다. 미얀마 모곡 루비, 카슈미르 사파이어, 콜롬비아 무조 에메랄드가 전설이 된 이유도 핵심 광구가 고갈되거나 정치 규제로 과거만큼 산출되지 않기 때문이다.

크리스티와 소더비의 경매 기록을 보면, 희귀 컬러 다이아몬드나 최상급 천연 루비는 지난 20년간 대체로 우상향 곡선을 그려왔다. 카슈미르 사파이어나 미얀마 루비처럼 공급이 사실상 끊긴 보석은 추정가를 크게 웃도는 가격에 낙찰되는 경우도 잦다. 금은 시세 이상으로 팔리지 않지만, 보석에는 프리미엄이 붙을 여지가 있다. 산지, 이력, 소장 경위까지 값에 반영되기 때문이다. 게다가 주얼리는 금과 보석이 하나의 형태 안에 결합돼 있어서, 금값이 오르는 국면에서 소비자는 기초 소재의 가치가 함께 올라간다는 안도감을 갖게 된다.

14만 년 전 모로코의 한 동굴에서 발견된 조개껍데기 구슬은 선사시대부터 인류가 희귀하고 아름다운 것에 가치를 부여해왔다는 증거다. 보석의 규격과 시세표는 한참 후에야 덧붙여진 개념이다. 그 해안에서 구슬을 꿰던 사람과 2026년 강남에서 다이아몬드를 고르는 사람 사이에는 아득한 시간이 놓여 있다. 살아가는 환경도, 지불하는 가격도, 유통되는 방식도 모두 달라졌다. 그럼에도 아름답고 빛나는 것 앞에서 마음이 끌리는 본능만큼은 크게 다르지 않다.

금은 유동성과 시세 투명성에서 실물 자산 중 가장 신뢰도 높은 자산이다. 포트폴리오에 금이 있다면, 다음이 보석이다. 소비자가 실제로 만나는 보석은 대부분 주얼리의 형태로 거래된다. 몸에 걸칠 수 있고, 부피 대비 가치 밀도는 실물 자산 중 가장 높다.

처음 보석을 선택하는 사람이라면 스스로 점검할 것들이 있다. 급할 때 바로 현금화할 수 있어야 하는가, 아니면 오래 보유해도 괜찮은가? 형태를 유지한 채 물려줄 것인가, 필요할 때 나누어 처분할 수 있으면 되는가? 유동성이 급하다면 금이 먼저다. 시간을 두고 보유할 수 있고, 형태 그대로 다음 세대까지 넘기고 싶다면, 보석을 함께 두는 것이 어울린다. 실물 자산에 배정한 예산의 절반을 금으로 먼저 확보하고, 나머지로 감정서가 확실한 보석을 한 점씩 더해가는 방식도 현실적인 방법이 된다.

　　나는 금 대신 보석을 산다

보석을 처음 선택하는 단계라면 부피 대비 가치가 높은 것을 기준으로 삼는다. 수억 원대 컬렉터 피스부터 시작할 필요는 없다. 국제 감정서가 확실한 상급 다이아몬드나, 신뢰할 수 있는 기관에서 품질이 검증된 루비, 사파이어, 에메랄드가 출발점으로 적합하다. 현재 시장 상황에 따라 비중을 조율하되, 감정서와 수요층의 확보 여부를 먼저 따진다. 다이아몬드는 동일 스펙이라면 지역이 바뀌어도 시세 차이가 상대적으로 덜하고, 유색 보석은 시장마다 가격 편차가 크므로 현지 전문가 확인이 더욱 중요하다. 보석을 선택했다면 감정서와 감별서는 반드시 갖춰야 한다. 재판매 가능한 다이아몬드나 유색 보석 위주로 고르고, 금 주얼리를 함께 구성한다면 18K 이상을 기준으로 삼는 것이 좋다.

보석은 어디서 어떻게
사야 할까

◇◇◇

보석을 사는 다섯 가지 경로

보석을 처음 구매하는 사람에겐 가격이나 감정 기준도 어렵지만, 더 막막한 건 어디로 가야 할지 모른다는 점이다. 금은 금거래소나 은행에서 사고, 주식은 앱을 깔면 된다. 보석은 어디로 가야 할까? 백화점 명품관? 종로 귀금속거리? 아니면 인터넷? 검색하면 선택지가 쏟아지는데, 기준이 없으면 오히려 혼란스럽다.

다이아몬드는 라파포트 프라이스 리스트가 도매 기준가를 매주 업데이트하고, 팬시 컬러는 FCRF 팬시 컬러 인덱스, 럭셔리 자산 전체 흐름은 나이트 프랭크 럭셔리 인베스트먼트 인덱스가 참고 기준이 된다.

같은 스펙의 보석이라도 어느 시장에서 누구와 거래하느냐에 따라 가격은 판이하게 달라진다. 국제 시세가 기준이 되는 공적 시장에서는 객관적인 등급이 가격을 결정하지만, 정보가 폐쇄적인 개인 거래에서는 판매자의 영업력과 구매자의 정보력 차이가 가격을 좌우한다. 보석을 감별하는 안목은 출발점일 뿐, 정보력이 쌓여야 비로소 신뢰할 수 있는 거래처가 보인다.

보석을 사는 경로는 크게 다섯 가지로 나뉜다. 브랜드 매장, 독립 보석상, 디자이너 주얼리, 온라인과 홈쇼핑, 경매다. 어느 한 곳이 정답이라고 말하기는 어렵다. 목적과 경험치에 따라 출발점이 달라지기 때문이다.

백화점과 브랜드 매장

가장 편안한 출발점은 백화점이나 브랜드 매장이다. 보통 명품관에 입점한 해외 럭셔리 브랜드들이 있고, 저층부 주얼리 코너에는 국내 브랜드들이 자리한다. 해외 브랜드는 가격대가 높은 대신 글로벌 AS 시스템과 일관된 품질관리가 강점이다. 국내 브랜드는 상대적으로 접근성이 좋고, 백화점 유통이 주는 신뢰가 있다. 공통된 장점은 가품에 대한 걱정이 적고, 문제가 생겼을 때 공식적인 해결 창구가 분명하다는 점이다. 첫 구매라면 이 경로에서 시작해도 무리가 없다. 같은 브랜드라도 매장마다 보유 재고가 다를 수 있으니 여러 지점을 둘러보는 편이 낫고, 시즌에 따라 사은품이나 조건부 혜택이 붙는 경우도 있다.

독립 보석상

브랜드 이름보다 보석 자체를 중점적으로 보고 싶다면 독립 보석상을 찾으면 된다. 종로나 남대문처럼 보석상이 밀집한 거리도 있고, 동네 상권에 자리 잡은 오래된 매장도 있다. 귀금속·보석 관련 협회에 등록된 곳이라면 최소한의 거래 기준과 이력은 기대할 수 있다. 이곳에서는 브랜드 스토리보다 산지, 처리 여부, 색, 투명도, 컷 같은 보석 자체의 조건이 대화의 중심이 된다. 직접 손에 올려보고, 조명을 바꿔가며 확인할 수 있다는 것도 장점이다. 비슷한 조건의 보석을 나란히 놓고 비교하는 것은 온라인에서는 경험하기 어렵다. 보석을 배우고 싶으면 이 경로가 가장 현실적이다.

독립 보석상의 스펙트럼은 넓다. 나석만 전문으로 취급하는 곳도 있고, 호텔 아케이드에 자리한 고급 매장도 있다. 원하는 보석을 구해다 주는 곳이 있는가 하면, 세팅 없이 나석만 바로 살 수도 있다. 매장마다 전문성과 안목 차이가 크기 때문에 발품이 필요하지만, 그만큼 조건 대비 합리적 선택지를 만날 가능성도 있다. 간판보다 업력과 평판을 먼저 확인하는 것이 순서다.

보석상에서는 질문을 많이 하는 쪽이 유리하다. 무엇을 물어봐야 할지 모르겠다면, 순서만 기억하면 된다. 유색 보석이든 다이

　　나는 금 대신 보석을 산다

아몬드든 첫 질문은 같다.

"이 보석은 천연인가요, 합성인가요?"

여기서부터 질문의 방향이 갈라진다. 루비, 사파이어, 에메랄드처럼 고가 시장이 형성된 유색 보석은 이미 감별서를 갖춘 경우가 많다. 크기가 작은 경우에는 비용 문제로 생략하기도 한다. 감별서가 있다면 그것을 함께 보면서 설명해달라고 하면 된다.

첫 판단 기준은 색이다. 톤과 채도가 충분히 살아 있는지를 먼저 묻는다.

"이 보석의 색은 같은 종류 안에서 어느 정도 수준인가요?"

색 다음은 투명도다. 확대경이나 육안으로 내포물의 위치와 분포를 확인한다. 이후 감별서에 기재된 처리 내용을 짚는다. 루비와 사파이어라면 열처리 여부가 핵심이다. 열처리가 어느 정도로 되어 있는지를 꼭 확인하자. 다만 이 질문은 일정 가격대 이상의 보석에서 의미가 있다. 일정 가격대 이하의 루비나 사파이어는 열처리가 기본 전제이기 때문이다.

에메랄드는 접근 방식이 다르다. 열처리가 아니라 오일 처리의 유무와 정도가 가치 판단의 기준이다. "오일 처리는 어느 정도로 기록돼 있나요?"라는 질문을 던지면 보석상은 이 손님이 기준을 갖고 있다는 사실을 알아차린다. 물론 이 역시 고가 에메랄드에 해당하는 이야기다. 고가가 아닌 구간에서는 오일 처리가 상당량 들어간 상태가 일반적이라, 등급을 따지는 실익이 크지 않다. 대부분은 이때부터 산지, 색의 특징, 현재 시장에서 위치까지 함께 설명해준다. 다만 산지는 감별서 없이 확정할 수 없다. 보석상의 답변은 어디까지나 경험에 기반한 추정이다. 감별서 발급이 가능한지 꼭 물어봐야 한다.

반면 루비, 사파이어, 에메랄드가 아닌 다른 유색 보석에서는 처리 여부보다 색의 인상, 투명도, 컷, 중량, 전체 균형이 더 중요하게 작용하는 경우가 많다. 이때는 보석의 장점을 어떻게 설명하는지를 보는 편이 현실적 판단 기준이 된다. 컬러와 투명도는 앞서 설명한 방식으로 확인한다.

다이아몬드는 접근 방식이 다르다. 천연이라는 답이 나오면 바로 감정서와 등급으로 들어간다. GIA 같은 공신력 있는 기관의 것이라면 기본은 갖춘 셈이다. 이후에는 "컬러와 투명도clarity는 어느 정도인가요?" "컷 등급은 어떻게 나오나요?"라는 질문으로 이어간다. 여유가 있다면 형광 유무와 정도까지 묻는 것이 좋다.

유색 보석이든 다이아몬드든 이 정도 질문만 해도 충분히 기준을 갖춘 대화를 할 수 있다. 답변이 모호하거나 질문을 불편해한다면 그 자체가 판단 기준이다.

가격 협상도 가능하다. 브랜드 매장은 정찰제이지만 독립 보석상은 상태, 세팅 여부, 구매 방식에 따라 조정 여지가 있다. 다만 처음부터 가격 이야기를 꺼내기보다 보석에 대한 설명을 충분히 들은 뒤 정중하게 제안하는 것이 낫다. 터무니없는 가격을 부르

 나는 금 대신 보석을 산다

면 대화는 바로 끊긴다. 여러 점을 함께 보거나 세팅까지 맡길 계획이라면 조건이 더 좋아질 수 있다. 바쁜 시즌보다는 비교적 한가한 평일 오후가 대화를 나누기에 유리하다.

처음 방문한 매장에서 바로 구매할 필요는 없다. 두세 곳을 돌아보고, 비슷한 조건의 보석을 비교한 뒤 결정해도 늦지 않다. 좋은 보석상은 이런 과정을 이해하고, 다시 찾아온 손님을 더 신뢰한다. 오래 거래할수록 더 좋은 조건을 제안하기도 한다. 관계를 쌓아가는 것도 보석 구매의 일부다.

디자이너 브랜드

남들과 같은 디자인이 싫다면 디자이너 주얼리가 대안이다. 대형 브랜드의 인기 제품은 완성도가 높지만, 그만큼 익숙한 디자인이 반복된다. 그 틀에서 벗어나고 싶은 사람들이 디자이너 브랜드를 찾는다. 디자이너 주얼리는 개인의 미학이 전면에 드러난다. 비정형 컷, 독특한 세팅, 실험적 금속 마감이 특징이고, 소량 생산이 기본이어서 착용했을 때 남과 겹칠 가능성도 낮다.

다만 눈을 똑바로 뜨고 봐야 할 부분이 있다. 디자이너 주얼리는 보석의 스펙보다 디자인과 작가성에 가치가 실리는 경우가 많다. 같은 예산이라면 보석의 등급이나 크기는 독립 보석상보다 불리할 수 있고, 브랜드 인지도가 낮으면 환금성도 제한적이다. 디자이너가 활동을 멈추면 브랜드 가치도 함께 흔들릴 수 있다.

디자이너 주얼리는 투자보다 취향의 영역에 가깝다. '이 디자이너의 세계관이 좋고, 오래 착용할 수 있겠다'는 확신이 들 때 선택하면 좋다. 백화점 편집숍, 갤러리형 쇼룸, 또는 디자이너 직영 공간에서 만날 수 있다. 디자인에 끌렸더라도 보석의 정보, 감정서 제공 여부, AS 범위는 반드시 확인해야 한다.

온라인과 홈쇼핑

온라인과 홈쇼핑은 편리하지만 가장 주의가 필요한 구매 경로다. 11년간 한국소비자분쟁조정위원회 전문위원으로 활동하면서 온라인 주얼리 관련 분쟁을 적지 않게 접했는데, 양상은 대체로 비슷했다. 사진에서는 선명한 블루 사파이어처럼 보였는데 받아보니 회색빛이 도는 경우, 사진에서는 보이지 않던 흠집이 실제로는 뚜렷하게 드러나는 경우 등이다. 모니터 설정, 조명 환경, 카메라 보정 등에 따라 같은 보석도 전혀 다르게 보일 수 있다. 일부 판매자의 경우 색을 과장하거나 결점을 충분히 설명하지 않는다. 위조품은 더욱 교묘하다.

목포의 한 보석상에서 있었던 일이다. 온라인에서 중고로 산 까르띠에 러브 팔찌를 팔겠다며 매입을 요청한 손님이 있었다. 각인도 있고, 케이스와 보증서도 다 갖춰져 있었다. 그런데 의구심 끝에 절단해 본 단면은 기괴했다. 외피만 얇게 금을 입히고, 속은 텅스텐으로 가득 채운 위조품이었다. 브랜드도, 보증서도, 케

 나는 금 대신 보석을 산다

이스도 가짜, 전부 세트로 위조한 중국산이었다.

그렇다고 온라인 구매가 모두 위험하다는 뜻은 아니다. 반품 조건을 먼저 확인하고, 감정서 제공 여부와 AS 책임 주체를 분명히 따진다면 충분히 활용할 수 있다. 다만 가격이 지나치게 낮다면 그 이유를 한 번쯤 의심해볼 필요는 있다.

경매

경매는 보석 구매의 또 다른 경로다. 크리스티, 소더비, 필립스 같은 글로벌 경매뿐 아니라 국내에서도 서울옥션과 케이옥션을 통해 개인 참여가 가능하다. 응찰로 경쟁하는 비딩 방식이 있고, 바로 구매할 수 있는 프라이빗 세일도 있다. 크리스티나 소더비의 매그니피센트 주얼스 경매에서는 희귀한 보석을 만날 수 있고, 출처가 분명하거나 유명인이 소장했던 보석처럼 이력 자체가 가치를 더하는 경우도 있다. 파인 주얼스 경매는 문턱이 낮다. 소형 다이아몬드나 빈티지 피스가 주로 나온다. 경매 입문자나 실착용 목적이라면 여기서 시작하는 편이 현실적이다.

다만 경매는 경쟁을 전제로 한 시장이다. 원하는 가격에 낙찰된다는 보장이 없고, 낙찰가 외에 별도의 수수료가 붙는다. 구조를 고려하면 경매는 보석 구매의 출발점이라기보다는 어느 정도 경험이 쌓인 뒤 접근하는 것이 안전하다.

어디서 사든 감정서나 감별서는 반드시 챙겨야 한다. 보석의 신분증이라고 생각하면 된다. GIA처럼 감정서 번호로 온라인 조회가 가능한 경우도 있지만, 유색 보석은 여전히 종이 원본이 기준이다. 분실하면 재발급 대신 보석을 다시 제출해 재감정을 받아야 한다. 감정서를 잃어버리면 보석 상태와 이력을 공식적으로 증명하기 어려워진다. 구매 후에도 안전하게 보관해야 하고, 만약을 대비해 사진으로 기록을 남겨두는 것이 좋다.

보석 구매에 정답 경로는 없다. 처음이라면 안전한 곳에서 시작하고, 경험을 쌓으며 보석 자체를 보는 눈을 키우면 된다. 브랜드 매장이든 믿을 만한 보석상이든 발품을 팔 의지만 있으면 누구나 시작할 수 있다.

 나는 금 대신 보석을 산다

보석 입문자를 위한
첫 구매 상식

보석을 살 때 속아본 경험이 있는가? 스리랑카 콜롬보의 보석 딜러 쇼룸에서였다. 검은 트레이 위에 블루·핑크·옐로우 사파이어가 쏟아졌다. 한 시간쯤 골랐을까, 옐로우 사파이어 두 개가 눈에 들어왔다. 색이 유난히 선명하고, 가격도 나쁘지 않았다. 현지 감별서도 있었다. 공항으로 가는 길에 서둘러 거래를 마쳤는데, 지금 생각하면 그 조급함이 문제의 시작이었다.

한국에 돌아와 현미경으로 하나하나 살펴보는데, 옐로우 사파이어 하나가 유독 눈에 걸렸다. 천연 치고는 내포물이 거의 없고 색도 아주 고르게 퍼져 있었다. 뭔가 이상하다는 느낌에 곧바로 택시를 잡아 감정원으로 향했다. 베릴륨beryllium 처리 여부를 확인하려면 특수 검사가 필요한데, 결과가 나오기까지 2~3일은 걸린다는 답변이 돌아왔다. 베릴륨은 원자가 워낙 작아서 일반 현미경으로는 확인이 불가능해 기다릴 수밖에 없었다.

며칠 뒤 감정원에서 전화가 왔다. 역시나 베릴륨 확산 처리였다. 섭씨 약 1,800도의 고온에서 베릴륨을 결정 내부 깊숙이 침투시켜 색을 강화하거나 바꾸는 방식이다. 천연 사파이어는 맞지만 재거래할 때는 비처리 사파이어와는 아예 다른 급으로 취급된다. 같은 색, 같은 크기처럼 보여도 비처리 사파이어에 비해 가치가 크게 떨어지고 매입가도 별도로 책정된다. 색을 인위적으로 바꿨으니 당연한 결과다.

베릴륨 확산 처리가 상업적으로 본격화한 건 2001년 태국 찬타부리Chanthaburi에서였고, 이후 옐로우, 오렌지, 핑크는 물론 블루 사파이어와 루비까지 거의 모든 색상에 적용해왔다. 내가 산 옐로우 사파이어가 바로 그 범주에 속했다. 감정원에 따라 'low elements' 또는 'light elements'로 표기하는 경우도 있는데, 표현은 완곡해도 재거래 시장에서는 베릴륨 확산 처리와 동일하게 취급된다.

딜러가 건넨 콜롬비아 감정원의 감별서에는 '천연 옐로우 사파이어'라고 적혀 있었다. 합성석은 아니니까 틀린 말은 아니다. 다만 베릴륨 처리 여부는 어디에도 없었다. 함께 산 다른 사파이어는 다행히 문제가 없었고, 딜러에게 환불을 요청하자 자신도 몰랐다며 콜롬보에는 베릴륨을 제대로 감별할 감정원이 드물다

     나는 금 대신 보석을 산다

고 해명했다. 오랫동안 이 업계에 있으면서도 한순간 방심하니 이런 일이 벌어진다. 감별서가 있다고 안심할 수 있을까? 서류의 존재뿐 아니라, 어느 감정원에서 무엇을 검사했는지도 중요하다. 외관이 화려한데 가격이 낮다면 감정서에서 먼저 확인해야 할 문구가 있다. '납 유리 충전glass filling'은 납 유리로 균열을 메운 것으로 자산 가치가 없다.

한 가지 분명히 해두자. 베릴륨 처리 사파이어나 루비가 무조건 나쁘다는 이야기가 아니다. 시장은 다양한 가격대가 공존해야 돌아가는 법이고, 처리된 보석도 제 역할이 있다. 문제는 투명성이다. 소비자는 자신이 지불한 가격이 어떤 가치에 근거한 것인지 알 권리가 있고, 판매자는 처리 여부를 확인하고 명확히 고지할 책임이 있다.

◇◇◇

감정서 · 감별서 · 인증서의 차이

다이아몬드에는 세계 공통언어가 있다. 1940~1950년대 GIA가 정립한 4C가 그것이다. D(컬러), VVS1(투명도)이라고 적혀 있으면 뉴욕이든 홍콩이든 서울이든 같은 의미로 통한다. 네 가지 항목이 다이아몬드의 가치를 설명하는 표준이기 때문이다. 다만 그 의미가 완전히 일치하는 것은 같은 감정원의 감정서일 때다.

하지만 루비나 사파이어 같은 유색석은 다르다. 미얀마산 비가열 루비와 모잠비크산 가열 루비를 어떻게 같은 척도로 재겠는가? 유색 보석은 산지와 처리 방식, 내포물의 종류가 저마다 다르고, 가격에 미치는 영향도 제각각이다. 그래서 등급표 대신 정체를 밝히는 신분증을 발급하는데, 이것이 '감별서'다.

몇 년 전 지인에게서 전화가 왔다. 루비 감별서를 받았는데 4C 등급이 없다며 제대로 된 서류가 맞냐고 물었다. 4C는 다이아몬드 감정서에만 적용되는 체계라고 설명하자 오히려 혼란스러워했다. 같은 보석인데 왜 다이아몬드에는 있고 어떤 것은 없느냐는 것이다. 이런 혼란은 '인증서' 혹은 '서티피케이트certificate'라는 표현에서 더 커진다. 보석상이나 딜러와 거래하다 보면 이 단어를 자주 듣는다.

하지만 여기에는 중요한 차이가 있다. 서티피케이트는 본래 '특정 정보가 사실임을 공식 인증한다'는 뜻이지만, 감정원이 발급하는 문서는 인증이 아니라 의견에 가깝다. 그래서 주요 감정원들은 공식 명칭으로 '리포트report'라는 용어를 사용한다. GIA 역시 공식 문서에서 서티피케이트라는 표현을 쓰지 않는다. 나석에 대해 발급하는 정식 명칭은 'GIA Diamond Grading Report'이고, 0.15~1.99캐럿 D~Z 천연 다이아몬드에는 간략형인 'GIA Diamond Dossier'를 쓴다. 최근에는 일부 소형 스톤을 대상으로 한 디지털 전용 리포트도 도입됐다. 감정이 의견에 기반한 만큼

 나는 금 대신 보석을 산다

감정원에 따라 결론이 달라질 수 있고, 오류 가능성도 존재한다. 문제는 업계에서 이 차이를 종종 구분 없이 사용한다는 점이다. 소비자가 혼란을 느낄 수밖에 없는 구조다.

반면 까르띠에나 티파니가 발급하는 정품 보증서는 성격이 다르다. 이는 '해당 제품이 자사에서 제작한 제품임을 보증한다'는 문서로, 루이비통 가방을 살 때 받는 정품 카드와 같은 범주에 속한다.

홍콩의 한 보석상에서 목격한 장면이다. 고객이 다이아몬드 반지를 팔기 위해 매장을 찾았고, 감정서도 함께 내밀었다. 그런데 감정서를 발급한 곳이 처음 보는 중국 현지 감정원이었다. 결국 고객은 국제 감정원에서 재감정을 받아야 했고, 거래는 일주일 넘게 지연됐다. 매장 주인에게는 보석의 상태 못지 않게, 그 보석을 증명해주는 서류가 중요하다. 서류가 신뢰를 얻지 못하면 거래가 시작되기 어렵다.

앞에서 주요 감정원의 역사와 역할을 다뤘으니, 여기서는 실용적인 부분만 짚겠다. 다이아몬드는 국제시장에서 GIA의 영향력이 압도적이다. 디지털 감정서와 종이 감정서를 병행하고, QR코드나 앱으로 진위 확인이 가능하다. 최근에는 드비어스의 블록체인 플랫폼과 협력해 원산지 정보까지 추적할 수 있다.

방콕은 유색 보석의 중심지답게 감정원이 밀집해 있다. 1978년 문을 연 AIGS가 가장 오래됐고, 태국 정부가 운영하는 GIT는 비용이 합리적이어서 현지 딜러들이 즐겨 찾는다. 로터스 제몰로지Lotus Gemology는 루비와 사파이어 전문 감정원으로 명성이 높고, 길드Guild는 제다이 스피넬Jedi Spinel 같은 상업적 컬러 명칭을 만들어낸 곳으로 알려져 있다. 2024년에는 귀벨린까지 방콕에 상설 연구소를 열었다. 원석이 모이면 감정원이 생기고, 감정원이 자리 잡으면 거래가 빨라진다. 방콕은 그 구조가 가장 선명하게 드러나는 도시다.

국내 감정서는 국내 거래에서만 통한다. 해외 경매나 딜러 거래를 염두에 둔다면 글로벌 통용성이 확인된 리포트를 받아두어야 한다. 같은 루비라도 발급 기관에 따라 시장 신뢰도와 낙찰가에 영향을 줄 수 있다. 다음의 표는 주요 글로벌 감정 기관을 비교 분석한 자료다.

[주요 글로벌 감정 기관 비교표]

기관명	소재지	주요 강점	경매 시장 인지도	비고
GIA	미국(뉴욕·칼스배드), 홍콩, 방콕 등	− 다이아몬드 4C 기준 국제 표준 정립	최상위 (다이아몬드 기준)	다이아몬드 감정의 사실상 글로벌 기준
SSEF	스위스(바젤)	− 비영리 스위스 연구 재단 기반 − 유색석·진주 산지 처리 − 과학적 분석 강점	최상위	유색석 분야 경매 시장 최고 권위

나는 금 대신 보석을 산다

귀벨린	스위스(루체른), 홍콩, 뉴욕, 방콕	– 방대한 레퍼런스 컬렉션 기반 – 카슈미르·미얀마·콜롬비아 산지 판정 신뢰도 높음	최상위	SSEF와 함께 스위스 양대 기관
AGL	미국(뉴욕)	– 유색석 전문 감정원 – 컬러·품질 세밀 수치화 – 엄격한 기준으로 업계 신뢰	최상위	크리스티·소더비 중요 유색석 감별 다수 담당
GRS	스위스(메겐), 홍콩, 방콕, 뉴욕 등	– 피전 블러드 루비, 로얄 블루 사파이어 등 색상 용어를 정립해 업계에 확산시킨 선도 기관	상위	아시아 유색석 시장에서 특히 높은 신뢰도

◇◇◇

감정서를 감별하는 법

위조 감정서를 본 적이 있다. 고유번호도 있고 로고도 선명한데, 홀로그램 스티커만 빠져 있었다. 혹시나 하는 마음에 번호를 조회했더니 등록되지 않은 번호였다. 이런 사례가 생각보다 흔하다. 요즘은 고해상도 프린터와 편집 프로그램의 완성도가 높아지면서 위조 서류도 아주 그럴듯해졌다. 그래서 홀로그램 스티커, QR코드, 진위 확인 마크는 반드시 확인해야 한다.

GIA는 감정서마다 육안으로는 보이지 않는 초미세 문자, 특수 잉크, 홀로그램을 적용해 위조를 막고 있다. 자외선램프를 비추면 숨은 패턴이 드러나고, 스마트폰 앱으로 QR코드를 스캔하면 실시간으로 진위를 확인할 수 있다. 문제는 이런 장치가 존재한다는 사실을 모른 채 여전히 가짜 서류에 속는 소비자가 적지 않다는 점이다.

감정서에 적힌 정보는 하나하나 대조해야 한다. 무게, 치수, 색상 중 하나라도 맞지 않으면 의심하는 게 맞다. 'D컬러'라고 적혀 있는데 육안으로도 노란 기가 느껴진다면? 무게를 재봤더니 감정서보다 0.05캐럿이 가볍다면? 그 감정서는 다른 보석의 것일 가능성이 크다. 다이아몬드라면 4C 등급을 실물과 대조해보고, 유색 보석이라면 천연 여부와 처리 유무 및 원산지를 순서대로 확인해야 한다.

수천만 원대 이상 다이아몬드나 고가의 유색 보석을 살 때는 감정서나 감별서가 있더라도 판매자와 이해관계가 없는 제삼자의 확인을 거치는 것이 안전하다. 감별서는 장비와 데이터에 기반한 공식 의견이지만, 실물의 상태를 모두 담아내지는 못한다. 컷의 균형, 내포물의 위치, 마모 흔적이나 리세팅 여부 같은 요소는 문서가 아니라 실물을 봐야 드러난다.

감정서를 분실했을 경우, 다이아몬드는 비교적 대응하기가 쉽다. GIA에서 감정받은 다이아몬드는 고유번호로 앱이나 웹사이트에서 언제든 조회할 수 있다. 종이 문서는 분실하거나 위조될 가능성이 있지만, 디지털 기록은 최소한 정보의 진위를 교차 확인할 수 있다.

유색 보석은 상황이 다르다. 표준화한 등급 체계가 없어 감별서만 발급되고, 천연 여부와 원산지 및 처리 유무가 가격을 크게

   나는 금 대신 보석을 산다

좌우한다. 귀벨린이 2019년부터 유색 보석용 블록체인 시스템을 운영하고 있지만, 아직 업계 전체로 확산하지는 않았다. 대부분의 유색 보석은 여전히 종이 감별서에 의존한다.

◇◇◇

빛이 만드는 착시 현상

오래전 한 보석상에서 루비를 본 적이 있다. 매장 안에서는 불타는 듯한 붉은색이었는데, 밖으로 나가 자연광에서 보니 핑크기가 도드라졌다. 다시 매장으로 들어가자 색은 또다시 깊어졌다. 처음에는 내 눈이 이상한가 싶었다. 알고 보니 매장 조명이 원인이었다. 따뜻한 색온도의 할로겐 조명이 루비의 붉은 파장을 강하게 끌어올린 것이다.

보석 매장의 조명은 정밀하게 설계된다. 많은 매장에서 4,500~5,500K, 자연광에 가까운 색온도의 조명을 기본으로 사용하는데, 진열 목적에 따라 조합은 달라진다. 루비나 가닛처럼 적색 계열을 강조하고 싶을 때는 2,700~3,000K의 따뜻한 조명을 부분적으로 섞기도 한다. 조명이 보석의 물리적 색 자체를 바꾸는 것은 아니지만, 특정 파장을 강조하면 우리 눈에는 색이 더 깊고 채도가 더 높게 느껴질 수 있다. 따뜻한 조명에서는 루비의 붉은 기가 한층 농밀해 보이고, 차가운 조명에서는 사파이어의 푸른색이 또렷해진다.

이 효과는 보석의 성분과 구조에 따라 차이가 난다. 알렉산드라이트가 대표적 예다. 자연광에서는 녹색으로 보이다가 백열등 아래에서는 붉은색으로 변한다. 업계에서 "낮에는 에메랄드, 밤에는 루비"라고 부르는 이유다. 보석 안에 포함된 크롬 성분이 빛의 파장에 따라 다르게 반응하기 때문이다.

보석상 지인에게서 들은 이야기다. 탄자나이트 펜던트를 구입한 고객이 매장에서는 선명한 파란빛이었는데, 집에 가져가니 보라색이 강하게 돈다며 항의했다고 한다. 판매자는 탄자나이트가 조명과 관찰 각도에 따라 색이 달라 보이는 보석이라고 설명했지만, 고객은 쉽게 납득하지 못했다.

같은 보석이라도 집에서는 매장에서 느꼈던 생생함이 덜할 수 있다. 매장에서는 색을 가장 자연스럽고 선명하게 보여주는 고품질 조명을 쓰는 반면, 가정에서는 조명 종류와 환경이 제각각이기 때문이다. 특히 탄자나이트나 투르말린처럼 보는 각도에 따라 색이 달라지는 다색성 보석은 조명 환경에 따라서도 인상이 크게 바뀐다.

보석을 고를 때는 한 가지 조명에만 의존하지 않는 것이 좋다. 창가의 자연광에서 먼저 보고, 매장 조명 아래에서 다시 확인한 뒤, 가능하다면 밖으로 나가 한번 더 살펴본다. 업계에서는 아예 "테이블 밑에서도 보라"는 말을 쓴다. 일부러 빛이 약한 조건에

　나는 금 대신 보석을 산다

서 색이 얼마나 유지되는지, 내포물이 갑자기 눈에 띄지는 않는지를 확인하라는 뜻이다. 조명이 걷힌 순간에도 색의 중심이 무너지지 않는 보석은 기본 체력이 다르다.

실제 착용 환경을 떠올리는 것도 중요하다. 저녁 모임에 주로 착용할 보석이라면 따뜻한 조명 아래에서, 일상적으로 착용할 보석이라면 사무실 조명 아래에서 확인하는 것이 안전하다. 매장에서 본 색이 어떤 환경에서도 그대로 유지되리라 기대하는 것은 현실적이지 않다.

◇◇◇

보석의 완성, 세팅이 결정한다

같은 나석이라도 어떻게 고정하느냐에 따라 인상이 완전히 달라진다. 가장 기본 방식은 프롱 세팅prong setting이다. 4~6개의 작은 금속 발로 보석을 잡아주는 구조로, 티파니의 6프롱 다이아몬드 반지가 대표적이다. 보석이 가장 또렷하게 드러나고, 빛이 사방에서 들어와 반짝임을 극대화한다. 다만 옷에 걸리기 쉽고, 프롱이 휘거나 마모되면 보석이 빠질 위험이 있어 유의해야 한다.

매일 착용할 보석이라면 베젤 세팅bezel setting이 더 실용적일 수 있다. 금속 테두리로 보석을 완전히 감싸는 방식인데, 안정감이 크고 모던한 느낌을 준다. 활동량이 많거나 관리에 신경 쓰기 어

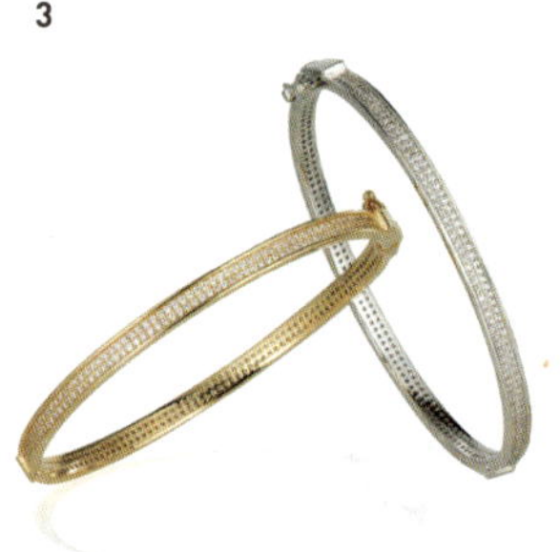

1 　프롱 세팅 반지. 메인 에메랄드와 양옆의 다이아몬드를 최소한의 금속으로 고정해 각각의 색과 광채를 선명하게 드러낸다. ⓒTheps Arche

2 　베젤 세팅 반지. 스톤을 외부 충격으로부터 보호하는 동시에 현대적이고 정갈한 인상을 준다. ⓒMinetani

3 　파베 세팅 팔찌. 작은 다이아몬드를 빈틈없이 채워 금속면이 보이지 않을 만큼 극대화된 광채를 선사한다. ⓒTani by Minetani

려운 경우에 적합하다. 빛의 유입은 프롱보다 제한적이지만, 그만큼 보호력은 높다.

화려함을 원한다면 파베 세팅을 추천한다. 작은 다이아몬드를 촘촘히 세팅하는 방식으로, 파베pavé는 프랑스어로 '포장도로'를 뜻한다. 보석이 실제보다 크고 화려하게 보이지만, 작은 다이아몬드가 빠질 가능성이 있어 정기적으로 점검이 필요하다.

같은 1캐럿 다이아몬드라도 프롱 세팅은 클래식하고 우아하게, 베젤 세팅은 모던하고 절제된 인상을 자아낸다. 반면 파베 세팅은 화려하고 드라마틱한 효과를 준다. 세팅이 잘된 보석은 가격대와 상관없이 자주 손이 가지만, 세팅이 어색하면 아무리 값비싼 보석이어도 서랍 속에 머물기 쉽다.

스리랑카에서 구입한 옐로우 사파이어를 환불받기까지 두 달이 소요됐다. 딜러를 설득하고, 감별서를 다시 검증받고, 국제 송금을 처리하느라 시간이 걸렸다. 결국 돈은 돌아왔지만, 시간은 돌아오지 않았다.

보석을 살 때 가장 위험한 순간은 눈앞의 화려함에 마음이 앞설 때다. 고가 보석이라면 공신력 있는 감정서와 신뢰할 수 있는 판매처가 모두 필요하고, 중저가 보석이라면 최소한 판매처만큼은 믿을 만해야 한다. 어떤 서류도 완벽하지 않고, 감정원 역시 실수할 수 있다. 그렇다고 아무것도 확인하지 않은 채 구매하는 건 위험하다. 확인할 수 있는 것은 끝까지 확인하는 것, 이게 이 시장에서 직접 부딪히며 확인한 원칙이다.

100년을 버티는
브랜드의 조건

무게도 색감도 비슷한 금팔찌 두 개가 있다. 매장을 찾아온 고객이 두 팔찌를 번갈아 착용해보더니 각인이 있는 것을 손목에 올린 채 "이건 얼마예요?"라고 물었다. 셀러가 가격표를 가리킨다. 차이라곤 안쪽에 새겨진 작은 브랜드 각인뿐이었는데, 가격은 4,000달러나 차이가 났다. 2025년 6월, 라스베이거스 앤티크 주얼리 페어에서 본 장면이다.

그해 상반기 금값은 연일 사상 최고치를 경신하고 있었다. 수십 년 묵은 주얼리가 미국 전역에서 쏟아져나왔고, 뉴욕의 한 빈티지 상점은 1970년대 주얼리 재고를 일주일 만에 완판시킬 정도였다. 라스베이거스 페어는 그 열풍의 정점이었고, 매출은 역대급 호황에 가까웠다.

나는 금 대신 보석을 산다

나는 디자인이 비슷하다면 브랜드보다 금 함량이 선택을 좌우할 거라고 생각했다. 빈티지 주얼리는 시세 반영이 느린 편이니, 금을 우선시하는 소비자라면 기회처럼 보일 수도 있었다. 확인이 필요했다. 기사를 쓸 요량으로 플로리다의 빈티지 주얼리 회사 야파 사인드 주얼스Yafa Signed Jewels에 연락을 넣었다. 요즘 고객들이 무엇을 찾느냐고 묻자 반클리프 아펠, 불가리, 까르띠에 같은 유명 브랜드의 1960~1990년대 골드 주얼리를 찾는 수요가 급증하고 있다는 대답이 돌아왔다. 중고 시장에서도 사람들은 먼저 브랜드를 고른 뒤, 그다음에 금 함량을 확인한다고 했다.

당장 착용할 반지라면 브랜드는 부차적일 수 있다. 하지만 30년 뒤를 떠올리면 이야기는 달라진다. 크리스티, 소더비 같은 국제 경매사와 퍼스트딥스1stDibs, 더 리얼리얼The RealReal, 페이브릴Favril 같은 온라인 리셀 채널의 거래 데이터를 살펴보면 특정 브랜드의 주얼리는 시간이 지나도 감가가 적고, 어떤 것은 오히려 가격이 오른다. 답은 금속의 순도보다 브랜드가 쌓아온 시간과 반복된 거래 기록에 있다.

◇◇◇

반세기를 관통하는 DNA

한동안 뉴욕 출장 때마다 습관처럼 FD 갤러리에 들르곤 했다.

앤티크와 빈티지 주얼리로 손꼽히는 전문 갤러리다. 어느 날 직원이 1970년대 초반의 까르띠에 제품 세 점을 꺼내 보여줬다. 러브 팔찌, 못 모양 팔찌, 그리고 같은 계열의 목걸이였다. 반세기를 훌쩍 넘긴 물건이라 표면에는 세월의 흔적이 묻어 있었지만, 형태만 놓고 보면 지금 부티크 진열장에 두어도 어색하지 않았다. 50년 된 디자인이 현행 모델과 나란히 비교해도 자연스럽다면 뭔가 이유가 있지 않을까?

공교롭게도 세 점 모두 당시 까르띠에의 디자이너 알도 치풀로Aldo Cipullo의 작품이었다. 나폴리 금세공 가문 출신인 그는 20대에 뉴욕으로 건너가 '알도 아메리카노'라는 별명이 붙을 만큼 도시의 에너지에 깊이 빠져 있었다. 1960년대 맨해튼에 자리 잡은 뒤 볼트와 나사, 공사장 철물 등에서 영감을 얻어 '하드웨어를 귀금속으로 승격시키는' 스타일에 몰두했다. 연인과 헤어진 뒤 밤마다 스케치에 매달리다가 '한번 채우면 쉽게 못 푸는 사랑의 족쇄'를 떠올렸고, 1969년 드라이버로 조여야만 잠기는 팔찌를 세상에 내놓았다. 2년 뒤에는 못이 손목을 감싸는 팔찌와 목걸이를 선보였다. 이 디자인은 2012년 저스트 앵 끌루Juste un Clou라는 이름으로 재출시됐다.

1970년대 이후 반세기 동안 까르띠에는 이 두 컬렉션을 반지·귀걸이·브로치로 확장했고, 다이아몬드 파베 버전과 세라믹을 더한 변주도 선보였다. 바뀐 것은 소재와 형식이었다. 스크

　　나는 금 대신 보석을 산다

루 머리가 박힌 잠금 구조, 못이 그리는 곡선이라는 핵심 골격은 50년 넘게 유지됐다. 러브와 저스트 앵 끌루는 이제 까르띠에 하면 가장 먼저 연상되는 형태로 자리 잡았다.

까르띠에에는 이보다 더 오랜 시간을 관통해온 DNA도 있다. 1914년에 처음 등장한, 이미 한 세기가 넘은 표범 모티프다. 이 모티프를 브랜드의 상징으로 끌어올린 인물은 잔 투생Jeanne Toussaint이었다. 표범 가죽 코트를 즐겨 입고, 아파트 내부까지 표범 가죽으로 꾸민 그녀의 대담한 취향은 곧 까르띠에의 이미지가 됐다. 연인이던 루이 까르띠에가 그녀를 '라 팡테르La Panthère(암표범을 뜻하는 프랑스어)'라고 불렀다는 일화는 유명하다.

1933년 까르띠에의 크리에이티브 디렉터가 된 투생은 자신의 별명을 브랜드의 시그니처로 바꿔놓았다. 그리고 1948년 윈저 공작부인이 116캐럿 에메랄드 위에 앉은 입체적인 팬더 브로치를 착용하면서 이 모티프는 세계적 아이콘이 됐다. 브로치에서 반지로, 시계에서 목걸이로 형태는 바뀌었지만 오닉스 반점을 두른 표범의 실루엣은 한 세기가 넘도록 건재하다.

파리 장식미술관에는 1930년대 반클리프 아펠의 루비 브로치 한 점이 전시되어 있다. 꽃 모티프 위에 루비가 촘촘히 놓여 있어, 확대해서 들여다봐도 정면에서는 금속이 거의 눈에 띄지 않는다. 작품을 뒤집어야 비로소 루비를 받치는 금 레일 구조가 드러나는데, 앞에서 볼 때는 보석 표면만 이어져 마치 벨벳 같은 부드러

1   까르띠에 팬더 브로치. 표범 모티프가 브랜드의 상징으로 자리 잡았다.
ⓒYafa Signed Jewels

2   반클리프 아펠 미스터리 세팅 브로치. 루비가 하나로 이어져 있는 것처럼 보인다.
ⓒYafa Signed Jewels

운 빛을 낸다.

보석 옆면에 아주 얇게 홈을 파고, 눈에 보이지 않는 금 레일에 한 알씩 밀어 끼우는 이 방식이 반클리프 아펠의 '미스터리 세팅'이다. 1933년 프랑스에서 특허받은 이 기술은 보석 하나라도 높이나 각도가 조금만 어긋나면 처음부터 다시 세팅해야 할 만큼 손이 많이 가고 실패 위험도 크다. 고도의 시간과 인력이 요구되는 까다로운 공정 탓에 기술과 비용 어느 하나가 부족하면 애초에 시도하기 어려운 작업이기도 하다. 그래서 세상에 나온 지 거의 90년이 지난 지금까지도 이 세팅으로 만든 브로치와 반지는 경매에 나

     나는 금 대신 보석을 산다

오면 추정가 상단을 넘는 낙찰 사례가 꾸준히 이어진다.

2018년 제네바 소더비 경매장의 프라이빗 룸에서 부쉐론의 빈티지 퀘스천 마크 목걸이를 직접 착용해볼 기회가 있었다. 경매 관계자가 조심스레 내 목에 걸어준 뒤, 혼자 해보라며 한 걸음 물러섰다. 뒤를 여닫는 잠금장치가 없어 잠시 망설였지만, 목선을 따라 휘어진 부분을 살짝 벌렸다가 다시 모으자 목선을 따라 제자리를 찾아 감기듯 안착했다. 몸을 움직여도 흘러내리지 않았고, 따로 잠그는 동작 없이 한번 걸기만 하면 착용이 끝났다.

1879년 프레데리크 부쉐론Frédéric Boucheron은 이런 방식의 목걸이를 구상해, 여성이 다른 사람의 도움 없이 스스로 장신구를 착용할 수 있기를 바랐다고 전해진다. 뒤로 손을 뻗어 잠금 장식을 채우는 번거로운 동작 대신, 목 앞에서 한 번에 걸 수 있도록 한 아이디어였다. 물음표를 닮은 형태 때문에 퀘스천 마크라는 이름을 얻었고, 당시 파리에서는 보기 드문 새로운 스타일로 받아들여졌다. 거울 속에 비친 내 모습을 보며 19세기 말 파리의 한 여성도 비슷한 동작으로 이 목걸이를 혼자 걸었을지, 그 가벼움과 해방감을 잠시 떠올려보았다.

쇼메는 자사 유산을 되찾아 아카이브로 편입시키는 전략을 취해왔다. 과거 작품을 회수하고 복원하는 방식으로, 역사를 '관리 가능한 자산'으로 다룬다. 2020년 시카고 경매에 1880년대 쇼메에서 제작한 라지빌 티아라Radziwiłł Tiara가 등장했을 때 쇼메는 추

부쉐론 퀘스천 마크 목걸이. 잠금장치 없이 한 번에 착용되는 구조다. ©Boucheron

정가의 여덟 배가 넘는 가격에 이를 재매입했다. 다이아몬드 일곱 개가 모조품으로 교체된 상태였지만 개의치 않았다. 140년 전에 만든 작품을 되산다는 것은 과거를 박제된 유물이 아니라 여전히 유효한 자산으로 여긴다는 뜻이다. 지금 판매하는 반지가 수십 년 후에도 가치의 언어로 통할 것이라는 묵시적인 선언이기도 하다.

쇼메는 황실 유산을 현대의 언어로 번역하는 데도 능하다. 2010년 창립 230주년을 맞아 선보인 조세핀 컬렉션은 티아라의 실루엣을 반지 위에 옮겨왔다. 대부분의 여성에게 티아라는 현실적이지 않지만, 반지라면 일상에 충분히 들어올 수 있다. 2011년 론칭한 비 마이 러브Bee My Love 컬렉션도 같은 맥락이다. 나폴레

나는 금 대신 보석을 산다

옹 대관식 망토에 수놓인 황금 벌은 육각형 벌집 모티프로 재해석돼 시대를 건너 손가락 위에 안착했다.

반세기 넘게 자리를 지켜온 브랜드에는 공통점이 있다. 변하지 않는 골격, 축적된 기술, 역사를 자산으로 관리하는 태도, 쉽게 복제할 수 없는 희소성. 시간이 흐를수록 이런 차이는 더 뚜렷하게 드러난다. 하이 주얼리의 가격에는 보석 자체의 가치 외에도 무형의 비용이 녹아 있다. 고품질 나석을 선점하는 소싱 능력, 장인 정신이 깃든 공방의 기술력, 수량을 엄격히 통제하는 전략은 기본이다. 여기에 경매 시장에서 낙찰 실적이 쌓인 브랜드라면 그 기록까지 가격을 뒷받침한다. 브랜드 신뢰도와 보석 품질, 아이코닉 디자인이 겹치는 구간이라면 시간이 갈수록 가격이 오를 가능성도 높다.

◇◇◇

후발 주자의 전략

전통 주얼리 하우스가 아닌 패션 브랜드는 어떤 길을 택했을까? 루이비통과 샤넬은 모두 패션 하우스로 출발했지만, 전 세계가 알아보는 로고와 패턴을 갖고 있었다.

루이비통이 파인 주얼리를 본격적으로 전개한 것은 2000년대 중반이다. 160년 동안 가죽 위에 새겨온 모노그램 패턴을 다이아

루이비통 모노그램 플라워 컷 다이아몬드. 브랜드를 상징하는 가방 패턴을 주얼리로 옮겼다. ©Louis Vuitton

몬드 커팅으로 옮겼다. 트렁크의 상징이 보석으로 구현된 것이다. 타이밍도 나쁘지 않았다. 랩그로운 다이아몬드가 속속 등장하면서, 천연 다이아몬드의 차별화가 절실해지던 시기였다. 루이비통은 원석을 직접 매입해 자체적으로 커팅하는 방식을 택했고, 2020년에는 테니스공만 한 1,758캐럿짜리 세웰로Sewelô 다이아몬드의 원석 가공권을 확보하며 의지를 분명히 했다.

샤넬의 접근도 비슷했다. 2015년 론칭한 코코 크러쉬Coco Crush 컬렉션은 1955년부터 이어온 2.55백의 퀼팅 패턴을 주얼리로 옮겼다. 가죽 위 스티치가 금속 위의 입체적 패턴으로 바뀌었다. 트위드재킷, 2.55백, No.5 향수에 이어 주얼리까지 더해지면서 '샤넬을 착용한 여성'이라는 이미지를 완성했다. 새로 만들기보다 이미 축적된 상징을 다른 매체로 번역한 전략이었다.

   나는 금 대신 보석을 산다

얼마 전, 한 독립 디자이너 브랜드에 나석 세팅을 맡기러 갔다. 디자인 취향도 마음에 들었지만, 20여 년간 AS와 아카이브를 꾸준히 관리해온 곳이라 안심하고 의뢰할 수 있었다. 그때 문득 7년 전 인스타그램에서 화제였던 한 디자이너 브랜드가 떠올랐다. 지금은 웹사이트도 인스타그램 계정도 사라졌고, 그때 산 반지를 맡길 곳도 없다.

100만 원부터 3억까지, 예산별 구매 전략

GIA 뉴욕에서 보석 감정을 배우던 시절, 처음으로 내 돈을 들여 산 건 다이아몬드였다. 맨해튼 47번가에서 나석을 고르고 목걸이와 귀걸이로 세팅을 맡겼다. 그다음에는 트레이드 쇼를 다니며 투르말린, 토파즈, 시트린, 아쾨마린 등을 하나씩 사 모았다. 감정과 감별 이론을 배우는 동시에 실전 구매를 병행하던 시기였다.

실수도 적지 않았다. 가격이 싸다는 이유로 스모키 쿼츠, 레몬 쿼츠, 로즈 쿼츠는 필요 이상 큰 사이즈를 샀고, 한동안 카보숑cabochon 커팅에 빠져서 유색석을 온통 둥근 형태로만 모은 적도 있다. 보관법을 몰라 토파즈를 몇 개 깨뜨리기도 했다. 시간이 지나면서 취향은 계속 변했다. 선호하는 보석도, 커팅도, 컬러도

카보송 컷 보석. 왼쪽부터 캐츠아이 문스톤, 산호, 스타 사파이어다. ©Oscar Heyman

달라졌다. 지금은 거의 들여다보지 않는 것들이 서랍 한쪽에 꽤 남아 있다. 그래서 후회하느냐고 묻는다면, 그렇지는 않다. 직접 사보지 않았다면 알 수 없기 때문이다. '교과서에서 본 색'과 '피부에 닿았을 때의 색'은 전혀 다르다.

보석은 주식이나 부동산과 성격이 다르다. 전체 자산에서 일부를 실물로 두고 싶을 때, 시간이 지나도 형태가 남는 무언가를 갖고 싶을 때 선택하는 자산이며, 여유 자금 안에서 비중을 잡고 장기 보유를 전제로 접근하는 자산이다.

자산으로 통하는 보석에는 몇 가지 조건이 있다. 국제 거래 기준을 따르고, 언제든 되팔 수 있는 시장이 확보되어야 한다. 객관적 희소성 역시 필수다. 경매나 공신력 있는 시장에서 거래 데이터가 축적되는 보석은 경기 부침에도 가격이 비교적 안정적으로 유지된다. 이 기준을 모르면 기대한 것과 실제 결과 사이의 간극이 커지기 쉽고, 아무리 비싸게 구입했어도 되팔 때 제값을 받기 어렵다. 다음의 표를 통해 각 자산의 특징을 비교해보면, 보석이 가진 대체 자산으로서의 강점을 파악할 수 있을 것이다.

[금융 자산과 대체 자산의 특성 비교]

구분	주식·채권	금	보석	미술품
포트폴리오 기능	성장·안정· 현금 흐름	거시 리스크 헤지hedge	장기 보유형 대체 자산	장기 보유형 대체 자산
가격 형성 방식	거래소 실시간 시세	국제 시세 연동	개별 거래 기반 다중 가격	갤러리·경매· 프라이빗 세일
유동성	매우 높음	높음	규격 다이아몬드 중간 / 희소 보석 낮음 (최상급은 별도 수요층 존재)	낮음
주요 외부 변수	금리·경기· 기업 실적	금리·달러· 인플레이션· 지정학	금리·환율·광산 공급·규제·수요	글로벌 유동성· 컬렉터 수요· 작가의 시장성
보유 목적	자산 증식	포트폴리오 방어	분산·장기 보유· 상속/증여	장기 보유·상속
시장 진입 난이도	낮음	낮음	높음 (비전문가 기준)	중간~높음 (구간별 편차 큼)
비금융 효용	낮음	중간	매우 높음 (착용·상징·서사)	높음 (감상·공간 연출· 문화자본)
휴대성	불필요	보통	매우 높음	보석 대비 낮음 (운송·보관 부담 큼)

나는 금 대신 보석을 산다

먼저 자신을 알라

보석 구매 기준은 무엇인가? 예산을 정하기 전에 먼저 스스로 점검할 것이 있다. 매일 착용할 것인가, 금고에 넣어둘 것인가? 그리고 얼마나 오래 곁에 둘 생각인가?

보석은 전체 자산에서 5퍼센트 내외로 접근하는 것이 일반적이다. 주식과 부동산, 현금성 자산으로 포트폴리오의 중심을 잡고, 보석은 그 바깥에서 분산과 보완의 역할을 맡는다. 화폐 가치 하락이나 금융 시스템 불안처럼 전통 자산이 동시에 흔들리는 국면에서 보석이 빛을 발하는 것도 이 때문이다.

보석은 클릭 한 번으로 현금화할 수 있는 자산이 아니다. 되팔려면 시간이 걸리고, 매수와 매도 사이에 가격 차이도 꽤 있다. 대신 충동적으로 팔아버릴 일이 없다. 주식처럼 매일 시세를 확인하며 조바심 낼 필요가 없고, 시장이 요동칠 때도 보석은 그저 그 자리에 머물 뿐이다. 2020년 3월 코스피가 급락했을 때도, 2022년 금리가 급등했을 때도 보석 가격은 상대적으로 안정적이었다. 최소 5년, 보통은 10년 이상을 전제로 접근해야 성격이 맞는다.

보석을 금고에만 넣어두는 사람도 있다. 하지만 착용하지 않으면 그 가치를 체감하기 어렵다. 업계에는 '코스트-퍼-웨어costper-wear(착용당 비용)'라는 개념이 있다. 같은 가격의 보석이라도 얼마나 자주 착용하느냐에 따라 체감 가치는 완전히 달라진다. 자주 낄수록 가격은 일상 속으로 나뉘고, 만족감은 쌓인다.

의외로 자기 색을 모르고 보석을 사는 사람이 많다. 유행을 따라 구매했다가 서랍 속에 방치하고, 몇 년 뒤 꺼내 보며 "이걸 왜 샀지?"라고 묻는다. 나 역시 그런 시간을 거쳤다. 보석을 처음 고를 때 가격만큼 중요한 기준은 세 가지다. '피부에 닿을 때 본능적으로 끌리는가?' '내 피부 톤에 어울리는가?' '내 라이프스타일에 맞는가?' 웜톤에는 루비나 가닛처럼 따뜻한 색이, 쿨톤에는 사파이어나 아쿠아마린처럼 차가운 색이 잘 받는다. 출근길에 매일 착용할지, 특별한 날에만 꺼낼지에 따라서도 선택은 달라진다.

구입한 지 얼마 안 된 보석을 처분하려고 보석상을 찾으면 대부분 충격을 받는다. 1년도 안 된 반지를 내밀었는데, 절반에도 못 미치는 가격을 제시받으면 머릿속이 하얘지기 마련이다. 단기 차익을 노린다면 애초에 주식이나 코인이 맞다. 보석은 다른 자산과 결이 다르다. 해킹당할 일이 없고, 은행 파산에 휘말릴 일도 없다. 몸에 지닌 채 그대로 국경을 넘을 수 있고, 필요하면 현금이 되고, 자녀에게 물려줄 수도 있다. 보유하는 동안 별도의 보유세도 붙지 않는다. 다만 상속이나 증여 단계에서는 세금 구조가 달라지므로, 이 부분은 뒤에서 따로 짚는다.

 나는 금 대신 보석을 산다

◇◇◇

예산별 실전 포트폴리오

다음 예시는 2026년 상반기 기준, 소매 시장에서 거론되는 대략적인 범위다. 주식 전문가가 수익률을 보장하지 않는 것처럼 이 내용 역시 특정 보석의 가격 상승을 약속하지 않는다. 다만 좋은 종목을 고르는 기준이 있듯 보석에도 후회를 줄이는 판단 기준이 있다. 앞으로 설명할 내용은 그것을 예산별로 정리한 것이다. 같은 캐럿, 같은 등급이라도 판매처, 재고 상태, 국제 시세, 세팅 구성에 따라 가격은 상당 폭 달라진다. 별도 언급이 없으면 비非브랜드 소매 시장의 나석 기준이며, 세팅비와 금속 비용은 제외했다. 숫자를 외우기보다 가격의 구조를 읽는 데 집중하길 권한다. 보석은 공산품이 아니기에 최종 결정 전에는 여러 곳을 비교하고 전문가와 충분히 상담해야 한다.

다이아몬드는 모두 GIA 감정 기준을 전제로 한다. GIA 등급이 국제 표준으로 통하므로, 다이아몬드는 라운드 브릴리언트의 등급 조합을 기준으로 정리했다. 유색 보석은 표준화된 등급 체계가 없으므로 색, 산지, 처리, 캐럿의 조합을 기준으로 삼았다. 유색 보석은 와인과 비슷하다. 같은 산지, 같은 품종이라도 빈티지와 보관 상태에 따라 가격이 전혀 다르듯, 같은 미얀마 루비라도 색, 처리, 캐럿의 조합에 따라 가격대가 완전히 달라진다. 다이아몬드 쪽은 D~F컬러(무색 최상위), VS등급(투명도 상위권), 트리플 엑셀런트 컷의 조합을 일관되게 전제했다. 가격 비교 데이터가 가장 풍부하고, 등급이 명확한 만큼 시장에서 기준점 역할을 하는 조합이다. 이렇게 등급을 고정하면 예산에 따라 달라지는 건 캐럿뿐이다. 성격이 다른 두 종류를 같은 예산 위에 나란히 놓기 위해 이 전제가 필요하다.

100만 원 이하: 색을 처음 만나는 구간

토파즈, 아콰마린, 가닛, 투르말린, 그리고 다양한 종류의 수정(자수정, 로즈 쿼츠, 침수정, 시트린, 백수정 등)이 여기에 해당한다. 투명도가 좋고 사이즈 부담이 적어 일상적으로 착용하기에 무리가 없다. 이 가격대에서도 천연 보석 특유의 색과 빛은 온전히 경험할 수 있다. 색의 매력, 투명도, 컷의 균형을 보는 눈을 기르는 데 집중하는 것이 이 단계의 목적이다.

다만 이 가격대는 천연석, 합성석, 모조석이 뒤섞이기 쉬운 구간이기도 하다. 고가의 감별서를 받기에는 비용이 맞지 않으니, 최소한 천연 여부를 확인해주는 판매처에서 구입하는 것이 안전하다.

100만~500만 원대: 삼대 유색석과의 첫 만남

이 구간부터 열처리 루비와 사파이어가 시장에서 거론되기 시작한다. 캐럿은 크지 않고 색상도 상급이라 보긴 어렵지만, 보석

모잠비크 루비와 잠비아 에메랄드. 100만~500만 원대 예산부터는 삼대 유색석을 본격적으로 만날 수 있다. ©Gemfields

이 가진 성격을 익히기에는 충분하다. 루비와 사파이어는 열처리가 기본 전제다. 에메랄드는 오일 처리가 널리 유통되는 영역이지만, 수지나 폴리머 계열 충전은 시장에서 더 까다롭게 평가된다. 다만 이 가격대에서는 나석 금액보다 세팅비와 금값이 더 비싼 경우도 적지 않다. 종로나 남대문을 오가며 여러 매장을 비교해보는 수고가 필요하다.

300만 원 전후면 루비, 사파이어, 에메랄드를 처음 만날 수 있는 예산이다. 루비 1캐럿, 사파이어 3캐럿, 에메랄드 1~2캐럿 안팎이 시장에서 거론되는 범위다. 천연 다이아몬드는 D~F/VS 기준으로 0.3캐럿대가 비교적 현실적이고, 예산 상단에서는 0.5캐럿 전후까지 시야에 들어온다. 캐럿에 집착하기보다 빛의 생동감과 비율의 균형을 보는 연습을 시작할 시점이다.

예산이 500만 원에 가까워지면 가격 편차도 함께 커진다. 모잠비크 열처리 루비 1캐럿, 마다가스카르 열처리 사파이어 5캐럿, 콜롬비아 에메랄드 1캐럿 안팎이 이 예산대에서 거래되는 체급이다. 삼대 유색석의 산지별 색과 특징을 직접 비교할 수 있는 구간이다. 색과 빛을 비교하고, 보석마다 다른 매력을 구분하는 눈을 기르는 시기다. 이 구간에서 가장 흔한 실수는 처음 본 색에 반해서 비교 없이 바로 사는 것이다. 같은 종류라도 매장마다 색감과 가격이 상당히 다르니, 최소 서너 곳은 돌아본 뒤 결정하는 편이 좋다.

500만~5,000만 원대: 시장 가격을 배우는 구간

이 금액대에서 흔히 빠지는 함정이 있다. '작더라도 여러 개를 사두는 게 좋지 않을까?'라는 생각이다. 몇 년 전 한 지인이 정확히 그 선택을 했다가 이렇게 말한 적이 있다.

"작은 걸로 여러 개 샀더니 결국 다 애물단지가 됐어요. 차라리 처음부터 하나를 제대로 살 걸 그랬죠."

이 구간에서는 분산보다 집중이 낫다. 오래 두고 즐길 수 있는 한 점에 집중하는 편이 좋다.

가장 먼저 할 일은 신뢰할 만한 판매처를 찾는 것이다. 감정서, 사후 서비스, 교환 정책을 꼼꼼히 확인해야 한다. 보석 거래는 가격 이전에 신뢰의 문제다. 이 구간은 같은 조건의 보석이 판매처

　　나는 금 대신 보석을 산다

에 따라 수백만 원씩 차이 나는 일이 드물지 않다. 한곳에만 머물면 시장가를 가늠하기 어렵다. 보석 시장에는 정찰제가 없고, 업체마다 가격 기준이 다르며, 매수와 매도 가격의 간극도 크다. 살 때는 비싸게 느껴지는데, 팔려고 하면 값이 확 떨어져 보이는 이유다. 이 구간에서 시장 구조를 몸으로 익히지 않으면 나중에 더 큰 금액을 쓸 때 대가가 커진다.

500만~2,000만 원대에서 다이아몬드는 GIA 기준 D~F컬러, VS등급 조합이면 대체로 1캐럿대가 중심이고, 예산 상단부에서 2캐럿에 가까워진다. 1,000만 원 전후면 조건이 맞을 경우 D~F/VS 기준으로 1캐럿 초중반까지 현실적인 구간이다. 가격 비교 데이터가 풍부해 시장가를 가늠하기 수월한 조건이기도 하다.

예산이 2,000만~5,000만 원대까지 올라가면 중상급 나석에 손이 닿기 시작한다. 미얀마 열처리 루비 2캐럿, 스리랑카 열처리 사파이어 5~7캐럿, 콜롬비아 에메랄드 3캐럿이 이 예산대에서 거래되는 체급이다. 취향을 세밀하게 다듬는 동시에 시장의 실전 가격 감각을 익히는 단계다.

5천만~1억 원대: 품질에 집중하는 구간

이 구간은 공부 없이 들어가면 위험하다. 처리 방식, 컬러 등급, 산지별 시세 차이를 정확히 이해하지 않으면 자칫 '고액 쇼핑'에 그칠 수 있기 때문이다.

다이아몬드는 GIA 기준 D~F컬러, VS등급 조합이면 2~3캐럿 대가 현실적인 구간이다. 이 체급에서는 컬러와 투명도 등급 한 칸에 수백만 원 차이가 난다. 같은 예산이라면 둘 중 어디에 무게를 둘지 먼저 정하는 편이 낫다. 열처리 루비는 미얀마산 기준 3캐럿, 열처리 사파이어는 색과 투명도가 좋은 상급 기준으로 8~10캐럿 안팎까지 거래되고, 비가열이면 희소성이 높은 만큼 같은 예산으로 확보할 수 있는 캐럿은 절반 수준까지 줄어드는 경우도 적지 않다. 에메랄드는 콜롬비아산 상급 기준으로 2~3캐럿이 가능하지만, 오일 처리 레벨에 따라 같은 캐럿이라도 가격 차이가 상당하다.

루비와 사파이어의 열처리는 업계 표준이므로 무조건 부정적으로 볼 필요는 없다. 다만 같은 열처리라도 잔류물 수준에 따라 시장 평가는 달라진다. 비가열과의 가격 차이는 시간이 갈수록 더 벌어지므로, 장기 보유를 염두에 둔다면 공신력 있는 감별서를 갖춘 비가열을 한 번쯤 고려해볼 만하다. 특히 루비에서 가장 높은 프리미엄이 붙는 피전 블러드는 여러 감별 기관이 발행하지만, 적용 범위는 기관마다 차이가 있다. GRS는 열처리 여부와 별개로 색 기준을 중시하는 편이고, SSEF나 귀벨린은 훨씬 보수적으로 접근한다. 시장에서는 같은 피전 블러드라도 비가열 스톤에 훨씬 큰 프리미엄이 붙는다. 에메랄드는 선명한 컬러와 높은 투명도가 기본이고, 오일 처리 수준이 낮을수록 가치가 높다.

    나는 금 대신 보석을 산다

이 예산대에서는 비가열 루비나 사파이어, 혹은 컬러와 투명도가 뛰어나고 오일 처리 수준이 낮은 에메랄드처럼, 감별서 위에서 조건을 객관적으로 비교할 수 있는 보석일수록 되팔 때 근거가 남는다. 반면 럭셔리 브랜드를 선택하면 브랜드 가치만큼 보석의 크기가 줄어드니, 보석 자체에 집중할지는 각자의 판단이다.

1억~3억 원대: 브랜드냐, 나석이냐

1억~3억 원대로 올라오면 선택의 갈림길이 확실해진다. 럭셔리 브랜드의 하이 주얼리를 살 것인가, 같은 예산으로 더 큰 캐럿의 나석을 택할 것인가?

다이아몬드는 GIA 기준 D~F컬러, VS등급 이상이면 3캐럿 이상이 이 예산대의 기준선이 된다. 경매와 리세일 시장에서 가격 비교 데이터가 가장 많이 축적된 조합이다. 유색석은 산지와 처리에 따라 같은 예산으로 확보 가능한 캐럿이 크게 달라진다. 미얀마 루비는 열처리 상급 3~4캐럿, 비가열은 2캐럿 내외가 현실적이다. 스리랑카 사파이어는 열처리 기준 10~15캐럿, 비가열은 5~6캐럿까지 거론된다. 에메랄드는 콜롬비아산 상급으로 3~5캐럿이 이 예산대의 범위다.

이 구간부터는 GRS, 귀벨린, SSEF 같은 글로벌 감정 기관의 감별서가 가격에 직접 영향을 미치기 시작한다. 특히 산지 판정, 비가열 여부, 오일 처리 수준처럼 감정서에 기록되는 조건이 유리할수록 가격 방어력이 높아진다. 1억 원 이상에서는 삼대 유색석 외에 경매에서 거래 기록이 축적된 보석도 후보군에 들어오기 시작한다. 네온빛이 강한 브라질산 파라이바 투르말린, 미얀마산 레드 스피넬이 대표적이다.

이 가격대의 보석은 유통량이 적어 원하는 조건을 갖춘 물건을 만나기까지 시간이 걸린다. 경매 위탁, 보석상 직접 매각, 딜러를 통한 프라이빗 세일 등 매각 경로도 다양해지는 구간이다.

3억 원 이상: 헤리티지 영역

이 구간부터는 시장의 성격이 달라진다. 비가열 미얀마 루비 3~4캐럿 이상, 비가열 스리랑카 사파이어 10캐럿 이상, 콜롬비아산 상급 에메랄드 5캐럿 이상이 거래되는 구간이다. 글로벌 감정 기관의 서류는 기본이고, 여기에 출처와 소장 이력까지 가격에 직접 반영된다. 핑크와 블루 같은 희귀한 컬러 다이아몬드가 이 예산대에서 본격적으로 비교 대상에 오르기 시작하고, 그린 다이아몬드 역시 컬렉터 시장에서 주목받는 종류다. 그중 타입 투에이$_{\text{type IIa}}$는 전체 다이아몬드의 2퍼센트 미만에 불과해, 희소성과 이미지 때문에 상위 시장에서 별도 프리미엄 요인으로 작용할 수 있다.

이 구간부터는 품질만으로 가격이 설명되지 않는 경우가 늘어난다. 출처, 소장 이력, 경매 이력 같은 비정량 요소가 본격적으로 가격에 반영되기 시작한다. 크리스티와 소더비의 경매 도록을 들춰보면 19세기 유럽 왕실 출신 사파이어, 인도 마하라자가 소유했던 비가열 루비, 유명 컬렉터가 수십 년간 보관해온 콜롬비아 에메랄드 등이 등장한다. 이런 보석들은 일반 소매 시장의 영역을 벗어난다. 품질에 출처와 서사가 더해지면서 10억 원, 50억 원, 100억 원을 훌쩍 넘기기도 한다. 출처가 명확하고 소장 이력이 길수록 프리미엄은 더 공고해진다.

저가나 중가 구간에서는 한 점에 집중하는 편이 낫지만, 초고액 구간에서는 전략이 달라지기도 한다. 일부 딜러들은 한 점의 초대형 스톤에 올인하기보다, 수요층이 넓은 중간 사이즈 상급 스톤을 여러 점으로 나누는 편이 유동성과 위험 분산 면에서 더 유리하다고 보기도 한다. 이 전략은 초고액 시장의 매각 구조를 전제로 한 이야기로, 저가·중가 구간에서의 분산과는 성격이 다르다. 앞서 언급한 파라이바 투르말린에 더해 스피넬, 차보라이트, 만다린 가닛처럼 수집과 수요가 꾸준한 유색석들이 이 전략에 자주 거론된다. 다만 어떤 스톤을 선택하느냐는 실제 시세와 품질, 접근 가능한 딜러 네트워크에 따라 현실성이 크게 달라진다.

팔아야 할 때

보석은 평생 소장하는 게 이상적이지만, 인생이 늘 계획대로 흘러가던가? 급히 현금이 필요할 때도 있고, 상속 과정에서 분할이 필요할 때도 있다. 타이밍도 중요하다. 크리스티나 소더비 경매 결과를 주기적으로 확인하면서 비슷한 보석의 낙찰가가 오르는 추세인지 살펴봐야 한다. 시장이 달아오를 때 내놓는 것과 침체기에 급하게 처분하는 것은 결과가 다르다.

현실적인 매각 경로는 크게 세 가지다. 보석을 제대로 볼 줄 아는 믿을 만한 보석상에게 직접 매각하면 속도는 빠르지만 가격은 기대보다 낮을 수 있다. 경매는 절차가 느리고 낙찰 여부도 확실하지 않지만, 한번 기록으로 남으면 향후 가치 평가의 중요한 기준점이 된다. 딜러를 통한 위탁·프라이빗 세일은 속도와 가격 사이 어딘가에서 균형을 찾는 방식으로, 딜러의 네트워크를 통해 적합한 구매자에게 닿을 수 있다는 점에서 선택지가 된다. 어느 쪽이든 시간은 필요하다. 보석은 대체로 급할수록 할인 폭이 커진다.

[보석 매각 경로 비교]

구분	보석상 직접 매각	경매 위탁	딜러 위탁 판매
속도	빠름 (즉시~수주)	느림 (수개월 이상)	중간 (수개월 이상)
가격	낮음 (도매 기준 평가)	높을 수 있음 (시장 경쟁 반영)	중간 (딜러 마진 차감)
비용	매입가에 반영	경매 위탁 수수료 (위탁 조건에 따라 상이)	딜러 위탁 수수료 (딜러별 상이)
공식 기록	없음	남음 (향후 가치 평가 기준)	없음
리스크	가격 협상력 낮음	유찰 가능성, 낙찰가 불확실	딜러 신뢰도에 따라 결과 차이 큼
적합한 경우	빠른 현금화가 우선일 때	고품질·희귀 보석, 장기 보유 후 매각	속도와 가격 사이 균형이 필요할 때

　　　　나는 금 대신 보석을 산다

하이 주얼리 컬렉터를
위한 체크리스트

예산이 충분하다면 하이 주얼리를 고려해볼 수 있다. 하지만 하이 주얼리 컬렉션은 자본과 미감만으로 완성되지 않는다. 결정의 순간마다 명확한 기준이 필요하다. 10년 뒤에도 질리지 않을 디자인인지, 그 판단이 온전히 자신의 취향에서 비롯된 것인지부터 짚어볼 필요가 있다. 비슷한 조건의 보석이 경매에서 어느 선까지 거래됐는지 확인하는 사람은 의외로 드물고, 영수증과 감정서를 빠짐없이 보관하는 사람은 더 드물다. 판매자와 이해관계가 없는 전문가가 곁에 한 명이라도 있다면 실수의 절반은 줄어든다. 이제 그 판단의 기준을 차분히 정리해보겠다.

팬시 컬러 다이아몬드

희귀 팬시 컬러 다이아몬드 시장은 생리 자체가 다르다. 삼성 전자 주식은 오늘 얼마나 팔렸는지 누구나 확인할 수 있지만, 비슷한 품질의 핑크 다이아몬드가 경매에 다시 나오기까지는 수년이 걸리기도 한다. 매물이 나오지 않으니 시세 비교 자체가 성립하기 어렵고, 그 불투명성이 오히려 가격을 지탱한다. 화이트와 팬시 컬러를 같은 잣대로 볼 수 없는 이유다.

팬데믹 이전부터 고액 컬렉터들은 화이트에서 팬시 컬러로 옮겨가기 시작했고, 최근 몇 년 사이 그 흐름이 더 뚜렷해졌다. 컬러 다이아몬드는 색이 선명할수록 희소성이 급격히 높아지기 때문에 자산으로 접근하는 컬렉터는 최상위 등급인 팬시 비비드Fancy Vivid, 팬시 인텐스Fancy Intense에 집중하는 경향을 보인다.

다이아몬드 가치를 말할 때 흔히 4C를 떠올리지만, 희귀 팬시 컬러 시장에서는 네 가지 기준으로 설명하면 가격 구조를 이해하기 쉽다. 첫째, 색의 희귀성Color Rarity이다. 천연 레드나 비비드 핑크는 존재 자체가 드물다. 둘째, 형태의 희귀성Form Rarity이다. 라운드 컷 팬시 컬러는 연마 과정에서 중량 손실이 커서 시장에 거의 나오지 않는다. 셋째, 리포트의 순도Report Purity다. 감정서에 보조색 수식어가 붙느냐 빠지느냐로 가격이 수 배씩 차이 난다.

넷째, 세트의 희귀성Set Rarity이다. 색과 크기가 맞는 페어나 세트를 구성하려면 수년에서 수십 년이 걸리고, 페어의 가치는 단품 두 개를 합친 값이 아니라 희귀함의 제곱에 가깝다.

팬시 컬러 다이아몬드의 희소성을 수치로 보여주는 자료도 있다. FCRF는 2005년부터 축적해온 실제 거래 데이터를 기반으로 희소성 리포트를 발급해왔다. 예를 들어 4.84캐럿, 팬시 비비드 블루, 페어 셰이프, IF 등급은 5~6년에 한 번 등장할까 말까 한 조건이다. 1캐럿 이상 연마석 수백만~수천만 개 중 하나 꼴로 나온다는 게 업계의 추정이다. 주요 경매사와 브랜드들이 시장 참고 자료로 자주 인용한다.

핑크 다이아몬드

핑크 다이아몬드는 가장 강한 수요가 형성된 시장이다. 상업적 유통 물량의 상당 부분을 담당하던 호주 아가일 광산이 2020년 폐광되면서 공급 자체가 급격히 줄었다. 따라서 경매 기록은 계속 경신되고 있다. 2025년 경매에서 '마리 테레즈 핑크'는 퍼플 핑크 계열 중 최고가 기록을 세웠다.

하지만 가장 중요한 건 컬러 등급이다. GIA 기준으로 페인트, 베리 라이트, 라이트, 팬시 라이트, 팬시, 팬시 인텐스, 팬시 비비드 순으로 분류된다. 이 중 팬시 비비드가 채도와 톤 모두에서 가장 높이 평가받는다. 팬시 딥과 팬시 다크는 채도는 강하지만 톤

티파니가 아가일 광산에서 선별해 컬렉션으로 제작한 천연 핑크 다이아몬드. 단일 산지에서도 이토록 넓은 색 스펙트럼이 나온다는 사실을 보여준다. ©Tiffany & Co

이 어두워 팬시 비비드만큼 선호하지 않는다. 팬시 핑크에서 팬시 인텐스로 올라갈 때 가격 상승 폭은 상대적으로 완만하지만, 팬시 인텐스에서 팬시 비비드로 넘어가면 두세 배 차이가 난다. 자산으로 접근한다면 팬시 인텐스와 팬시 비비드에 집중해야 한다.

보조색도 가격을 좌우한다. 보조색이 없는 순수 핑크가 가장

나는 금 대신 보석을 산다

높이 평가받지만, 퍼플이 섞인 퍼플리시 핑크도 그에 못지않은 대우를 받는다. 바이올렛처럼 희귀한 보조색이 붙으면 오히려 가격이 더 오르기도 한다. 반면 브라운이나 오렌지가 섞이면 가치가 떨어진다. 같은 핑크라도 어떤 색이 얼마나 섞였느냐에 따라 평가가 달라진다.

아가일 프리미엄도 여전하다. 2005년 이후 핑크 다이아몬드 전체가 390퍼센트 상승했는데, 아가일 인증석은 그보다 300퍼센트 이상 더 올랐다. 37년간 아가일이 생산한 핑크 원석 약 8만 6,500캐럿 중 리오틴토(아가일의 원석을 채굴하던 광산 기업)가 커팅부터 인증까지 완료한 것은 약 1만 캐럿뿐이다. 다만 아가일이 아니어도 최고가 기록은 가능하다. 2023년 소더비 뉴욕에서 3,480만 달러에 낙찰되며 화제를 모았던 더 이터널 핑크The Eternal Pink도 보츠와나산이었다. 컬러 등급, 보조색, 산지를 함께 보는 시각이 필요하다.

블루 다이아몬드

블루 다이아몬드 역시 핑크와 맞먹는 위상을 갖는다. 블루의 색은 결정구조에 미량의 붕소가 포함되어야 발현되는데, 이 조건 자체가 극히 드물다. 보석급 다이아몬드 가운데 블루는 0.02퍼센트 미만으로 추정되고, 그중 팬시 비비드 등급은 1퍼센트에 불과하다. 공급이 이 정도로 제한적이면 시장이 흔들려도 수요층은 유지되고, 최상급 블루는 굴지의 자산가들이 장기 보유 목적으로 선택하는 유형이다. 2025년 소더비 제네바에서 10캐럿급 팬시 비비드 블루, '메디터레이니언 블루'가 2,150만 달러에 낙찰됐고, 같은 해 크리스티가 역대 최대 팬시 비비드 블루로 내세웠던 23캐 럿짜리 '골콘다 블루'는 소유주가 가족에게 직접 넘기기로 하면서 경매 전 철회됐다.

핑크와 마찬가지로 보조색 없는 순수한 블루가 가장 높은 평가를 받는다. 그레이나 그린 기가 섞이면 되팔 때 수요층이 좁다. 희귀하다는 사실이 시장성까지 보장하지는 않는다. 블루 다이아몬드는 대부분 희귀 범주인 '타입 IIb'로 분류된다.

옐로우 다이아몬드

옐로우 다이아몬드는 컬러 다이아몬드 입문용으로 접근하기 좋은 편인데, 화이트에서는 감점 요소인 노란 기가 오히려 가치 요인이 되기 때문이다. 다만 앙골라와 캐나다 광산에서 생산이 늘면서 공급이 꾸준한 편이고, 핑크나 블루만큼의 희소성 프리미엄을 기대하기는 어렵다. 그 대신 시장에서 소화가 잘 되는 편이어서 현금화가 비교적 수월하다는 장점이 있다. 큰 수익률보다 안정성을 원한다면 방어형 자산으로, 일상에서 즐기며 가치도 지키고 싶다면 착용형 자산으로 접근하는 게 현실적이다. 장기 보유를 고려한다면 팬시 비비드 등급에 집중하는 게 낫다.

   나는 금 대신 보석을 산다

화이트 다이아몬드

화이트 다이아몬드는 두 구간으로 나뉜다. 랩그로운과의 가격 경쟁은 주로 1캐럿 전후에서 치열하고, 고등급 2~3캐럿급 천연 다이아몬드는 상대적으로 별도의 수요층이 형성되어 있다. D~F 컬러에 VVS 투명도 이상이라면 장기 보유를 고려할 수 있는 출발점이다. 5캐럿 이상, D컬러, IF에 가까운 등급은 주요 경매에서 최상위 화이트로 취급되며, 고품질 대형석 공급이 제한적인 탓에 희소성이 강조되는 추세다. 타입 투에이 다이아몬드도 주목받고 있는데, 질소를 포함하지 않아 색을 띠지 않으며, GIA 기준 보석급 다이아몬드의 약 2퍼센트 내외에 해당하는 희소 범주다.

다만 반드시 기억해야 할 점이 있다. 희소성이 곧 유동성을 보장하지는 않는다. 핑크와 블루 다이아몬드는 상승장에서는 경매 추정가를 크게 웃돌지만, 시장이 식으면 매수자를 찾는 데 시간이 걸린다. 거래량 자체가 적어 매도까지 수개월, 길게는 수년이 소요되기도 한다. 단기 차익을 기대한다면 이 시장은 맞지 않는다. 과거에는 '좋은 것'이면 충분했지만, 지금은 '다시는 구할 수 없는 것'을 찾는다. 소장 기간은 길어졌고, 되팔기보다 다음 세대에 물려줄 자산으로 여기는 경향이 강하다. 이들에게는 소장 이력, 세트 완성 여부, 유통량 추이가 가격 그래프보다 무게를 갖는다. 투자의 무대라기보다 컬렉션을 쌓아가는 과정에 가깝다.

희귀 보석을 살 때 체크해야 할 것

보석, 특히 고품질 희귀 보석을 구매할 때 어떤 점을 신경 써야 할까?

나석 vs. 주얼리

나석이 무조건 유리할까? 꼭 그렇지는 않다. 주요 경매를 보면 하이 주얼리 상당수는 반지, 목걸이, 브로치처럼 세팅 형태로 거래된다. 빈티지 작품이나 유명 브랜드 주얼리의 경우 세팅 자체가 가치를 구성하는 요소이기 때문이다.

그러나 예외는 있다. D컬러, 플로리스Flawless 투명도처럼 무색·무결점에 해당하는 다이아몬드는 세팅 여부에 따라 전략이 달라진다. 브랜드 하이 주얼리나 유명 아티스트의 작품으로 세팅된 경우라면 굳이 분리할 이유가 없다. 반면 경매사에서 임시 세팅하는 경우도 있는데, 이때의 세팅은 작품으로서 의미를 갖지 않는다. 세팅 과정에서 프롱이 표면에 미세한 흔적을 남기면 플로리스 등급이 인터널리 플로리스Internally Flawless로 내려갈 수 있다. 착용 목적이 없다면 나석 보관이 가장 안전한 선택이다.

반대로 일반 세팅은 재판매 시 금속 가치만 평가되는 경우가 많다. 럭셔리 브랜드나 유명 아티스트의 이름이 없는 세팅일수록 그런 경향이 강하다. 보석의 등급 보존을 최우선으로 둔다면 나석이, 디자인과 프로버넌스까지 함께 소장하고 싶다면 완성품이 적합하다. 선택 기준은 결국 구매 목적이다.

독립 아티스트

럭셔리 하우스의 하이 주얼리와는 다른 축에서 움직이는 세계가 있다. 대형 메종maison의 유산이 아니라, 아티스트 개인의 조형 언어가 가치를 결정하는 영역이다.

조엘 아서 로젠탈이 이끄는 자르는 연간 수십 점만 제작하면서도 경매장에서 브랜드 하이 주얼리를 압도하는 낙찰가를 기록해왔다. 홍콩의 월리스 챈Wallace Chan은 티타늄 구조와 자신만의 '월리스 컷'으로 보석을 빛과 구조의 문제로 다뤄왔고, 대만의 신디 차오Cindy Chao는 나비와 유기적인 자연을 모티프로 서사적 구성을 만들어왔다. 이 흐름에서 눈에 띄는 건 아시아 아티스트들의 약진이다. 크리스티와 소더비에 꾸준히 출품하고, 유찰 없이 낙찰된다는 건 재판매 시장에서 수요가 검증됐다는 뜻이다.

20세기 거장들도 여전히 호출된다. 베르두라Verdura의 몰타 십자가 커프 팔찌, 수잔 벨페롱Suzanne Belperron의 유기적 곡선은 시간이 지나도 경매에서 반복적으로 등장한다. 이 시장에서는 유행보다 아티스트의 이력과 작품의 흐름을 꿰는 안목이 중요하다.

많은 컬렉터가 브랜드 하이 주얼리로 기준과 안정성을 확보한 뒤, 희귀 보석으로 컬렉션의 중심을 세우고, 이후 독립 아티스트나 역사적 작품으로 방향을 잡아간다. 절대적 규칙은 아니지만, 리스크를 줄이면서 안목을 넓혀온 컬렉터들이 밟아온 경로다.

다만 독립 아티스트의 작품은 접근하는 것 자체가 쉽지 않다. 연간 제작량이 극히 제한적이고, 대기 명단이 수년 단위로 이어지기도 한다. 가격대는 브랜드 하이 주얼리와 비슷하거나 그 이상이다. 재판매는 대부분 경매에 의존하기 때문에 희소성은 분명한 장점이지만, 유동성까지 기대하기는 어렵다. 이 영역은 단기 수익보다 컬렉션의 정체성을 중시하는 컬렉터에게 열려 있다.

경매 하우스와의 관계

고액 컬렉터에게 경매 하우스와의 관계는 곧 정보 접근과 직결된다. 주요 경매사들은 최상위 고객을 위한 프라이빗 뷰잉, 사전 정보 공유, 프라이빗 세일(비공개 직거래) 연계 같은 서비스를 운영한다. 관계가 쌓이면 프라이빗 세일이나 사전 제안을 통해 특별한 작품을 먼저 접할 기회도 생긴다. 경매 시즌은 봄·가을·연말에 집중되며, 크리스티와 소더비의 제네바·뉴욕·홍콩 매그니피센트 주얼스 경매가 가격의 기준점이 된다. 도록만 보고 판단하지 말고, 프리뷰에서 실물을 직접 확인하는 경험을 쌓아야 한다.

     나는 금 대신 보석을 산다

정보의 신뢰도

공신력 있는 기관의 최신 감정서와 감별서, 천연 여부와 처리 여부는 기본이다. 브랜드 제품이라면 제조사 마크와 홀마크Hallmark, 시리얼 넘버까지 살펴야 하고, 프로버넌스, 특히 이전 소유 이력도 빠뜨릴 수 없다. 보관 상태 역시 가치의 일부로, 컬렉터 시장에서는 곧바로 가격에 반영된다.

장기전의 기술

하이 주얼리는 단기 승부가 아니다. 최소 10년, 가능하다면 20~30년을 내다봐야 하고, 조급함은 손실로 이어지기 쉽다. 경매사나 딜러와 관계를 쌓고, 어떤 작품이 낙찰되고 유찰되는지를 지켜보면 실수가 줄어든다. 컬렉터들이 가장 크게 체감하는 성과는 높은 수익률보다 잘못된 거래를 피한 경험이다. 좋은 구매보다 현명한 포기가 더 어렵다는 걸 오래된 컬렉터들은 경험으로 안다.

장기전을 택한 컬렉터에게 시간은 그 자체로 자산이다. 감정서와 구매 기록이 차곡차곡 쌓이면 소장품에 서사가 입혀지기 마련이고, 희소성이나 맥락이 전시 기획과 맞물리면 박물관이나 브랜드에서 대여 요청이 들어오기도 한다. 전시 도록에 실린 하이 주얼리는 예술품의 지위를 얻는 법이다. 경매 도록이 "The Collection of 소장자 이름"으로 나가는 날, 낙찰가에는 소장자의 안목까지 포함돼 있다.

가치를 끝까지 유지하는
주얼리 보관법

인스타그램 메시지로 사진 한 장이 도착했다. 오팔 반지 표면에 거미줄 같은 실금이 가득했다.

"5년 전 어머니가 물려주신 건데, 서랍에 넣어뒀다가 어제 꺼내봤어요. 왜 이렇게 됐을까요?"

오팔 내부에는 대략 3~21퍼센트의 수분이 들어 있는데, 보석용으로 쓰이는 오팔은 보통 6~10퍼센트 수준이다. 건조한 환경에 오래 노출되면 이 수분이 서서히 증발하고, 그 과정에서 표면에 잔금이 가는 크레이징crazing 현상이 생길 수 있다. 한번 발생한 균열은 되돌릴 방법이 없으니, 착용할 기회가 오기도 전에 아껴두었던 반지가 먼저 늙어버린 셈이다. 설명하면서도 마음이 편치 않았다.

에메랄드는 또 다른 이유로 조심해야 한다. 20년간 문제없이 착용하던 에메랄드 반지를 리세팅하다 균열이 생긴 사례가 있었다. 보석상은 "원래 있던 금이 드러난 것"이라고 설명했지만, 의뢰인은 억울해했다. 대부분의 에메랄드는 미세한 균열을 오일로 채우는 처리를 거친다. 투명도를 높이기 위한 일반 공정인데, 리세팅 과정에서 열이나 압력을 가하면 오일이 빠져나올 수 있다. 그러면 그동안 숨겨져 있던 균열이 갑자기 드러나거나, 심하면 깨지기도 한다. 20년간 멀쩡하던 보석이 하루아침에 달라지는 이유다.

◇◇◇

같이 넣어두면 안 되는 것들

사람들은 보석을 서랍에 넣어두면 시간이 멈춘다고 생각하지만, 서랍 속에서도 보석은 환경의 영향을 받는다. 오팔은 급격한 온도 변화와 극단적 건조만 피하면 비교적 괜찮다. 사람이 쾌적하다고 느끼는 실내 환경이면 대체로 안전하다. 다만 에티오피아산 오팔은 함수성이 강해 직접적인 수분 접촉 시 유색효과가 일시적으로 사라지거나 투명해질 수 있고, 반복되면 내부 구조에 무리가 올 수 있다. 밀폐 지퍼백에 넣어 내부 수분 증발만 막아주는 방식이 산지와 관계없이 가장 안전하다.

진주나 오팔을 탈지면으로 감싸 보관하는 경우가 있는데, 탈지면의 화학 성분이 진주 표면을 손상시킬 수 있다. 특히 흑진주는 시간이 지나면 색이 흐려지는 경우가 많아서 반드시 피해야 한다.

몇 해 전 여름, 해외 행사에 참석한다며 지인이 루비 반지를 가져간 적이 있다. 다이아몬드 반지와 반드시 분리하라고 여러 번 말했지만, 귀국 후 확인한 루비 표면에는 미세한 스크래치가 여럿 생겨 있었다. 결국 함께 넣어간 것이다. 이런 스크래치를 없애려면 최소 0.05~0.1캐럿을 깎아내야 한다. 3캐럿이 2캐럿대로 떨어지면 가격도 함께 내려간다.

모스Mohs 경도 10인 다이아몬드는 경도 9인 루비를 긁고, 루비는 경도 7.5~8인 에메랄드를, 에메랄드는 경도 2.5~4.5인 진주를 긁는다. 숫자 차이는 작아 보여도 실제 물성의 차이는 크다. 보석은 반드시 개별 파우치나 폴리백에 나눠 보관해야 한다.

하지만 경도가 높다고 해서 안심할 수는 없다. 토파즈는 경도 8이지만 벽개성劈開性이 강해 특정 방향으로 충격을 받으면 쉽게 깨진다. 나도 보관법을 모르던 시절 토파즈를 몇 개나 깨뜨렸다. 폴리백에 아무렇게나 넣고 다니다가 서로 부딪친 것이다. 벽개성이 있는 보석은 개별 파우치에 넣고, 떨어뜨리거나 부딪치지 않게 주의해야 한다. 다이아몬드, 탄자나이트, 문스톤moonstone 역시 벽개면이 있어 충격에는 취약하다.

목걸이도 방심하면 안 된다. 뉴욕에 사는 지인이 목걸이 여러

     나는 금 대신 보석을 산다

개를 보석함에 함께 넣어두었는데, 몇 달 뒤 꺼내보니 전부 엉켜 있었다. 한 시간 동안 풀었지만 끝내 몇 개는 구제하지 못했다. 목걸이는 잠금 장식만 폴리백 밖으로 빼고 각각 보관하면 엉킬 일이 없다.

소더비 경매장에서 만난 담당자에 따르면, 프롱 세팅 관리 부실로 보석이 빠지거나 분실되는 사고가 생각보다 많다. 옷이나 머리카락에 프롱이 걸리며 휘어지고, 그 상태를 방치하면 결국 보석이 빠진다. 1~2년에 한 번 단골 보석상에서 프롱 상태, 세팅 안정성, 새로운 균열 여부를 점검하는 것만으로도 수십만 원, 많게는 수백만 원의 손실을 막을 수 있다. 진주 목걸이는 자주 착용한다면 2년마다 실점검이 필요하다.

◇◇◇

보석을 망치지 않는 세척법

요즘은 초음파 세척기가 가정용으로도 나와서 3만~5만 원이면 살 수 있다. 따뜻한 물에 중성세제 몇 방울 떨어뜨리고 버튼만 누르면 되니 편리하다. 그런데 초음파 세척기도 만능은 아니다. 다이아몬드, 루비, 사파이어는 대체로 괜찮지만, 균열 충전 처리된 보석은 초음파 진동으로 충전재가 손상될 수 있다. 에메랄드, 오팔, 진주, 산호, 호박, 터키석은 처음부터 넣지 않는 편이 안전하다. 오일 처리 에메랄드를 초음파 세척기에 넣으면 내부 균열이 드러나거나, 심하면 쪼개질 수 있다. 기계는 보석 내부 상태를 알 수 없으므로 판단은 결국 사람의 몫이다.

다이아몬드는 관리하기가 비교적 쉽다. 따뜻한 물에 중성세제 한 방울을 떨어뜨려 10~15분 담근 뒤 부드러운 칫솔로 닦으면 된다. 열에도 강해 끓는 물 세척이 가능하지만, 물이 완전히 증발할 때까지 방치해서는 안 된다. 에메랄드는 물도 조심해야 한다. 부드러운 천으로 닦는 것이 가장 안전하며, 아세톤이나 네일 리무버는 절대 금물이다.

백화점 화장실에서 다이아몬드 반지를 낀 채 핸드크림을 바르는 모습을 본 적이 있다. 다이아몬드는 친유성이어서 기름이 묻으면 빛이 급격히 죽는다. 아무리 좋은 다이아몬드라도 금세 유리처럼 탁해 보인다. 손에 무언가를 바르기 전에는 반지부터 빼는 게 원칙이다. 향수나 손 세정제도 마찬가지다.

진주는 더 민감하다. 진주 목걸이를 한 채 향수를 뿌렸다가 몇 달 뒤 앞쪽 알들만 광택이 죽어 있는 경우가 있다. 여름에 땀에 젖은 채 닦지 않고 보관했다가 같은 일을 겪기도 한다. 진주의 주성분인 탄산칼슘은 산에 약하고, 향수도 땀도 산성이다. 착용 뒤에는 반드시 부드러운 천으로 닦아야 한다. 호박은 헤어스프레이만 닿아도 광택이 사라진다.

여행 중 화장품 파우치에 귀걸이와 반지를 함께 넣어두었다가 금속이 변색된 경우도 흔하다. 파우치 안에서 화장품이 새거나 온도 변화로 습기가 차면 금속이 산화한다. 오팔을 올리브유에 담가두면 좋다는 이야기도 떠돌지만, 근거 없는 속설이다. 오히려 장기적으로 상태를 해칠 수 있다.

10년 전에 산 보석의 영수증을 바로 찾을 수 있는 사람은 많지 않다. 상속받은 루비 반지를 팔려던 의뢰인이 있었는데, 구매 기록도 감별서도 없어 제대로 평가받기 어려웠다. 루비, 사파이어, 에메랄드 같은 고가 보석은 처리 여부와 원산지가 가격을 좌우한다. 감별서는 선택이 아니라 기본이다. 사람의 기억은 생각보다 빨리 흐려진다. 구매 영수증, 감정서, 점검 기록은 바로 스마트폰으로 찍어 보관하는 습관을 들여야 한다. 그것이 보석의 가치를 지키는 가장 현실적 방법이다.

관리만큼 중요한 것이 보험이다. 국내에서는 보석 단독 보험이 제한적이라 동산종합보험이나 가재도구 특약을 활용하는 경우가 많다. 어느 방식이든 공신력 있는 감정서와 구매 서류를 갖춰두는 것이 선행 조건이다.

상속과 증여,
보석이 폭탄이 되기 전에

물려받은 보석에 상속세를 신고하는 경우는 많지 않다. 신고해야 한다는 생각 자체가 없는 경우가 대부분이다. 1970~1980년대에 보석을 구매한 세대에게 신고나 기록은 익숙한 개념이 아니었다. 현금으로 구매해 금고에 넣어두는 방식이 일반적이었고, 거래에 흔적을 남기지 않는 것이 오히려 안전하다고 여겼다. 오랫동안 문제없이 통했지만, 이제 제도는 바뀌었고 기준도 달라졌다.

부모님이 돌아가신 뒤 금고를 열어보면 다이아몬드 목걸이, 금팔찌, 금반지 같은 귀금속이 나오는 경우가 적지 않다. 언제 샀는지, 누가 샀는지, 얼마에 샀는지 아는 사람이 없다. 당장 팔 계획이 없으면 대부분은 다시 금고에 넣어둔다. 문제는 몇 년 뒤 현금이 필요해졌을 때다. 현금으로 받으면 끝이라고 생각하기 쉽지만, 그

돈을 대출 상환이나 부동산 매입, 투자에 쓰면 세무서는 자금 출처를 묻는다. 상속세 신고 기록이 없으면 입증 부담이 커진다.

부모님이 돌아가실 당시 상속세 신고만 해두어도 상황은 달라질 것이다. 귀금속이 유일한 상속재산이라면 일괄공제 5억 원이 적용돼 세금이 나오지 않을 가능성이 크다. 다른 재산이 있어 공제를 넘겼더라도 과세표준 1억 원 이하는 세율이 10퍼센트다. 수백만 원 선에서 정리할 수 있는 일이다. 무엇보다 신고 기록이 남아 있다면 훗날 매각할 때 정당한 상속재산임을 설명할 수 있다.

1997년 11월, IMF 외환 위기는 한국 사회의 기준을 바꿔놓았다. 은행도, 기업도, 국가도 자기 자산과 부채를 제대로 파악하지 못하고 있었다는 사실이 드러났다. 금융실명제는 1993년부터 시행 중이었지만, 실질적 변화는 위기 이후에야 시작됐다. 부동산은 실명 등기 대상이, 차명계좌는 추적 대상이 되었다. 고액 현금 거래에는 보고 의무가 붙었다. 고가 자산인 보석 역시 이 흐름에서 벗어날 수 없었다.

IMF 위기 이전에는 사람 사이의 신뢰가 거래의 기반이었다. 오래 알고 지낸 사람이라면 계약서나 영수증 없이도 거래가 이뤄졌다. 위기 이후에는 시스템이 그 자리를 대신했다. 기록이 신뢰의 조건이 됐고, 아무리 깊은 관계라도 기록이 없으면 대출도 거래도 어려워졌다.

보석도 예외가 아니었다. 동일한 보석이라도 평가 시점과 감정 기관에 따라 과세 기준이 되는 자산 가치가 크게 달라지기 때문이다. 보석 자산의 핵심은 시세 자체보다 언제, 어떤 기준으로 가치평가를 받느냐에 있다. 보유할 때뿐 아니라 양도와 증여까지 계산해야 비로소 전략적 자산이 된다. 다만 한국에서는 부동산과 달리 보석의 가치평가 기준이 아직 명확히 정비되지 않았다. 세무 현장에서는 보석감정원 감정서나 경매 낙찰가, 시세 자료를 혼용하는 방식으로 접근하는 것이 현실이다.

◇◇◇

세관을 통과할 때

세금 문제는 보석을 구매할 때부터 시작된다. 구조를 모르면 손해가 커진다. 2020년 4월부터 다이아몬드, 루비, 사파이어 등 주요 원석과 나석의 관세가 면제됐다. 일반 수입 기준으로는 부가세 10퍼센트만 내면 그만이다. 완제품은 관세에 개별소비세, 교육세까지 붙으니 차이가 크다. 나석으로 수입해 국내에서 세팅하는 방식이 비용 면에서 유리해졌고, 세공 기술과 일자리도 국내에 남게 됐다. 같은 예산이라도 들여오는 형태에 따라 최종 부담이 달라진다.

그런데 이 사실을 아는 사람은 많지 않다. 홍콩 여행 중 다이아몬드 목걸이를 사고 '세금 없는 곳이라 싸다'고 생각하는 경우가 여전히 있다. 입국할 때 적발되면 운이 나빴다고 여긴다. 하지만 1,000만 원짜리 완제품을 들고 들어오면 부가세에 개별소비세, 교육세까지 더해져 세금이 수백만 원까지 나올 수 있다. 같은 예산으로 나석을 들여와 국내에서 세팅했다면 부담은 훨씬 적을 것이다.

세관에는 HS코드라는 국제 상품 분류 체계가 있다. 나석이나 완제품이냐에 따라 코드가 달라지고, 세율 차이는 수백만 원으로 벌어진다. 여행자 휴대품인지, 일반 수입품인지, 어느 나라에서 들여오는지, 가공 상태가 어떤지 등에 따라 세금 구조는 완전히 다르다. 중요한 점은 통관 전에 이런 것들을 결정해야 한다는 것이다. 통관이 끝난 뒤에는 사후 변경이 어렵다.

◇◇◇

증여라고 다를까

그렇다면 보석을 팔지 않고 물려주면 괜찮을까? 결혼하는 딸에게 반지나 목걸이를 주는 장면을 떠올려보자. "내 물건을 자식에게 주는데 무슨 세금이냐"는 반응이 대부분이다.

증여세율은 상속세와 같다. 과세표준에 따라 10~50퍼센트까지 적용된다. 성인 자녀 1인 기준으로 10년간 합산 5,000만 원까지 공제되므로 그 범위 안에서는 세금이 없다. 2024년부터는 혼인·출산 시 1억 원을 추가 공제받을 수 있어 비과세 한도가 1억 5,000만 원으로 넓어졌다. 문제는 역시 출처다. 증여세 신고는 가능하지만, 세무서의 출처 조사 대상이 될 수 있고, 경우에 따라 증여 금액 전체가 과세 대상이 되기도 한다.

감정가 6,000만 원짜리 반지를 물려준다고 가정해보자. 5,000만 원 공제를 적용해도 1,000만 원에 대해 증여세를 내야 한다. 세무서 입장에서는 이 보석이 오래전에 산 것인지, 최근에 산 것인지 확인할 자료가 없으니 추가 소명을 요구할 수 있다.

그래서 많은 사람이 망설인다. 기록을 남기면 세금을 내야 할 것 같고, 금고에 넣어두면 피할 수 있을 것처럼 보인다. 과거에는 실제로 이 방식이 통했다. 하지만 1997년 이후 한국에서는 기록 없이 고가 자산을 거래하기가 점점 어려워졌다. 지금 금고에 넣어둔 보석이 있다면 최소한 감정서라도 받아두는 편이 훨씬 안전하다. 미국처럼 상속과 자산 이전이 일상화된 시장에서는 보석 역시 미신고 상태로 남아 있을수록 자산이 아닌 리스크가 된다. 훗날의 큰 문제를 지금의 작은 비용으로 막는 지혜가 필요하다.

보석의 가치를 지키는 관리는 거창한 설계가 아니라, 지금 가지고 있는 것부터 눈에 보이게 정리하는 데서 시작된다. 우선 금고에 있는 보석을 전부 꺼내 목록을 만든다. 그중에서 상속하거나 물려줄 가능성이 있는 보석은 따로 표시하고 우선순위를 매긴다.

　　　　나는 금 대신 보석을 산다

우선순위를 정했다면 각각에 대해 감정서를 준비하고, 언제 어느 정도 가격에, 누가 어디에서 구입했는지 기억나는 만큼 간단히 메모를 남기는 편이 좋다. 이렇게 해두면 나중에 이 보석이 '누구의 재산이었는지'와 현재 가치를 설명하기가 훨씬 수월해진다. 이때 보석 사진을 함께 찍어 감정서, 영수증과 더불어 디지털 폴더에 정리해두면 상속이나 가족 간 분쟁, 도난, 보험 사고가 발생했을 때 증빙 자료로 활용할 수 있다.

여기까지 정리가 끝났다면 최소 한 번은 세무사나 변호사와 상속·증여 시나리오를 간단히 시뮬레이션해보는 것이 좋다. 각각의 보석을 어떤 방식과 순서로 이전하는 것이 세금 부담과 가족 간 갈등을 가장 적게 만들지 미리 가늠할 수 있기 때문이다. 자산 규모가 더 크거나 해외 자산까지 얽혀 있다면, 이 기초 정리를 바탕으로 전문가와 상속·증여 구조를 조금 더 본격적으로 설계해보는 것이 안전하다.

시간이 지나도 남는
보석을 고른다는 것

이 책을 쓰는 동안 자주 떠오른 얼굴들이 있다. 결혼 20주년에 남편이 건넨 사파이어 반지를 끼고 와서 "제대로 산 건지 봐달라"고 하던 분, 어머니에게서 물려받은 진주 목걸이의 가치를 묻던 분, 여행지에서 충동적으로 구매한 탄자나이트가 자꾸 마음에 걸린다던 분… 보석을 사랑해서 곁에 뒀지만, 가격이 형성되는 구조를 배울 기회가 없었던 분들이다. 그 공백을 메우는 일이 이 책의 출발점이었다.

보석 시장은 빠르게 재편되고 있다. 베인앤드컴퍼니Bain & Company는 향후 5년간 주얼리 시장을 재편할 가장 큰 변화로, 주얼리를 투자 자산으로 바라보는 소비자 관심의 확대를 꼽았다. 광맥이 끊긴 산지의 고급 유색석은 기록적인 가격을 이어가고, 산지의 이름 자체가 프리미엄으로 굳어진 지 오래다. 반대편에서는 랩그로운 다이아몬드가 젊은 수요를 빠르게 흡수한다. 최상위 시장은 희소성으로 더 선명해지고, 저가 시장은 랩그로운이 채우는 사이, 중간급 천연 보석의 입지는 점점 좁아지고 있다. 시장이 좁아질수록 안목 하나가 예산의 가치를 바꾼다.

천연과 랩그로운이 각자의 시장을 이루기 시작한 이상, 둘 사이의 선택은 취향만의 문제가 아니라 목적의 문제이기도 하다. 세대를 지나도 의미와 가치가 이어지기를 바란다면 천연이 더 어울리고, 일상에서 부담 없이 즐기고 싶다면 랩그로운이 자연스럽다. 둘을 섞어 쓰는 것도 물론 가능하다. 다만 내 선택의 목적만은 뚜렷해야 한다.

시장의 논리 또한 중요하다. 많은 사람이 보석 시장의 구조를 실감하는 순간은 되팔 때다. 구입할 때는 브랜드와 디자인이 포함된 소매가를 치르지만, 처분할 때는 나석 등급과 소재 중심의 도매 논리가 적용된다.

더 안타까운 경우도 있다. 처음부터 보석이라 부르기 어려운 것을 선택한 경우다. 지금도 "비가열 천연 루비 1,000캐럿, 38억 원" 같은 제목의 제안을 검토해달라는 메일이 온다. 열어보면 보석으로 다루기 어려운 최하급 원석에 최상급 시세를 붙여놓은 경우가 적지 않다. 최상급 보석에서 비가열은 희소성의 근거가 된다. 하지만 이런 등급은 맥락이 전혀 다르다. 처리를 해도 상품성이 생기지 않아 손을 대지 않은 것에 불과하다. 출처 불명의 감정서, 등급만 부풀린 표기, 위조 서류까지, 이런 실망과 혼란의 원인은 선택 그 자체에 있지 않다. 그 구조를 미리 알 경로가 없었던 탓이다.

집필 과정에서 망설임이 없었던 것은 아니다. 업계의 이면을 드러내는 일이 자칫 불신만 키우는 것은 아닐까 고민도 했다. 그러나 보석을 예쁜 것, 비싼 것으로만 소비하는 시대는 지나야 한다고 생각했다. 소비자가 놓치기 쉬운 정보의 공백을 그대로 둔다면, 같은 혼란은 되풀이되기 마련이다. 시장의 흐름과 가격 구조를 거시적으로 읽고, 한 점의 보석을 고르는 기준을 미시적으로 갖추면, 주얼리는 취향의 대상이면서, 착용할 수 있는 실물 자산으로 보이기 시작한다. 그래서 이 책을 세상에 내놓기로 했다.

다만 한 가지는 꼭 덧붙이고 싶다. 기쁜 마음으로 구입하고 즐겁게 착용해온 보석이라면, 그 시간 위에 뒤늦은 후회를 덧씌울 필요는 없다. 딸에게 전해진 어머니의 반지, 승진한 날 스스로에게 건넨 목걸이, 여행의 기억이 스며 있는 귀걸이와 같은 보석은 이미 숫자만으로는 설명되지 않는 가치를 품고 있다. 보석이 간직하는 건 광물의 등급만이 아니다. 그 보석을 고르던 날의 설렘도, 건네받던 순간의 온기도 고스란히 남아 있다. 안목이 부족했던 것이 아니다. 배울 기회 자체가 충분하지 않았을 뿐이다.

이 책이 바꾸고 싶은 것은 지나온 선택이 아니라, 앞으로의 기준이다. 20년 넘게 경매장과 젬페어, 하이 주얼리 현장을 오가며 거듭 확인한 장면이 있다. 파라이바 투르말린이 희귀 유색석으로 주목받기 전에 그 가능성을 알아본 컬렉터들, 비가열 루비의 프리미엄이 본격화되기 전에 산지와 처리 여부를 기준으로 삼은 사람들, 즉 구조를 읽은 사람들은 같은 예산 안에서도 훨씬 나은 선택을 해왔다. 시장의 구조를 이해하고 선택한 보석이라면 마음껏 누리고, 다음 세대에 전해도 좋다. 그 확신과 함께라면, 다음에 만나는 보석은 분명 달라질 것이다.

참고 문헌

1장 알면 알수록 매혹적인 보석의 세계

- Auer, Benjamin R., and Frank Schuhmacher. "Diamonds—A Precious New Asset?" *International Review of Financial Analysis* 28 (2013): 182–189.
- Bain & Company and Antwerp World Diamond Centre (AWDC). A Brilliant Recovery Shapes Up: *The Global Diamond Industry 2021–22*. Bain & Company, 2022.
- Baur, D. G., and B. M. Lucey. "Is Gold a Hedge or a Safe Haven? An Analysis of Stocks, Bonds and Gold." *Financial Review* 45, no. 2 (2010): 217–229.
- D'Ecclesia, Rita Laura, and Vera Jotanovic. "Are Diamonds a Safe Haven?" *Review of Managerial Science* 12, no. 4 (2018): 937–968.
- Edahn Golan Diamond Research & Data. Diamond Statistics: Industry Trade & Production Figures. edahngolan.com. Accessed January 2025.
- Fortaleché, Darwin, Andrew Lucas, Jonathan Muyal, Tao Hsu, and Pedro Padua. "The Colombian Emerald Industry: Winds of Change." *Gems & Gemology* 53, no. 3 (2017): 332–358.

- Knight Frank. *The Wealth Report 2025: Luxury Investment Index.* Knight Frank, 2025.
- Krzemnicki, Michael S., and Hao A. O. Wang. "Paraíba or Not? Cu-Bearing Tourmaline with a Distinct Fe Concentration." *The Journal of Gemmology* 38, no. 1 (2022): 20–21.
- Low, Rand Kwong Yew, Yiran Yao, and Robert Faff. "Diamonds vs. Precious Metals: What Shines Brightest in Your Investment Portfolio?" *International Review of Financial Analysis* 43 (2016): 1–14.
- Paul Zimnisky Diamond Analytics. *State of the Diamond Market.* Monthly subscription report. paulzimnisky.com, 2017–2025.
- Renneboog, Luc, and Christophe Spaenjers. "Hard Assets: The Returns on Rare Diamonds and Gems." *Finance Research Letters* 9, no. 4 (December 2012): 220–230.

2장 광산의 원석이 반짝이는 주얼리가 되기까지

- CIBJO Coloured Stone Commission. *The Gemstone Book.* CIBJO, 2022.
- Gemworld International. *The GemGuide*: Pricing and Market Trends for Colored Gemstones and Diamonds. Gemworld. Accessed January 2025.
- Hughes, E. Billie, and Rosey Perkins. "Madagascar Sapphire: Low-Temperature Heat Treatment Experiments." *Gems & Gemology* 55, no. 2 (Summer 2019): 184–197.
- Hughes, Richard W., Wimon Manorotkul, and E. Billie Hughes. *Ruby & Sapphire: A Gemologist's Guide.* Bangkok: Lotus Gemology, 2017.
- Rapaport Group. *Rapaport Diamond Report & Price List.* Rapaport Group. Accessed January 2025.
- Schumann, Walter. *Gemstones of the World.* 5th ed. Sterling Publishing, 2013.
- Smillie, Ian. *Diamonds.* Polity Press, 2014.
- SSEF Swiss Gemmological Institute. *Coloured Gemstone Book*: Ruby, Sapphire

& Emerald. SSEF, 2015.

3장 세계를 움직인 가장 작고 오래된 자산

- Arikawa, Kazumi, and Diana Scarisbrick. *Divine Jewels: The Pursuit of Beauty*. Flammarion, 2024.
- Bennett, David, and Daniela Mascetti. *Understanding Jewellery*. ACC Art Books, 2021.
- Papi, Stefano, and Alexandra Rhodes. *20th Century Jewelry & the Icons of Style*. Thames & Hudson, 2013.
- Rosenthal, Joel Arthur, and Pierre Jeannet. *JAR Paris*. London: JAR, 2002. 2nd ed. 2013.
- Sassoon, Adrian, and Joel Arthur Rosenthal. *Jewels by JAR*. New York: The Metropolitan Museum of Art, 2013.
- Scarisbrick, Diana. *Diamond Jewelry*: 700 Years of Glory and Glamour. Thames & Hudson, 2019.
- Tait, Hugh, ed. *7000 Years of Jewellery*. British Museum Press, 1986.
- Taylor, Elizabeth. *My Love Affair with Jewelry*. Simon & Schuster, 2002.

4장 가격을 움직이는 새로운 기준

- Bain & Company and Antwerp World Diamond Centre (AWDC). A Brilliant Recovery Shapes Up: *The Global Diamond Industry 2021–22*. Bain & Company, 2022.
- Cartier, Laurent E. "Traceability and Blockchain for Gemstones—An Overview." *Facette* 25, Swiss Gemmological Institute SSEF, February 2019. Reprinted on SSEF Research Blog, March 2021.
- De Beers Group. "Tracr." Tracr Blockchain Platform for Diamonds. tracr.com.

Accessed February 2026.

- De Beers Group. "Ethical Sourcing of Natural Diamonds." Responsible Sourcing. debeers.com. Accessed February 2026.
- Edahn Golan Diamond Research & Data. Diamond Statistics: Industry Trade & Production Figures. edahngolan.com. Accessed January 2025.
- Edahn Golan Diamond Research & Data. Lab-Grown Diamond Statistics: Background, Trends, Prices. edahngolan.com. Accessed January 2025.
- Fancy Color Research Foundation (FCRF). The Fancy Color Diamond Index. FCRF. Accessed March 2026.
- Global Witness. "Why We Are Leaving the Kimberley Process." Press release, December 2011.
- Hardy, Joanna. *Emerald: Twenty One Centuries of Jeweled Opulence and Power.* Thames & Hudson, 2014.
- Hardy, Joanna. *Ruby: The King of Gems.* London: Thames & Hudson, 2017.
- Krzemnicki, Michael S., et al. "Gemmological Characterisation of Emeralds from Musakashi, Zambia, and Implications for Their Geographic Origin Determination." *The Journal of Gemmology* 39, no. 4 (2024): 338–350.
- Krzemnicki, Michael S. "Detection of Low-Temperature Heat Treatment in Corundum: Possibilities and Challenges." Presentation at the GILC Conference, Moscow, 29 January 2024. Swiss Gemmological Institute SSEF.
- OECD. *Due Diligence Guidance for Responsible Supply Chains of Minerals from Conflict-Affected and High-Risk Areas.* 3rd ed. Paris: OECD Publishing, 2016, and subsequent online updates.
- Palke, Aaron C., Sudarat Saeseaw, Nathan D. Renfro, Ziyin Sun, and Shane F. McClure. "Geographic Origin Determination of Blue Sapphire." *Gems & Gemology* 55, no. 4 (Winter 2019): 536–579.
- Palke, Aaron C., Sudarat Saeseaw, Nathan D. Renfro, Ziyin Sun, and Shane F. McClure. "Geographic Origin Determination of Ruby." *Gems & Gemology* 55, no. 4 (Winter 2019): 580–613.
- Paul Zimnisky Diamond Analytics. *State of the Diamond Market.* Monthly

subscription report. paulzimnisky.com, 2021 – 2025.

• Rapaport Group. Rapaport *Diamond Report & Price List*. Rapaport Group. Accessed January 2025.

• Rapaport Group. *Diamond Price Statistics Annual Report 2024*. Rapaport USA Inc., 2025.

• Rapaport Group. *Diamond Price Statistics Annual Report 2025*. Rapaport USA Inc., 2026.

• Smillie, Ian. *Blood on the Stone: Greed, Corruption and War in the Global Diamond Trade*. Anthem Press, 2010.

• SSEF Swiss Gemmological Institute. *Coloured Gemstone Book: Ruby, Sapphire & Emerald*. SSEF, 2015.

• Vertriest, Wim, and Sudarat Saeseaw. "A Decade of Ruby from Mozambique: A Review." *Gems & Gemology* 55, no. 2 (Summer 2019): 162 – 183.

• Wolf, Ingo, and Martin Užík. "Safe Haven Re-Evaluated: Technological Disruption and the Collapse of Natural and Synthetic (Manmade) Diamond Value." *Commodities* 4, no. 4 (2025): 25. https://doi.org/10.3390/commodities4040025

• World Gold Council. *Gold Demand Trends*: Q4 and Full Year 2024. World Gold Council, 2025.

5장 속지 않고 현명하게 소비하는 법

• Gemworld International. *The GemGuide: Pricing and Market Trends for Colored Gemstones and Diamonds*. Gemworld. Accessed January 2025.

• King, John M., ed. *Gems & Gemology in Review: Colored Diamonds*. Gemological Institute of America, 2006.

• Knight Frank. *The Wealth Report 2025: Luxury Investment Index*. Knight Frank, 2025.

• Low, Rand Kwong Yew, Yiran Yao, and Robert Faff. "Diamonds vs. Precious

Metals: What Shines Brightest in Your Investment Portfolio?" *International Review of Financial Analysis* 43 (2016): 1–14.

- Rapaport Group. *Rapaport Diamond Report & Price List.* Rapaport Group. Accessed January 2025.
- Schumann, Walter. *Gemstones of the World.* 5th ed. Sterling Publishing, 2013.
- Wolf, Ingo, and Martin Užík. "Safe Haven Re-Evaluated: Technological Disruption and the Collapse of Natural and Synthetic (Manmade) Diamond Value." *Commodities* 4, no. 4 (2025): 25. https://doi.org/10.3390/commodities4040025
- World Gold Council. *Gold Demand Trends: Q4 and Full Year 2024.* World Gold Council, 2025.
- 기획재정부. 〈국제조세조정에 관한 법률〉 및 해설서.
- 기획재정부. 〈관세법〉 및 시행령·시행규칙. 최신 개정판.
- 기획재정부. 〈상속세 및 증여세법〉 및 시행령·시행규칙. 최신 개정판.